令和時代の高等教育（上）

～変化する高等教育システム

山本眞一　著

まえがき～変化する高等教育システム

平成期に入って本格化した大学改革は、その30年間の期間を通じて次第に加速し、その勢いを保持したまま令和の時代に突入した。その改革のパワーは、我々が過去において当然と思っていた大学の在り方そのものを変えつつあり、変化の行きつく先にどのような問題が待ち構えているのかすら見通すことが困難なほどである。例えば大学の自主自律は教育基本法はじめさまざまな法令に謳われているところではあるが、近年は国による大学の諸活動への関与が強まる中、これらの条文の実効性が疑われる事案が増えてきている。例の大学ファンドや国際卓越研究大学の構想などを見るとよい。平成期以前であれば決して起こることのなかったことが、いままさに現実の状況となって大学を取り巻いているのだということが強く認識される。

もちろんこのような事態は最近になって急に起きたことではない。いまから30年以上前、平成に入って早々の1991年の大学審議会答申は、大学設置基準の弾力化を通じて大学の自主自律を促進するような内容であったにもかかわらず、同時に大学に配分される予算の制約が強まる中での自己点検・評価の推進などを打ち出したこともあって、政府による大学運営への関与の道を拓く種を蒔いてしまった。2004年の認証評価の制度化やGP（特色ある大学教育支援プログラム）を始めとする政府主導の競争的資源配分プログラムの実施などはその種から出た果実である。また同じく2004年に制度化された国公立大学の法人化は、中期目標・計画を通じた国の関与の増大だけに止まらず、学内ガバナンスにおいても、教育公務員特例法の適用外化によって教員人事のボトムアップ方式に甚大な影響を与えた。さらに国の方針としての運営費交付金削減は、各大学の財務を直撃し、国立大学は資金面からも国の政策に大きく頼らざるをえない状況に追い込まれている。

一方、私立大学・短期大学を取り巻く環境も厳しさを増している。その最たるものは18歳人口の減少に伴う大学受験事情の変化である。平成期の始め頃２００万人を超えていた18歳人口は、その後減少が続き、現在では１１０万人をわずかに上回る程度になっている。この先、減少の速度を上げながら２０４０年には80万人を割り込むことが確実視されている。大学経営上の最大の困難がここにあって、現に閉鎖に追い込まれる学校も徐々に増えつつある。この先を心配する大学関係者は非常に多い。大学が入学志願者を18歳人口に頼らざるを得ないのは、受験生の側から見れば大企業の日本的雇用慣行に従って正社員として就職するには18歳か19歳、せいぜい20歳までに大学に入学する必要があるからで、また大学側の事情とすれば、定員割れを避けるためには、早期に一人でも多くの入学者を確保することが経営上の至上命題になってきているからである。学生による入学競争よりも大学による学生確保へと、受験事情は大きく変わろうとしている。受験が容易になることは結構だが、これが高校生にどのような影響を与えることになるのか、我々はかつて経験しなかった新たな困難に直面しつつある。

それではこれからの大学はどのようにすれば、高等教育システムの中に位置付き、また積極的な役割を果たすことができるであろうか。それには大学の基本原理である自主自律を守りつつ、大学外すなわち社会からのさまざまな要請に応えることが必要となる。実際、大学は学問の自由や大学の自治という憲法上の価値観が、経済の発展や社会の要請の強まりの中で、常に脅かされてきたことを知っている。最近はとくにそうである。しかし同時に、後者の要請を拒絶し続けることは大学自らの生存を脅かしかねないことも十分理解していることだろう。この両者をどうバランスさせ大学そして高等教育システムを維持発展させるべきか、これが今日大学関係者に課せられた大きな試練なのである。そしてその答えの一部はすでに顕になりつつある。高度な研究から平易な教育まで学校ごとに特化する大学の多様化、職業教育を始めとする実用的な教育の重視、学生選抜から学生確保へのシフトに適合する新たな入試システム、企業的マインドを重視する新たなガバナンス体制など、さまざまな動きがあるのは、関係者なら承知のことである。また社会もこのことを理解し、政策担当者も自らの使命を深く自覚すべきなのである。

このような時期、5年ぶりに本にまとめた。２０１９年４月から２０２４年３月までに『文部科学教育通信』（ジアース教育新社）の連載記事１１９本を18の章にまとめ、章ごとのタイトルをつけて編集した。但しいつものことであるが、記事は執筆当時の高等教育事情を反映したものになっているので、執筆時期が分かるような、あるいは事実関係を訂正するようなわずかな修正以外はそのままの文章としてある。このうち上巻である本書では主として変化する大学の姿をさまざまな角度から眺める。下巻においてはガバナンス体制の在り方など主として高等教育政策の現状を評価する。

第一章の「18歳人口の将来と高等教育」では、人口減が大学関係者に与える影響や大学が採るべき方策等について扱う。そのうち最もインパクトの強い影響は大学入試の態様の変化である。これについては第二章「変わりゆく大学入試」で扱う。第三章の「学歴偏重批判の過去と将来」では、教育界で最も重視されていた学歴偏重問題が、18歳人口減や経済・社会の変化の中でその見方が変わってきていることを論じる。第四章「職業教育と大学」では裾野の広がる受験生のニーズや社会の要請そして大学の対応の中で広がりつつある職業教育が、既存の専門・教養教育とどのような関係に立つのかを扱う。第五章「デジタル社会と大学」では、ここ数年さらにスピードアップしてきている高度情報化が、コロナ禍対応などもあってさらに加速し、将来の大学の在り方に大きな変化を与えるであろう見通しなどを論じている。第六章「学問分野それぞれの事情」では、大学が取り扱う学問分野、ここでは著者である私独自の分類である文・理・医の三分野の違いなどを分析しつつ、大学改革が主として文系分野の改革に焦点づけられている問題点なども指摘する。第七章「大学の研究機能」と第八章「大学院を考える」は、主として大学の研究活動面での諸問題を扱うが、またさまざまな問題を抱える大学院とりわけ文系大学院の問題を、私自身の経験も踏まえつつ論じる。最後の第九章「高等教育をより良く知るために」は、私の手になる書評である。読者の皆さんの参考になれば幸いである。

上巻目次

第2章　変わりゆく大学入試

第3章　学歴偏重批判の過去と将来

第4章 職業教育と大学

第5章 デジタル社会と大学

第6章　学問分野それぞれの事情

第7章　大学の研究機能

第8章　大学院を考える

第9章 高等教育をより良く知るために

第1章

18歳人口の将来と高等教育

１─１　出生率の連続低下〜高等教育未来像の再考

出生数90万人を切る

高等教育界は、現在（２０２０年６月現在）なお新型コロナウィルス感染症対応でキリキリ舞いの状況であるが、２０２０年６月５日、厚生労働省から人口問題に関する重要な発表が行われた。「令和元年人口動態統計別報年計（概数）」と名付けられたものである。ここで公表された２０１９年一年間の出生数は、およそ86万５千人で、前年比５万３千人減で過去最少とある。一方、死亡者数は前年比１万９千人増の１３８万１千人で戦後最多であったそうだ。また、人口動態の重要指標の一つである合計特殊出生率は、前年比０・０６ポイント低下の１・３６であった。この指標は１人の女性が生涯に産む子どもの数のことで、人口を維持するために必要な最低ラインは２・０７であるとされている。しかし日本を含めて先進各国は軒並みこの数値を下回っており、途上国の人口急増の一方で人口減少が先進国の間で深刻化している。

図表は、厚労省が２０１７年に公表した人口の長期推計に、２０１７年以降の実際の出生者数を18歳人口に合わせて追加したものである。２０１８年の中教審のグランドデザイン答申でも使われた２０４０年に88万人という18歳人口は、すでにその根拠が揺らいでいることが分かる。このまま事態が推移すれば、２０４０年の18歳人口は多めに見積もっても81万人程度であり、その前に公表された２０１２年厚労省推計値の80万人とほぼ同じになることは間違いあるまい。17年推計が高等教育関係者につかの間の希望を与えてはくれたものの、また現実に引き戻されたという感がある。

少子化の必然性

身近な観察を言えば、私のように団塊世代の生れにとって、家族とは夫婦と３人程度の子ども、そして場合によっては夫婦の親たちも同居するという規模の家族構成が当たり前の環境があった。戦前はさらに子どもの数が多く、５～６人というのもごく普通であったと聞いている。しかし現在は、子育てをしている家族にあっても平均値で２人を切り、また子どものいない夫婦、あるいは結婚しない・できない若者が増えていることは、しばしば報道される情報でも明らかである。加えて、富裕層やアッパー・ミドルと言われるような階層では、少なく産んだ子どもたちに昔なら考えられないような多額の教育費と文化・教養費をかけ、それが望ましい教育の在り方だという考えが、都市部を中心に定着している。また、それ以下の階層では、かつてのような正規雇用労働者の割合が減り、代わって所得が低く、雇用が不安定な非正規雇用の割合が増えてきている。国民の多くにとって、生活そのものが経済的に苦しくなっており、昔のように子どもが親にとっての将来の経済的保障になる

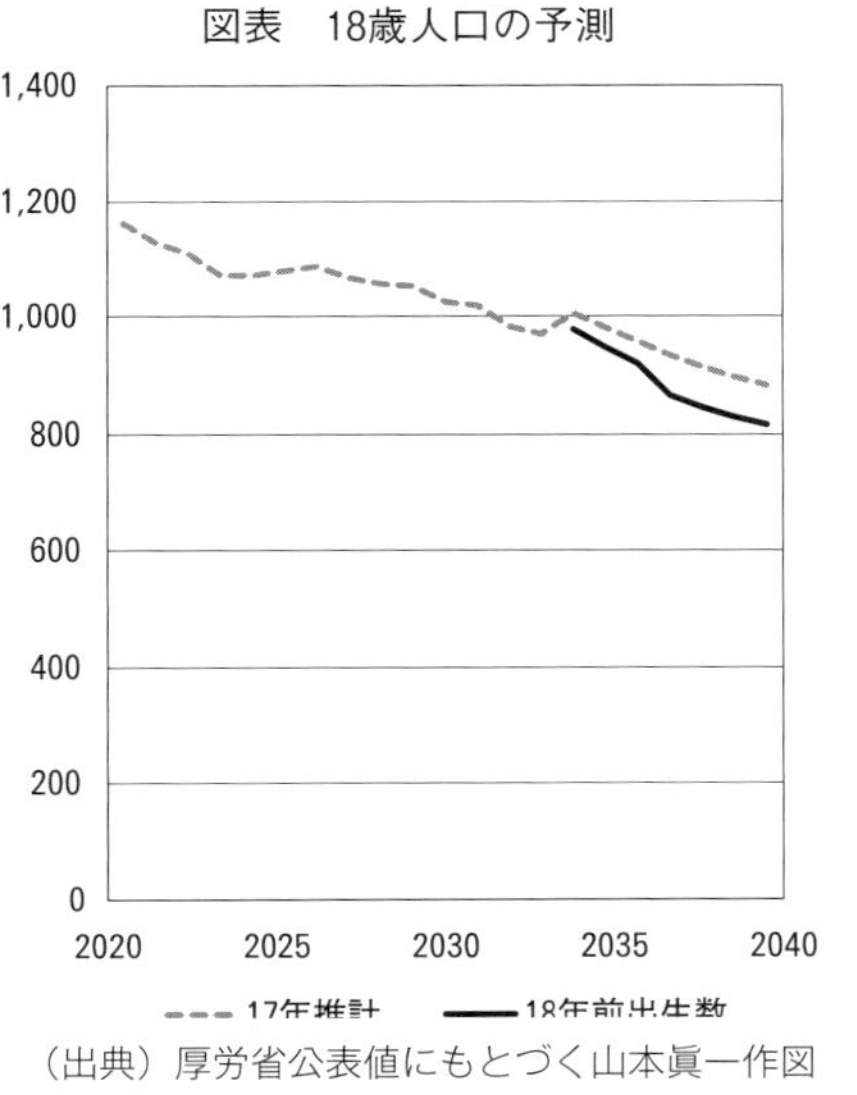

（出典）厚労省公表値にもとづく山本眞一作図

のではなく、子どもを育てること自体が経済的に大きな負担になってきている。増加する未婚者には子育ての機会すらほとんど望めない。かくして少子化は加速する。

これらは、近年の大学生の親世代の所得の状況にも影響しており、大学生の退学理由に経済的理由を挙げる者が多いことからも窺える。大学生やその親にはカネがある、というのはもはや神話に過ぎない。経済的環境が悪化しつつある学生やその予備軍である高校生に、いかに大学教育を受けてもらえるかという課題は、大学経営者にとって大きな悩みの一つである。しかもそれは単に在学時の経済支援のみではなく、学生が卒業後に確かな人生設計ができるような雇用やキャリア・パスが見通せなければならない。昭和の高度経済成長期以来、大学進学を豊かな人生設計に組み込むことが許され、大学教育の効用が疑われることはなかったのであるが、この大前提すら空前の社会・経済変革の中で疑問符がつくようになってきている。少子・高齢化社会は、単に人口減によって受験生が減るだけではなく、大学教育の効用維持の観点もあることを忘れてはならない。

個性化・多様化で対応を

いずれにせよ、出生率の低下とそれに伴う18歳人口減は、この先長期にわたって続くであろう。我々大学関係者や高等教育政策担当者はこれを与件として受け入れ、その中で戦略を練らなければならない。いくつか考慮すべき点があるので、それを指摘しておきたい。第一に18歳人口減によって学生がますます集まりにくくなる大学が増えてくる。しかしこれはすべての大学に起きることではなく、難関校や難関学部を中心にこれまで通り容易に受験生を集められる大学と、定員割れに苦しみ、経営状態がますます悪くなっていく大学とのいわば二極分化が進んでいくということであろう。また、現時点の数値を眺めるだけでも、大規模校や都市部に所在する大学の学生獲得状況と、中小規模や地方に位置する大学のそれとには大きな差異があることが分かる。これを競争的環境の中での当然の結果として見るか、学生の修学保障や大学の経営維持の観点から何らかの政策を打つべきかは、これからの大きな判断の分かれ目である。調整弁として地方に多く配置されている国立大学定員の活用を主張する意見が見られるが、私立も国立もそれぞれ歴史的経緯があり、また相対的に理工系や医学系の多い国立大学定員を私学のそれと同列に扱えるかどうかは疑問である。

第二に大学の目的を現実に即して再考することが必要であろう。現在の学校教育法制では、すべての大学は教育・研究・社会貢献の役割を担い、またそれぞれの大学は学校としてはすべて平等の立場を保障されている。しかし、社会の現実のニーズに柔軟に対応するには、大学間の差異を認め合い、それぞれの得意とする機能に特化することが賢明ということもあり、１９６０年代・70年代の種別化論議に始まり、90年代から２０００年代になると個性化・多様化ということで、社会的にはこれが認知されるようになってきている。近頃は、当校では研究は重視していないと公言する経営者も出るほどで、これはこれで物議をかもすものであるが、少なくとも教育活動に限れば、純粋なアカデミックな教育ばかりではなく、現実の就職に役立つと思われる実務的な教育や資格取得のための職業教育なども、多くの大学で定着している。その意味で、大学教育の多様化は現実には進んできていているが、今後はアカデミックな教育のみで入学者を集められる大学はますます少なくなってくるだろうから、経営者や教職員の意識改革はいよいよ必要になってくる。

ネット整備で国際競争加速

第三に国際競争への備えである。産業界をみればわかるように、経済活動はずいぶん以前から国境を超えてなされてきている。その結果、製造業を中心に国内産業の空洞化が問題になっているが、しかし安くて品質的にもある程度満足がいくものであれば、製造国を問わない時代である。高等教育をサービス産業と見るのはいささか抵抗があるだろうが、しかし大学教育についても安くてある程度の質が保証されるものなら、人々はやがてこれを抵抗なく受け入れていくであろう。前回（本書５－３所収）でも書いた通り、ネット環境がさらに整備されれば、学生も大学も国という制約に囚われなくて済む割合が大きくなってくるだろう。外国人留学生の受け入れは、まずは遠隔授業でということになるかも知れないし、日本人学生の外国留学も仮想空間でとりあえず体験するということになれば、留学のハードルも低くなるだろう。ただ、このような高等教育マーケットには当然外国大学も参入してくるだろうから、ここではじめて日本の大学の国際的通用性が試されることになる。要注意である。

以上のような観点を忘れずに、少子化の中でも生き残れる大学づくりに励むことがこれからの大学経営者そして教職員にとって必要なことなのである。

（２０２０年６月22日）

1―2　18歳人口と大学～厳しい長期見通しを踏まえつつ

最新の志願・入学状況が分かる

昨年（2020年）12月、文部科学省の「学校基本調査（確定値）」と私学事業団の「私立大学・短期大学等入学志願動向」の2020年版が相次いで公表された。例年なら8月に公表されるものが、今回は新型コロナ感染症の広がりの中で、集計作業等の理由によってこれが遅れたものと考えられる。このうち学校基本調査によれば、大学（学部）在学者数は前年度より1万4千人増加、短期大学は5千人減少、大学・短大合計で入学者数は前年度より2千人近く増えている。過年度卒業生を含む大学・短期大学進学率は58・5％で、前年度より0・5ポイント上昇して過去最高とのことである。その他、関連する数値をまとめて、図表のように整理してみた。志願者数と入学者数とは、この20年間きわめて近接しており、大学・短期大学の入学者を巡る厳しい競争環境がよく見える。図表にある大学・短大志願者数は実人数であるが、18歳人口が200万人を超えていた1993年時点では120万人もの志願者が80万人の入学枠（入学者の実人数）を巡って熾烈な競争を繰り広げていた。その後18歳人口の減少に伴い志願者数が急激に減り、大学側でも入学定員の厳格運用などによって入学者数を減少させたものの、ついに2000年頃を境に現役の志願者数が入学者数を下回るという逆転現象が始まり、その傾向は今日まで続いている。

大学・短大の学生確保状況は悪化し、現在では大学の3割、短大の7割が定員割れの状況である。

これらの学校では、受験生と大学との立場が従来とは逆転してしまっている。もちろんこれは学校によって事情は異なり、人気のある専門分野、例えば医学部などでは定員は堅実に確保されている。また、首都圏や関西圏など都市部に立地する大学とりわけ大規模校は、他の学校よりも有利な状況にある。進学率が伸びてより多くの学生が大学・短大を目指すように見えるが、高校卒業者や18歳人口を母数にした入学志願率はさほど伸びてはおらず、入試の容易化によって入学者数を伸ばしているだけではないかとも考えられる。各大学・短大ではアドミッション・ポリシーを定め、これに見合った学生を選抜することにはなっているが、この窮状化の中で、果たして実態はどうなっているのか気がかりである。

図表　大学・短大志願者数、入学者数、進学率等の推移

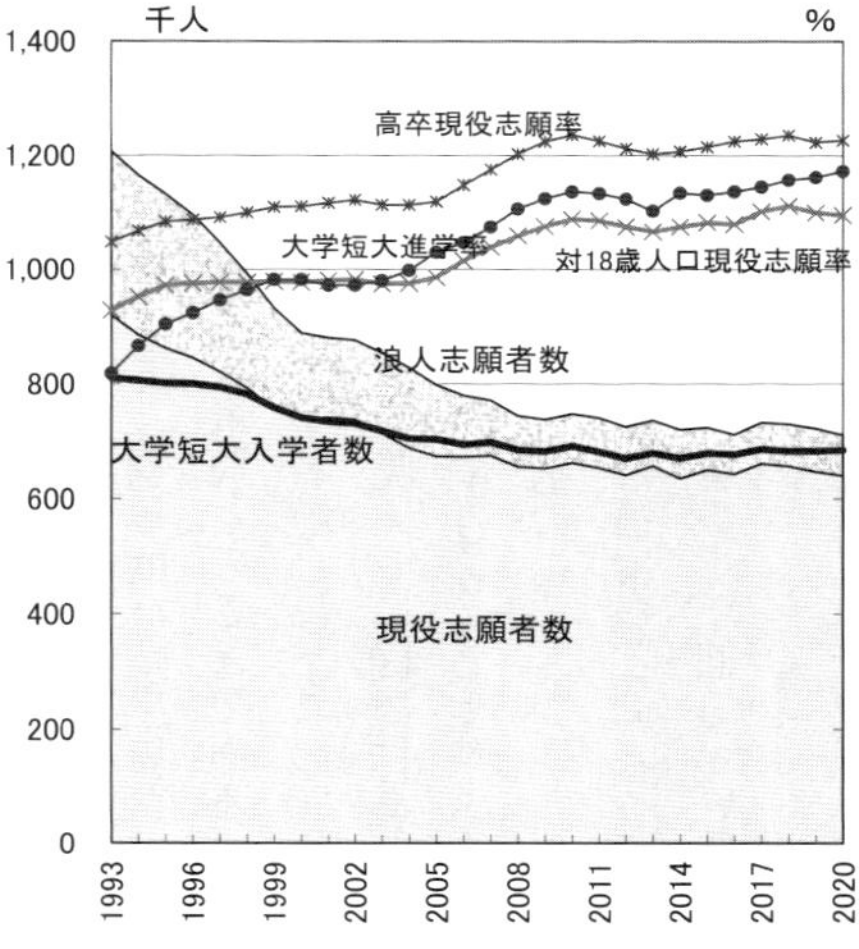

立地・分野・規模の差

12月に公表されたもう一つの調査である私学事業団の入学志願動向調査によれば、私立大学について、「受験者は昨年度と比較し減少したが、入学定員、合格者、入学者は増加した。」とある。入学定員充足率は昨年より０・０６ポイント下降したが、定員未充足校の比率は昨年度より改善して31・０％

とのことである。前者の下降にもかかわらず後者が改善してきているのは、大規模校が、補助金交付や許認可がらみの過大充足率の是正という政策の影響を受け、大幅に充足率を下げたことが大きいと考えられる。一方、短期大学については、定員未充足校の割合は昨年度より２・９ポイント下降したが、それでも73・９％もあり、大学よりもかなり高い。

大学が立地する地域別の入学定員充足率は、宮城を除く東北、広島を除く中国、および四国で低く、１００％を相当割り込んでいる。またこれらの地域では入学志願倍率も低い。一方、都市部を抱える都府県では、志願倍率は高いが入学定員充足率が１００％以下のところがある。これは、大規模大学における定員管理が厳しくなった影響ではないかと考えられる。学部系統別に見た大学の志願状況と入学定員充足率については、医学において志願率が26・55倍と他の分野に比べて突出して高く、歯学、薬学とは対照的である。看護学などその他の保健系は、堅調な定員充足状況になっている。これら以外の、理工系、農学系や人文・社会系は、比較的高い志願率を確保し、また入学定員充足率もそれぞれの分野の全体としては１００％を超えている。これに対して、家政学、体育学、芸術系の志願率はやや低い。

「２０４０年88万人」の前提崩れる

このように、進学率はわずかに上がってはいるが、状況は厳しい。このまま推移すれば、18歳人口のパイは年々小さくなり、ついには大学・短大全体の入学定員を下回る志願者数しか集まらないようになるであろう。２０２０年から30年までの10年間という比較的近い未来においても、18歳人口は２０２０年の１１６万7千人から30年の１０５万人程度に減ることが見込まれており、各大学・短大は地域ごとの詳細な予測値を念頭に、必要な対策をとる必要がある。なお厳しいことに、厚生労働省が２０１７年に公表し、中教審の２０１８年答申「２０４０年に向けた高等教育のグランドデザイン」でも採用された「２０４０年時点での18歳人口は88万人」という大前提は、ここ数年の予想を超える出生率の低下が災いし、早くも打ち消されようとしている。それは、厚生労働省が２０２０年９月に公表した２０１９年の出生者数は86万５千人という数字である。前年の91万８千人から５万人以上の減少となり、18年後の２０３７年には88万人を下回ることが確実になった。さらに２０２０年以降もコロナ禍の影響などが加わって、出生者数が減少することが危惧されている。

その中教審２０１８年答申では「教育の質を保証することができない機関については、社会からの厳しい評価を受けることとなり、その結果として撤退する事態に至ることがあり得ることを覚悟しなければならない」として、当該学校の努力不足が要因と受取られるような記述であるが、個々の大学・短大が法令要件を守り、かつ教育の質を保証するよう努力したとしても、全体のパイが縮小する中では、淘汰が起きてしまうのは避けられそうもない。そこで前回（下巻18―４所収）の連載記事でも触れたように、個々の学校にとっても、高等教育政策としても新たな発想で将来を考えなければならない。

参考までに、大学に入学する者の年齢は、国際比較によれば、我が国では25歳未満の若者層に極端に偏っている。学校基本調査のデータを見ても最近５年間の学部入学者年齢は、その95％までが18歳および19歳であって、他の年齢層に広がる気配がない。大学院修士課程についても、その４分の３は22歳および23歳であり、そもそも大学院教育を受けようとする者が、国際的にみて少ない。このような問題を打開してリカレント教育に新たな展望を見出すには、カリキュラム改革や社会人入学者へのサービス向上など大学側だけの努力では不十分であり、教育政策の範囲を超えて関係者の智慧を結集することが必要である。来るべきSociety5.0の世界では、雇用を含む経済システムや社会・文化システムなど社会全体の変化が求められており、それらへの対応を加速化することにより、大学のより迅速な対応を促すことも重要である。学部・大学院を問わず、学生の年齢層の厚みを増した高等教育システムを構築することに成功すれば、18歳人口の激減にも耐え、より変化に強い大学・短大を維持する途が開けることであろう。

（2021年1月25日）

1―3　18歳人口減少と高等教育～3分の2規模への対処

出生者数80万人の現実

出生者数の減少が止まらない。厚生労働省が２０２２年2月25日に公表した人口動態統計速報によると、２０２１年1月から12月までの出生者数はおよそ84万人で、前年同期に比べて3万人の減少であった。この数値には海外に住む日本人と日本に住む外国人も含まれているので、実際には80～81万人程度であろうとみられている（日経新聞2月25日付社説）。２０２１年の出生者数は、その大多数が２０３９年の18歳人口となるだろうから、中教審の２０１８年答申が想定する２０４０年の「18歳人口88万人」は、おそらくは80万人を割ることになるだろう。年齢別人口長期予測の公表年である今年（２０２２年）の数値が注目されるところである。

このように予測を大きく外れる数値になっているのは、昨今の想定外とも言える出生者減があり、さらにその背景にはコロナ禍などの短期的な事情のほか、経済・社会的理由による結婚数の減少や子育てについての価値観の変化など、中長期的要因が絡んでいるからである。またこれは大学を含む高等教育機関が受け入れる学生数の変化にも関わるだけに、大学関係者や高等教育政策担当者としても、決して軽視することが許されない社会変化として捉えなければならない。

我が国の大学が毎年受け入れる学生の95％以上は、18歳か19歳の若者である。これはＯＥＣＤ加盟先進国の中でも突出して大きい数値であり、高校卒業⇓大学入学⇓大学卒業⇓企業への就職という、画一的かつ直線的な人生観が未だに支配的であることを示している。しかもこの若年層の入学者全体に占める割合は、年々上昇の傾向にある。それは、定員割れ校の増加に伴い、入学者を巡る大学側の需給状況がひっ迫しているため、大学が前年の秋から何度にもわたり入学者募集を行い、通常の学力試験によるのではない方法で学生を集める努力を重ねているからである。また、高校生も現役入学の方が学校からの推薦も得やすいことから、現役で大学に入るのが有利と考えがちであり、かつてのように何年も浪人をして大学に入る学生は、今や難関校や医学部など一部に限ったものになりつつある。したがって、今後社会の枠組みが大きく変わらない限り、大学に入る学生の大多数は18歳か19歳であるという現状は変わりそうにない。その18歳人口が減少するのであるから、当然、入学者数も減少方向に傾くことになる。

入学者減が大きな打撃に

事態を視覚的に理解しやすいように、図表を用意した。この棒グラフの左端は現在（２０２０年）の18歳人口とそのうち大学・短大に入学した者の数を表している。入学者を、難関校またはそれに準じる学校で、定員割れの恐れの少ない大学の学生(A)と、それ以外の大学の学生(B)に分けて表記してある。両者が同数なのはあくまで単純化のための仮定であって、現実に同数であるという意味ではない。現実にはAとBとの境界は限りなくシームレスである。２０４０年に18歳人口が80万人まで減少した際に、２０２０年の進学率58・6％がそのまま続くならば、つまり進学率の伸びがなければ、ケース(1)のように、入学者数はAとBを合わせて46万人に減少する。現在より22万人も少なく、およそ３分の２になるということは、深刻な打撃を多くの大学に与えることになるだろう。但し、進学率が年々

１％ほど伸びて、２０４０年時点で80％になると仮定すれば、ケース⑵に示すように、入学者数はAとBを合わせて64万人となり、今よりわずかに減少はするものの、大学に大きな影響を及ぼすことはなさそうである。もっとも、進学率はここ数年、さほどの上昇は見せておらず、このような仮定か可能かどうかは分からない。可能性があるとすれば、世界標準に合わせ、大学院教育を始め大学教育の価値そのものが飛躍的に高まるかであろうが、これはひとえに高等教育政策の行方次第であると思われる。

私が危惧することは、ケース⑶のような事態である。ここでは進学率自体は変わらないが、その中で学生に人気の高い難関校やその他の上位校が引き続き入学者を確保する一方、それ以外の大学は入学志願者数を大幅に減らすというものである。大学教育の質やそのことに起因する大学の価値に差異がある以上、また医療関係を始めとする専門職養成の学問分野の人気が高い中では、引き続き学生を集めることができる大学とそうでない大学とが、段々分化していくということは、大いにありうることであろう。注意を要するのは、入学者Aと入学者Bとがはっきりこのように分かれるという意味ではなく、人気校には多くの学生が集まり、そうでない学校にはますます学生が集まりにくくなる、ということをこの概念図で表現しているということである。個々の大学では、自らの学校の大学全体の中での位置関係を的確に認識し、将来に向けての対応を考えなければならない。

デジタル化を発展の契機に

さて、２０４０年には18歳人口が80万人を割り込みそうなことが確実になった今、大学関係者や政策担当者がやるべきことは何であろうか。以下に私見を若干披露することといたしたい。第一に、各

大学は教育の質を高め、あるいは広報体制や学生支援体制を充実するなどして、他大学に勝る競争力をつけることである。これは図表に示すケース(3)のAに分類されるような大学になるということになる。但し、ここにも合成の誤謬的な現象が起きることは避けられない。つまり、多くの大学が努力する結果、相対的な優劣に差がないということになれば、まさに競争疲れであって、却って大学の経営体力を弱めることにもなりかねない。無駄な改革を省き、真に大学を強くするための方策に集中して、経営の安定と教育の充実に精力を使わなければならない。

図表　2020年と2040年の大学・短大入学状況のイメージ

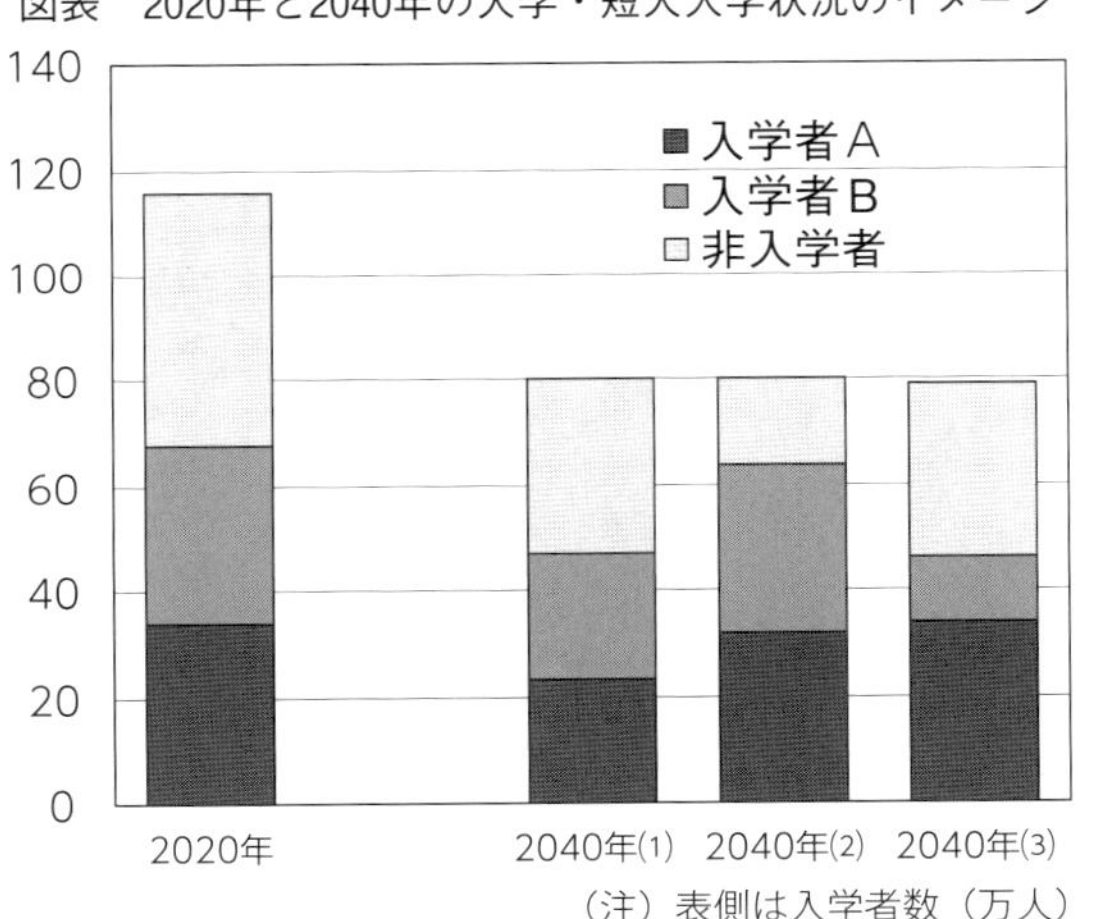

（注）表側は入学者数（万人）

第二に、政策担当者にあっては、大学入学市場とも言うべき土俵が、18歳・19歳の学生数に限れば縮小することが避けられないとすれば、それを補う措置を政府全体として考えなければならない。中教審の議論でもさんざん言われ続けていることであるが、さしあたり成人学生をリカレント教育システムに取り込むこと、グローバル化の流れの中で、優秀かつ意欲的な留学生を今以上に確保することが必要である。前者については、いわゆる日本的雇用慣行の修正に向けて、関係省庁と協力しつつ、若年時の新卒でなくても広く雇用のチャンスがあるような社会を用意しなければならない。また留学生については、コロナ禍で各大学は大きな打撃を受けている以上、現状からの早期の回復と、これからの国際化・国際交流のあり方をさらに考えていかなければならない。なお、以前から議論が進められていることではあるが、退場する大学が出た場合に、その手続きが円滑に進むように努力することも当然必要になるだろう。

第三に、コロナ禍での経験から明らかになった最大の論点は、教育のデジタル化である。遠隔教育・オンライン教育には負の側面もあるが、それを上回る大きな可能性があることも分かってきた。固定された教室空間、固定された時間割などキャンパス内に閉じた大学教育には、今後急速な変化が予想される。各大学にとってそれはチャンスであると同時に、他大学との競争激化の引き金でもある。この可能性を秘めたデジタル化に正面から向き合うことも、２０４０年の高等教育システムの設計のために重要なことではないだろうか。

（2022年3月14日）

1－4　18歳人口減少にどう備えるか
～厚労省新発表を受けて

一年遅れの推計公表

厚生労働省（国立社会保障・人口問題研究所）は4月26日、「日本の将来推計人口」結果を公表した。国勢調査をベースに行われるこの推計は、通常5年毎に行われ、本来なら２０２２年に公表されるはずが一年遅れた。厚労省の説明によると「コロナ禍による影響」とのことで、何らの政治的忖度もなかったらしい。推計結果（中位推計）によると、２０７０年の日本の総人口は８７００万人（20年は1億２６００万人）に減少し、総人口に占める65歳以上の割合（高齢化率）は20年の28・６％から70年には38・７％に上昇するとしている。前回推計（２０１７年）と比較すると、出生率は低下するものの、平均寿命の延伸や外国人の入国超過数の増加などにより、総人口が1億人を下回る時期は２０５３年から56年に後ろ倒しになり、人口減少の進行はわずかに緩和すると見込んでいる。

ここでは、大学関係者にとって関心の高い18歳人口の見通しを中心に考えてみたい。**図表1**は公表された数値のうち出生率・死亡率中位のケースで得られる18歳人口の年次別推計（暦年ベース）である。但し、この数値には外国人も含まれており、近年の入国超過状況も反映されていることに注意が必要である。２０２２年現在１１３万人の18歳人口は２０３０年代始めにかけて徐々に減少し、30年代からはややペースを速めて減少、２０４１年には80万人を割り込んで79万4千人という数値を予測している。前回の２０１７年推計では、２０４０年に88万人ということで、これが中教審答申など政府文書の基礎となっていたことを考えると、大きな変化であろうかと思われる。しかし２０４０年代に入ると減少のペースは鈍り、ほぼ80万人程度で推移するという予測になっている。

これがどの程度信頼できる推計かは、前提条件を少し変えただけで数値が変わることを考えると、はなはだ心もとない気持ちである。これまでの推計は常に裏切られて、実際には低い数値で推移したことを考えると当然である。そこでこの厚労省公表データでの「出生率低位」の推計値も参考に示してみよう。それによれば、18歳人口は２０４０年を過ぎても減少が続き、40年代半ばになってやや落ち着きを見せるというものである。中位推計に比べて、その推計値には10万人もの差がある。

さて、今後の18歳人口の推移は、現実の大学経営や教育・研究にどのように影響するのであろうか。**図表１**の18歳人口の推移に合わせ、大学・短大入学者数の可能性をプロットしてみた。２０２０〜22年の棒グラフは実績値、それ以降は現時点の進学率（60％）がそのまま続くとした場合の入学者数の予測である。18歳人口が中位推計のようになる場合は２０４０年の入学者数は49万４千人、50年には47万８千人ということになる。一方低位推計によれば、２０４０年には44万３千人、50年には

図表１　18歳人口の推移と大学・短大入学者数の見込み

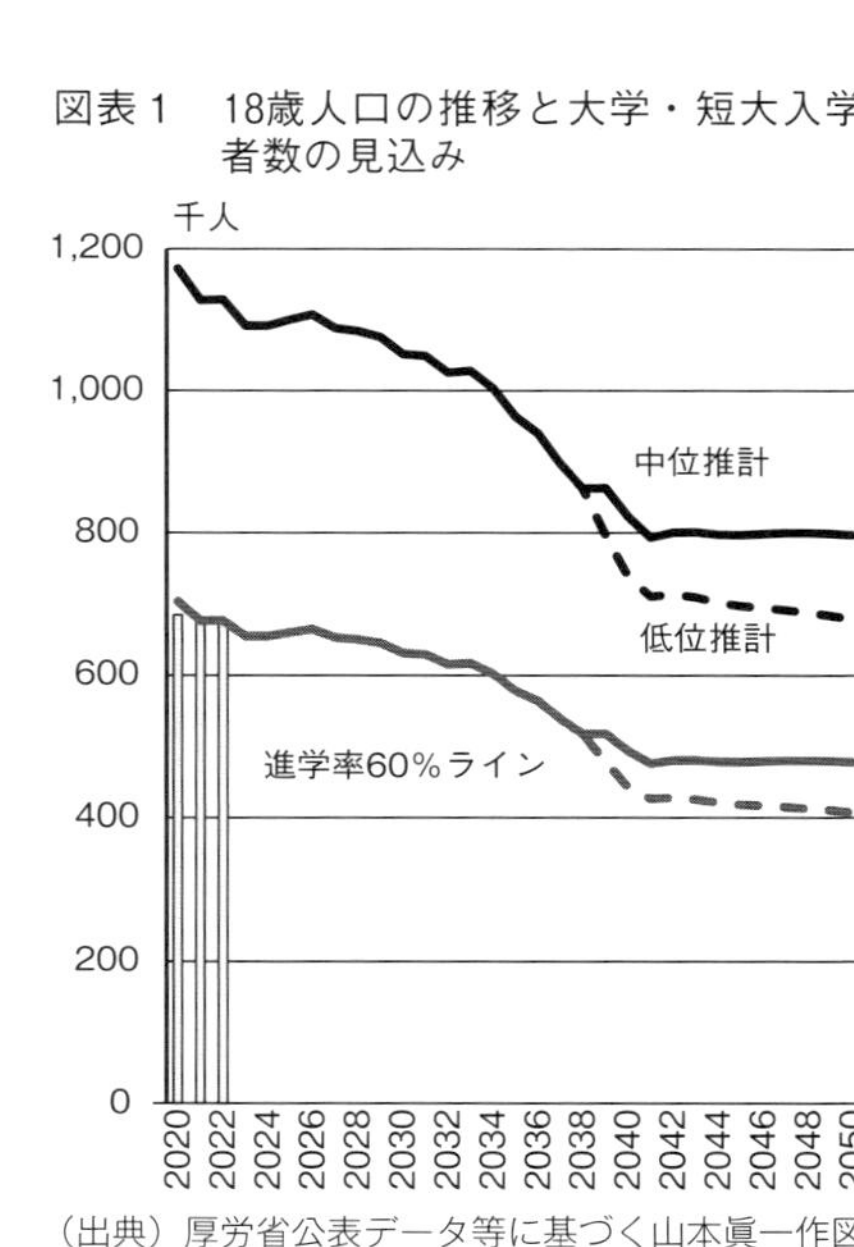

（出典）厚労省公表データ等に基づく山本眞一作図

40万7千人である。中位推計と低位推計とでは、入学者数に5～7万人の差がある。前述のように、実際の人口は過去において中位推計よりも低めに推移したことを考えると、我々は低位推計値とそれに基づく入学者予測値も可能性あるものとして覚悟しておく必要があるだろう。

そこで、この先は低位推計を前提とした大学の対応方策について、私見を述べてみよう。第一に、2020年代に比べて2030年代の18歳人口および入学者数の落ち込みは極めて急である。単純な指数計算をしただけでも、20年代の減少は年平均0.87％であるのに比べて、30年代は3.47％であり極めて大きい。このため2040年の入学者は2030年の約7割にまで減少する。大学経営にとってこれほど大きなショックはない。**図表1**の折れ線グラフが上に凸型になっているのは、まさにそのことを視覚的にも表すものである。20年代と同率ならグラフは凹型になるはずであるから。

このようなショックに耐えるにはどのようにすればよいであろうか。個々の大学レベルで言えば、競争力を高めて学生獲得市場において優位な地位を占めることであろう。より良い教育、ブランド力の強化、経営体質の改善など方策はいろいろある。しかし国家政策というマクロのレベルでみれば、今のような大学規模を保持することは段々困難になる。その証拠に、2040年代に入ると18歳人口そのものが今の入学者数とほぼ一致するレベルにまで減少し、進学率を100％に近づけないと間に合わないからである。全員が今のような大学・短大に進学するということが非現実的な仮定であるとすれば、高等教育の劇的多様化、職業訓練機関の拡大、留学生政策の抜本的改革などの「大手術」でもしない限り、このままで済ませることはできまい。

18歳人口に過度に頼らない大学経営や国家政策は可能であろうか。成人学生と外国人留学生はどうか？　このうち成人学生については、リスキリングのための教育や老後の愉しみのための大学在学などいろいろ語られることも多い。しかし図表２に示す通り、近年の状況からはますます18歳人口に頼る傾向が見られる。定員充足を目指す多くの私学では、近年「年内入試」つまり推薦入学を主体として少しでも早く入学者を確保したいという思惑から、12月までの早期に入学予定者を確保しようとする傾向が顕著である。特別な受験勉強をしなくても大学に入学できるということは多くの高校生にとって朗報かも知れないが、大学教育に必要な基礎学力は果たしてどのようにして養成されるべきか、高等学校教育の在り方とも関わる重要な教育問題がここにあるような気がしてならない。

また、中高年の大学進学は、総論としては褒められるべきことかも知れないが、教育への投資効率ということからすれば、若者に比べて不利であることは否めない。18歳の若者に対しては、１００万円、２００万円の授業料でもこれを必死に払おうとする親や学生本人が多いだろう。将来への投資のためである。しかし30歳台、40歳台になって同額を自己負担で支払うことにはかなりの抵抗があるのではないか。まして老後の愉しみのための学習であれば、負担許容額は一桁あるいは二桁少ない金額に落ち着くことは間違いあるまい。

結局のところ、留学生を増やすことが一番の対策ではないかという気がするが、大学の教育研究の意図に沿わないような、単なる人集め・金集めのための増員策は、却って大学の体質を弱める恐れが

図表２　大学入学者に占める18歳の者の割合

	入学者総数	うち18歳入学者	18歳の割合（%）
2018	628,821	486,022	77.3
2019	628,821	489,984	77.9
2020	635,003	496,659	78.2
2021	627,040	501,490	80.0
2022	635,156	514,637	81.0

（出典）学校基本調査

ある。教育に使う言語の問題もある。近頃英語の使用が推奨されているようだが、教える側の負担は大きく、また留学生も英語が得意な者ばかりではない。そうなると双方にとって大きなデメリットである。日本語による教育は、従来からの留学生受入れの基本であるが、最近のＡＩの急速な発達を考えれば、こちらの方向で改善策を講じる方が、教育効果の面でも将来の我が国のためにもよろしいのではあるまいか。日本語によって小学校から大学・大学院まで完結する教育システムを持っている我が国ならではのメリットを生かすべきではないだろうか。但し、日本という国の文化や経済の国際的プレゼンスにも関わる問題だから、大学問題との関係はほんの一部に過ぎないのだが。いずれにしても課題山積の中での人口推計、皆さんも資料をご覧になりながら、これからの高等教育の姿を思い浮かべてもらいたい。

（２０２３年５月29日）

１―５　高等教育機会の地域差～学校基本調査速報値から

簡略になった速報値の項目

毎年のことであるが、高校野球の全国選手権大会が終わる頃、学校基本調査の当年度の速報値が公表される。我が国の学校教育の状況を知る重要な情報であるので見逃せない。調査対象は幼稚園から大学・大学院、さらには専修学校や各種学校に及ぶものであるが、ここでは大学を中心とする高等教育について公表内容を追ってみよう。

まずは大学数と学生数である。２０２３年の大学数は前年度より３校（公立１、私立２）増えて８１０校となった。但し他の高等教育機関に目を移せば、短期大学は前年度より９校減って３００校、専門学校は28校減って２６９３校など減少が目立っている。またこれらに対応する学生数は、大学でこそ前年度比１万５千人増えて２９５万人（うち学部生は２６３万人）であるものの、短期大学で８千人減、専門学校で２万６千人減など少なくなっており、大学への集中が一層顕著になってきていることが分かる。

次に公表に際して文部科学省が作成した報道発表用資料を見てみよう。そこでは例年の通り「過去最多」という文言が躍っている。すなわち在学者数２９５万人以外にも、学部学生数２６３万人、学部女子学生１２０万人も過去最多、女子学生比率45・７％も過去最高、大学全体の女性教員数５万２千人および女性割合27・２％も過去最多・最高とのことである。もっとも短期大学や専門学校は、学校数、学生・生徒数が減っていることを忘れてはならない。18歳人口の減少がさらに進行すると、やがては大学に係る数値も減少に転ずることは間違いないことで、大学関係者はこれに備えなければならないのである。

以上が速報値の概要であり、これがそれぞれの都道府県別の内訳を伴うものの、それ以上の情報は得られない。以前であれば、分野別（関係学科別）の入学者数や在学生数、卒業後の進路状況などかなり詳しい情報も速報値に含まれていて、とりわけ各年度の分野別入学情報までが8月には判明するので、各大学での翌年度に向けた経営戦略立案上も大いに役立つものであった。しかしコロナ禍以降において速報値の公表項目が大幅に簡略化されており、全体の様子は12月の公表時まで知ることができないのは残念である。できることなら元に戻してもらいたいものだと思う。

都道府県別データが意味するもの

さて、そうはいうものの、現時点の公表値から何か分かることがないかと考え、都道府県別データからそれを探すことにした。得られた数値から5つの項目にまとめたのが今回の**図表**である。表頭左から都道府県名、大学数、学生数、国公立大学の私立も含めた全体に占める学生数割合、大学生と高校生の比率を表す指標の5つである。それぞれの数値につき、上位10県については濃い塗色、下位10県については白色で、そして残りの27県は中間の塗色とし、視覚による傾向を分かりやすく表現してみた。但し都道府県名の欄の塗色は、２０２３年の学生数と20年前の２００３年の学生数との比率を調べ、その数値の大きいものを濃く、小さいものを白色で示した。ちなみにこの数値の全国平均は１・０５、最大値は群馬の１・４１、最小値は奈良と鹿児島の０・８６である。上位10県と下位10県の傾向を眺めると、都市圏を含む県と過疎の傾向がある県とが、それぞれ学生数の増減率の大小に関係しているとは限らないようであり、それぞれの地域における個々の大学の事情が背後にあるものと思われる。但し、２０２３年時点での大学数や学生数は、明らかに都市圏を含む県が大きく、そうでない件が小さいという傾向が表れており、埼玉・千葉・東京・神奈川の首都圏、京都・大

図表　都道府県別大学・学生数の傾向（2023年）

	大学数	学生数	国公割合	大学／高校		大学数	学生数	国公割合	大学／高校
北海道	37	79,983	0.40	0.55	滋　賀	9	32,099	0.22	0.67
青　森	10	15,121	0.54	0.40	京　都	34	146,710	0.15	1.69
岩　手	6	10,909	0.60	0.29	大　阪	58	232,937	0.13	0.88
宮　城	14	48,747	0.29	0.68	兵　庫	35	114,154	0.18	0.69
秋　田	7	8,664	0.84	0.32	奈　良	10	19,240	0.25	0.46
山　形	7	11,642	0.68	0.34	和歌山	5	8,601	0.60	0.29
福　島	8	14,575	0.46	0.26	鳥　取	3	6,769	0.95	0.37
茨　城	11	27,310	0.64	0.30	島　根	2	7,283	1.00	0.33
栃　木	9	20,604	0.20	0.33	岡　山	18	37,991	0.33	0.60
群　馬	15	28,235	0.41	0.46	広　島	21	54,229	0.32	0.61
埼　玉	27	107,701	0.08	0.50	山　口	10	18,247	0.80	0.46
千　葉	27	107,835	0.11	0.59	徳　島	4	11,510	0.56	0.54
東　京	145	681,863	0.08	1.71	香　川	4	8,971	0.67	0.28
神奈川	33	175,187	0.07	0.69	愛　媛	5	16,850	0.49	0.42
新　潟	22	28,173	0.53	0.43	高　知	5	9,475	0.91	0.43
富　山	5	10,981	0.90	0.33	福　岡	35	108,785	0.25	0.66
石　川	14	27,701	0.37	0.72	佐　賀	2	7,694	0.75	0.26
福　井	6	9,932	0.61	0.37	長　崎	8	16,686	0.63	0.38
山　梨	7	15,850	0.52	0.55	熊　本	9	24,140	0.40	0.42
長　野	11	17,295	0.75	0.26	大　分	5	15,068	0.34	0.39
岐　阜	13	19,813	0.34	0.31	宮　崎	7	9,461	0.63	0.25
静　岡	14	33,336	0.42	0.28	鹿児島	6	15,525	0.60	0.28
愛　知	52	177,582	0.15	0.73	沖　縄	8	17,937	0.55	0.32
三　重	7	13,609	0.46	0.24	合　計	810	2,633,010	0.22	0.68

（出典）学校基本調査公表値から山本眞一作表
■は上位10県、□は下位10県

阪・兵庫の関西圏、北海道、愛知や福岡の大学数や学生数が多いのにはそれなりの理由があるのである。他方でこれらの数値の小さな県も同様である。

国公立大学に在学する学生数の全体に占める割合は、全国平均が０・２２（22％）であるのに対し、首都圏や関西圏ではそれが極端に低く、例えば埼玉・東京は０・０８、神奈川は０・０７である。東京は東京大学という最大級の国立大学を抱え、それ以外にも多数の国公立大学が存在するが、それ以上に私学が集中していることの表れである。またその傾向は関西圏も同様である。私立大学は全国各地に存在するが、県によってはすべての学生、あるいは3分の2を超える学生が国公立大学の学生である、という現実は忘れるべきではない。実際、定員割れ校が地方の大学に多いことを考えると、同じ定員割れ対策を立案するにしても、首都圏や関西圏と地方とは、その前提である国公立大学との関係に大きな違いがあることを勘案する必要がある。

大学生と高校生の比率に関しては、この図表中の数値は、それぞれの数の一学年当たりの人数に変換して計算してある。大学教育機会を直感的に把握するためである。その際、大学は4年、高校は3年と仮定して計算してあり、およその目安として理解いただきたい。この数値が断然高いのは東京（1・71）と京都（1・69）である。低いところは東北の2県、九州の3県が目立つが、同時に大都市圏に比較的近い県（埼玉、岐阜、三重、奈良など）でも必ずしも数値が高くないことが分かる。大学の増設よりも高校の増設が先行した結果なのかも知れないが、精査が必要である。いずれにしても地域による個別の事情があることは間違いないことである。

急がれる分野別データの公表

さてここから先は、まもなく公表予定の私学事業団による私学の志願状況、12月に公表予定の学校基本調査の本報告を待たなければならないが、私としては近年の学生や保護者による実学志向（就職に役立つ学問への興味）や、政府・産業界による理系学部増強支援の動き、また大学院レベルの教育の普及などが、大学進学にどのように影響を与えているかに興味がある。医療系学部の人気の高さに加えて、理系の一部とみなされているデータサイエンスが今後どのように発展していくかは、それを利用する政府・産業界のみならず、履修する学生の能力・適性にも大いに依存していることは間違いないであろう。高校生やそれ以前の中学生の段階で学校教育に不適応を示したり、あるいは教科内容の理解に問題を抱えたりしている生徒も少なくないと聞く。大学が学生確保を急ぐあまり入学基準で妥協してしまうようであれば、とくに理系学部の振興にはマイナス要因となるだろう。理系重視は結構であるが、その場合には、生徒の能力・適性を見極めつつ、学力向上に役立つ教育システムをより根本的なレベルで構築してかからねばならない。かつては、厳しい大学入試が高校生の学力を担保していたとの声も聞く。私自身もそのように思う。国公立大学卒業者が就職に強いのは、文理にわたってバランスに配慮した教科を学んでいるからだという意見もある。目先の利害を優先し過ぎ、学力や意欲に問題のある学生を掴まないよう、国公私すべての大学はいま一度自らのアドミッション・ポリシーの確認をすべきであろう。ただし、すべての問題は、今後公表される分野別の志願と入学状況を見てからの話しであるので、念のため。

（2023年9月11日）

1―6　18歳人口の変化への対応～長期的視点の必要性

２０３０年代には減少率が拡大

前回（下巻17―6所収）は大学の歴史について、いささか大風呂敷を広げ過ぎたかも知れない。しかし、西欧中心の固定化された世界観に囚われないということは、非常に重要なことである。そのことだけでも理解いただければ幸いである。今回はそれから見れば身近に過ぎるテーマかも知れないが、多くの関係者にとって大きな関心事の一つは、18歳人口減少の中で大学は一体どのようになっていくのか、ということであろう。現に短期大学は年々縮小し、今や我が国の高等教育システムのごく小さな一角を占めるに過ぎないものにまでなってしまっている。また大学自体にも学生数不足の危機が年ごとに迫っている。この先、18歳人口がさらに減ることが確実であるということが、関係者の不安を掻き立てている。

ご存じのように昨年（２０２３年）、厚生労働省は我が国の人口の長期予測を6年ぶりに公表した。人口減少が大学に与える影響については、私も本誌で取り上げたことがあるが、最近になってマスコミもしばしば話題にするようになり、また現実に法人合併や短期大学の閉鎖など個別具体的な問題としても表出するようになってきた。本誌のバックナンバーをお持ちの方は、第５５６号（２０２３年5月29日）（本書1―4所収）の私の連載に掲げたグラフをご覧いただきたい。この先、２０３０年頃までは18歳人口の減少は緩やかであるが、その後の減少度合いは段々大きくなって、２０３９年には80万人を割り込む。そのグラフの動きを数値化したのが**図表１**である。ここでの18歳人口の予測値としては、厚労省公表の中位推計ではなく、現実性を考慮して低位推計を採用した。但しどちらにしても、２０３８年までは同じ数値である。

図表１には、それぞれの年の対前年比の数値と２０２２年を1とした場合の各年の数値を入れてみた。２%以上減少する年は太字で数値を記入した。ご覧のとおり段々と減少率が大きくなり、２０３９年、40年には年率８%に迫る勢いとなる。その結果、２０４０年の18歳人口は、低位推計でおよそ74万人となり、これは現時点（２０２３年）の３分の２の規模である。なお、厚労省のその後のまとめでは、実際の出生者数は２０２２年が77万８千人（確定値）、23年が72万６千人（推計値）だそうである。18年後の数値を想像してみてもらいたい。

図表１　18歳人口予測とその増減率

年	18歳人口	前年比	2023年比
2023	1,091		1.000
2024	1,091	1.000	1.000
2025	1,100	1.008	1.008
2026	1,107	1.006	1.014
2027	1,088	0.983	0.997
2028	1,084	0.996	0.993
2029	1,076	0.993	0.986
2030	1,052	**0.978**	0.964
2031	1,049	0.997	0.961
2032	1,025	**0.978**	0.940
2033	1,028	1.003	0.942
2034	1,004	**0.976**	0.919
2035	964	**0.961**	0.883
2036	940	**0.975**	0.862
2037	897	**0.954**	0.822
2038	863	**0.962**	0.791
2039	797	**0.924**	0.730
2040	739	**0.927**	0.677

（出典）厚生労働省2023年公表値に基づく

ツケを払うべき時期が到来

大学入学者の大部分を占める18歳人口が、このようにして２０４０年に向けて確実に減少すると見込まれる以上、関係者は有効な対策を考える必要がある。実際、政府レベルでは子育て支援、子どもの就学支援、大学改革や経営安定に向けての誘導・支援などさまざまな政策があり、また個々の大学レベルにおいても改組・改編や経営改革、統合・合併など、学生の大学選択や教職員の教育・研究・業務に影響を及ぼすさまざまな対応が目立つようになってきた。

だが率直に過去を振り返ると、30年前の１９９０年代からこのような事態が到来することが言われ続けてきたにもかかわらず、我々はこの問題に具体的には対応して来なかったことが分かる。それは当事者の切迫感の薄さと関係してきたからではないだろうか。例えば、政府関係者であれば同一部署に勤務するのはせいぜい２～３年であり、当座の懸案には一生懸命対応するだろうが、30年も先のことを考えた対策は後回しになってしまう。また大学関係者も、経営層や管理職の世代であればあるほど、退職までの長くない年月の懸案は気になっても、その後のことについては、やはり後回しになりがちである。最近は私学を含めて大学・学校法人は長期計画を策定するようになってきたが、単に自己都合による目標設定と実行計画に留まるのでは不十分である。計画策定の中で具体的な問題を抽出し、改革・改善の具体策を用意することが必要である。さらにこれを経営層や教職員で情報共有し、改革・改善のための企画力や実行力に優れた人材を育てておかなければならない。しかしいよいよ我々にはその先送りの怠慢のツケを支払うべき時がやってきたようだ。ここで対応を誤ることがあれば、取返しのつかぬ事態を招くことにもなりかねない。

大学関係者が取りうるとりあえずの対策は、収入確保と経費節減であろう。しかし前者について、学生を多く集めようにも肝心の18歳人口が減少する中で、容易なことではない。成人学生や留学生受入れが現実的と思われるが、現実の学生獲得競争は成人学生に向かうのではなく、いわゆる年内入試の普及にもみられるように、限られた18歳人口に向かっている。昨年末に公表された学校基本調査によっても、大学入学者全体に占める18歳入学者の割合は、昨年さらに増加して前年度比０・５ポイント上昇の81・５％になっている。入学者選抜方法の「改革」も結構であるが、対応を誤ると、入学者や大学教育そのものの質的低下を招きかねない危険性がある。留学生確保についても同様である。「三つのポリシー」が効果的に働くよう、細心の注意が必要である。他方、後者の経費節減についても、それが過度に及べば教職員の給与水準や教育研究そして施設設備の良否に結びつくことから、回り回って学生確保に悪影響を及ぼすかも知れない。ますます微妙な経営のかじ取りが求められるようになっている。

図表２　教育分野別入学者数（2023）および2013年比増減

増減順	分野	学科	入学者数	増加率
増加１	その他	国際関係学	4,698	1.582
2	その他	人間関係科学	4,392	1.505
3	教育	教育学	11,176	1.475
4	保健	看護学	24,083	1.373
5	工学	応用理学	2,637	1.368
6	芸術	美術	3,512	1.363
7	工学	その他	28,335	1.306
8	芸術	デザイン	5,061	1.251
9	保健	その他	28,321	1.242
10	その他	人文・社会科学	7,537	1.222
減少１	工学	経営工学	1,008	0.498
2	家政	家政学	3,798	0.705
3	教育	その他	21,584	0.807
4	工学	機械工学	13,340	0.825
5	教育	小学校課程	2,254	0.847
6	人文科学	その他	33,206	0.855
7	工学	応用化学	6,898	0.864
8	その他	教養課程（理科）	3,802	0.878
9	芸術	音楽	3,784	0.896
10	農学	農芸化学	1128	0.902

（出典）学校基本調査に基づき、増減の大きいもの順に10学科

どの分野・学科が増えたか

このような中、大学教育の分野選択や教育方法の改善・改革は地道ではあるが、最も確実な対応策

ではないかと思われる。図表２は、最新の学校基本調査と10年前のそれとの比較をして、大学への入学者が関係学科別にどのように増減したかを示すものである。分類は学校基本調査に従ってある。増加率の大きい学科と減少率の大きい学科それぞれ10を選んで順番に並べてある。但し入学者千人未満の学科は省いてある。また２０１３年度に比べて23年度の入学者数全体では３％の増加であった。

数値を見ると、増加率の大きな学科は国際関係学（58・２％）、人間関係科学（50・５％）のように、いわゆる四文字・八文字学部を含めた学際的な名称をもつ学科がトップであり、続いて教育学（47・５％）、看護学（37・３％）など、免許・資格が取得でき就職に有利と思われる学科の増加が目立っている。他方減少率が大きいのは、経営工学（50・２％減）、家政学（29・５％減）の順で図表２に示す通りであった。これらの結果から全体の傾向を推し量ることは必ずしも容易とは言えないが、他の情報なども参考にしつつ考えるに、やはり実学系の教育へのシフトがあり、就職状況の良否も関係しているように思える。但し、組織の改組・転換や教育方法の変更などは、既存の教員組織とも深く関係しており、単なる看板の付け替えに終わるようなことがないように注意が必要である。また改正された大学設置基準の趣旨を踏まえて、教員組織の実質を充実させることも必要である。これらについてはさらに精査が必要であり、また稿を改めて論じることとしたい。

（２０２４年１月22日）

第2章

変わりゆく大学入試

２―１　高大接続の現実
～勉強しない生徒・受入れざるを得ない大学

中教審答申に基づく入試改革

高大接続は、昨今の大学改革の中でも中心的課題の一つである。文字通り解釈すれば、高校教育と大学教育とのスムーズな接続を意味するのであろうが、実際には大学入試を梃子にして、高校教育も大学教育も同時にその質的向上を目指そうという、ある意味で非常に野心的な試みである。このことをテーマにした２０１４年の中教審答申「新しい時代にふさわしい高大接続の実現に向けた高等学校教育、大学教育、大学入学者選抜の一体的改革について」においては、「義務教育までの成果を確実につなぎ、それぞれの学校段階において「生きる力」「確かな学力」を確実に育み、初等中等教育から高等教育まで一貫した形で、一人ひとりに育まれた力を更に発展・向上させることが肝要」として、現状が必ずしもこれに沿った状態にはなっていないとして、さまざまな課題を列挙している。その上で答申は「現状を、高等学校教育、大学教育、大学入学者選抜の改革による新しい仕組みによって克服し、少年少女一人ひとりが、高等学校教育を通じてさまざまな夢や目標を芽吹かせ、その実現に向けて努力した積み重ねを、大学入学者選抜においてしっかりと受け止めて評価し、大学教育や社会生活を通じて花開かせるようにする必要がある」と述べている。

このため答申では、高等学校教育の質の向上施策、大学教育の質的転換の断行と並んで、現行のセンター試験に代わる新テストを提言し、その中で皆さんもご存じのように、数学や国語における記述式問題の出題や英語の四技能の評価のための民間テストの利用など、これまでの施策とは観点の異なる改革の導入を提言している。答申から相当年月が経過したが、新テストは２０２０年度の実施が迫る中、依然として賛否さまざまな論が渦巻いており、関係者の足並みが必ずしも揃っているとは思えない。受験生の気持ちを考え、試験の公平・公正な実施が損なわれることのないよう、行政当局には強く望みたい。

ただ、それ以上に私が疑問に思うことは、新テストが果たしてどのようなレベルの高校生を想定しているのかということである。今年夏に公表された文科省や私学事業団の数値によると、この連載の前回（下巻13―1所収）で私が書いたように、大学入学志願者数と入学者数は相変わらず近接し、事実上の全入状態が続いている。また定員割れの大学は依然３割を超える水準にある。大学入試で推薦など一般入試でない方法で入学する者は、私学では半数を超え、その割合は中堅以下の大学ではさらに高いと思われる。このような中での入試改革の実効性というのはどういうものなのであろうか。

中堅進学校以下の高校には無縁？

そのような疑問を抱いていたところ、先日、濱中淳子早稲田大学教授の興味ある論稿が日本経済新聞に出ているのを読んだ。８月12日付けの教育欄である。濱中教授は「２０２０年度の大学入試改革、高校生「学習離れ」防げず」という標題のこの論稿で「大学入試を変えることで高校教育を変えようという手法には限界がある」と主張しており、それは今回の入試改革において、「高校生の学習離れ」という重要な観点が置き去りにされているからであると言う。彼女らの研究グループが２０１２年から３年間、首都圏の公立高校に通う生徒約３３００人を対象に学習行動に関する追跡調査を行ったところ、「地元で一番手とみなされる有力進学校」と「３～４番手ほどに位置づけられる中堅進学校」での学習行動に大きな違いが認められたという。

その違いとして挙げられているのは、第一に学校外での学習時間で、中堅校では7割強の生徒が30分以下と答えている（有力校では2割）。第二にスマートフォンやテレビ等に費やす時間で、中堅校の生徒がこれらに費やす時間は、有力校に比べて顕著に多い。第三に大学受験の臨み方で、「受験に合格できそうでも、進学した後に勉強についていけなそうな学校であれば、進学先としては選ばない」と答えた中堅校の生徒が45・7％もいて、有力校の15・5％と大きく異なっている。濱中教授は、「中堅進学校の生徒は大学入試で何か課されるのかといったことにほとんど左右されない状況にある」と指摘し、英語民間試験の活用や記述式問題の導入など、今回の入試改革が「高校生たちの学び自体にどれほどの影響を与えるのだろうか」と疑問を提起している。

先述の中教審２０１４年答申では、高校のタイプを「選抜性の高い大学へ生徒が進学する」高校、「中間層の生徒が多い」高校、「従来型の学力の習得に困難を抱えている生徒が多い」高校に分けて、対応を論じている部分があった。大学入試が多様化し、かつ容易化する中、いまやその「困難を抱えている生徒」でも大学進学が可能なまでに入学者の層が広がってきている。大学入学の関門が低くなり、定員割れに苦しむ大学を中心にとにかく人数を確保したいと焦る大学と、それを知ってか知らずか基礎学力の足りないままに大学に進ませたい高校側との「高大接続」の負の部分が大きくなってきている。何らかの対策が必要である。

高大接続の認識に差が

さて、高等教育の先進国の事例として、しばしば米国のことが語られる。連邦教育省が毎年まとめている教育統計「Digest of Education Statistics」には、学校系統図が掲げられているが、これの重要部分を切り取ったのが**図表**の上段である。中等教育機関であるハイスクールとコミュニティー・カレッジや四年制大学などの高等教育機関との間に、一本太い横線が引かれていて、中等教育部分には左側に年齢（15～17）、右側に学年（10～12）が記載されているが、高等教育部分に年齢の記載はなく、右側の学年も改めて第一学年から始まっている。ところが、どういう経緯か日本側（文科省）の理解によれば、**図表**下段にあるように、

図表　米国の学校教育体系に関する日米の認識の相違

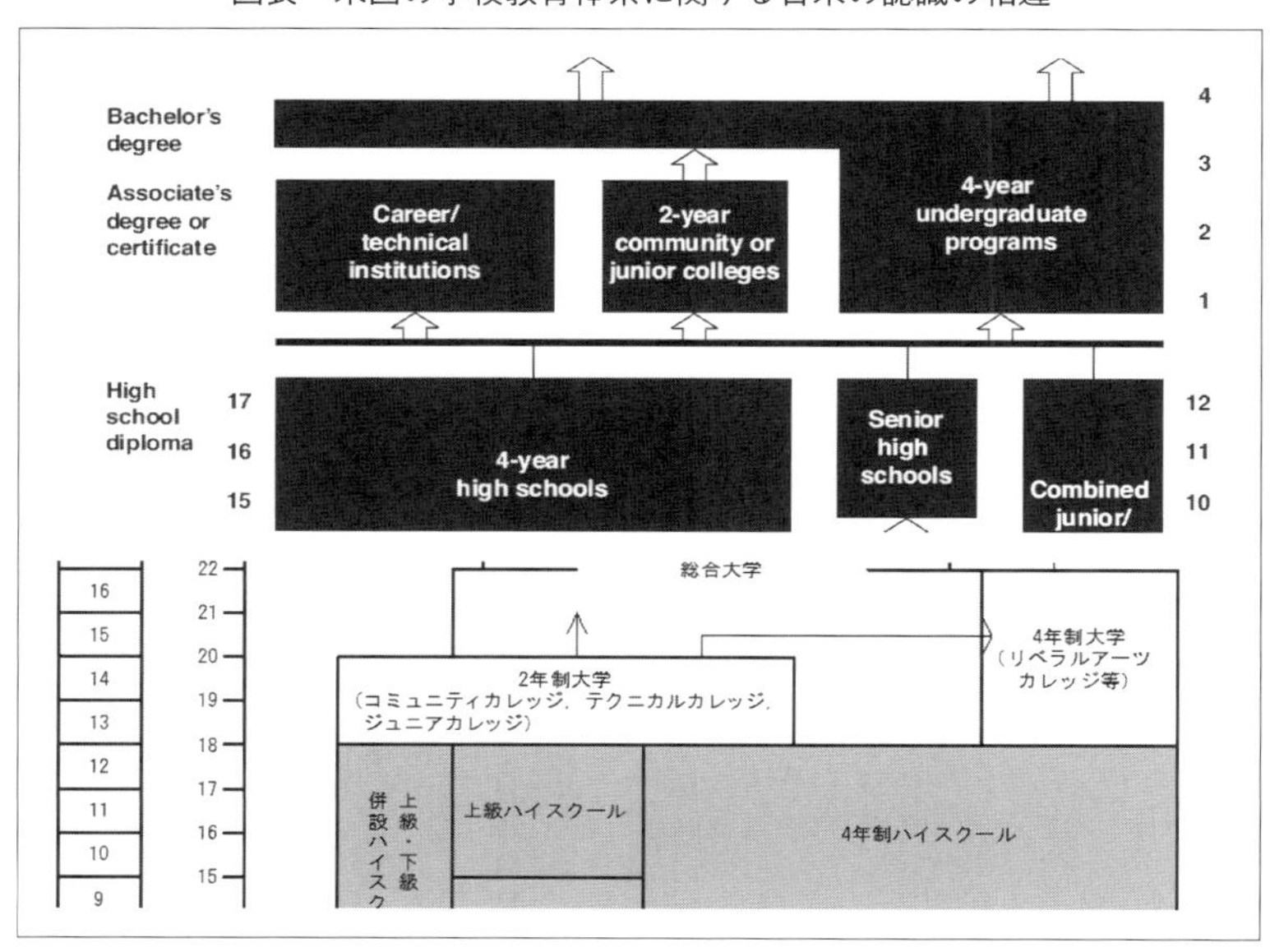

（出典）上段は米国教育省Digest of Education Statistics、
下段は文部科学省「諸外国の教育統計」の米国の箇所、いずれも抜粋

学年も年齢も中等教育から高等教育へとスムーズに繋がって、大学四年生は第16学年と当然のように記載されている。年齢も同様である。まさに「高大接続」である。

しかし、これでは実態を正しく表しているとは言えないであろう。なぜなら、日本では大多数の学生は高校新卒かせいぜい1年間の浪人の後の入学なのに対し、米国では20％ほどの学生は25歳以上の成人学生であるからだ。リカレント教育の重要性を強調するなら、米国のオリジナルな図を忠実に表現するようにしてはいかがなものであろうか。このことの問題は、２０１７年に日本高等教育学会創立20周年記念で講演した舘　昭　桜美林大学教授（当時）も指摘していることなので、改めて注意喚起をしておきたい。

（２０１９年９月９日）

２―２　大学入試改革の経緯に思う～時代の変化の中で

20世紀は受験の世紀

大学入試は、いわゆる「受験地獄」を代表的なキーワードとしつつ、明治半ば以来、我が国教育界における大きな社会問題であり続けてきた。高等教育の歴史を辿ると、旧制度下の高等学校入試、戦後の新制度下の大学入試制度が頻繁に変更（改革）されてきたことが分かる。なぜ頻繁に制度が変わるかと言えば、どのような制度下でも、少数の合格者と多数の不合格者が出る以上、やがて後者の不満が限界に達するとある種のガス抜きが必要であったからに相違ない。まさに20世紀は「受験の世紀」であったと言えるだろう。旧文部省が執務の必要に応じてまとめた資料には、明治初頭から平成半ばまでの旧制高等学校と新制大学における入試制度の変遷が記述されている。これによると、明治５年の学制頒布から明治20年代までは「学力保持者が定員に満たず、各学校が行う学科試験で学力が認められれば、学歴に関係なく入学が許可」されたとあり、戦前の学校制度がまだ固まる以前の状況で、人々の学校を見る目も懐疑的な時代であった。しかし、明治20年代になって、学校制度が整備され入学志願者も定員の３倍程度となり、入試の社会的問題が生起したとある。

なお、この時代は制度としての高等学校は存在せず、文部省の担当者が何を対象として記述したのかは不明であるが、その高校の前身たる少数の官立高等中学校のことを述べているものと思われる。その官立高等中学校は明治27（１８９４）年の高等学校令により、高等学校と改称された。また大正

７（１９１８）年には新たな高等学校令が公布され「男子ノ高等普通教育ヲ完成スルヲ以テ目的」とし、官立以外に公私立の高等学校もその設立が認められることになった。この年は、大学についても帝国大学のほか、官公立や私立大学が認められ、戦前における高等教育の骨格が完成した年でもある。このように高等教育の整備が進み学校数や学生数が増えるに従い、学歴の効用も上昇し、さらに入学希望者が増えるという循環が始まった。

猫の目のように変わる改革

近代高等教育について造詣が深い竹内洋氏の著作「学歴貴族の栄光と挫折」（中央公論新社）によると、明治33（１９００）年頃から10年間ほどは、旧制高等学校の入学志願倍率は２倍程度であったが、明治の末期から大正時代を通じてその倍率は上昇を続け、ピークとなった昭和初期には８倍近くに達していたことが分かる。このため、高等学校が制度として整備されて間もない明治35（１９０２）年には早くも入学試験の改革が行われ、それまで各学校で独自に行われていた入学試験をやめて、文部省が共通問題で試験を行い、第二志望以下も受験生に書かせた上で入学校を決めるという総合試験制度に改められたという。しかし文部省資料によれば、明治41年にはこれが廃止されている。また、明治43（１９１０）年には無試験推薦制が入学定員の５分の１を限度に導入されたが、大正６（１９１７）年にはこれが20分の１以内に縮小され、総合試験制度が復活したそうである。このように猫の目のように変わる入試のパターンは、竹内氏の分類では、①各高校が独自に試験をして入学者を決定する「単独選抜」、②試験問題はすべての高校に共通で、選抜も共通に行う「共通試験総合選抜」、③試験は共通で、選抜は各高校で行う「共通試験単独選抜」であるという。しかし、これらの繰り返しによる改革が、さまざまな工夫も加味されて行われたものの、結局は奏功せず、問題は戦後の教育改革に持ち越された。

進適・能研・共通一次

戦後教育改革によって、多数の新制大学が生まれ、入試問題は一部の限られた若者の問題からより多くの者の関心事となった。高等教育の大衆化の始まりである。この間、大学入試の改革政策として、昭和20年代には「進学適性検査」、30年代には「能研テスト」が試みられたが、いずれも数年でとりやめとなった。前者については、国が実施する適性検査であって学力検査ではなかったが、当初国公私立のほとんどの大学が参加した。しかし、その効果に疑問が持たれ、大学が積極的に利用しなくなったことや、予算の関係もあって廃止となった。後者については、希望する大学に対する良質の問題を提供するとして、（財）能力開発研究所が実施する学力テストと進学適性テストとして行われた。しかし大学側が利用に消極的であり、かつ反対運動のために実施が困難となって廃止された。私はこの当時高校生であったが、このテストを確かに受けた記憶がある。しかしその結果がどのように活用されたのかは知らない。実際のところ、急増する入学志願者に対して、大学は学力試験による順位付けで合格者を決めるのに精一杯であったことと思われる。

昭和54（1979）年に始まる「共通第一次学力試験」は、その2年前に国立大学共同利用機関として設立された大学入試センターが、各国立大学と協力・共同して実施するもので、高校教育の基礎的な到達度を判定し、難問・奇問を排した良質な出題の確保と、各国立大学の2次試験との組合わせによる総合的かつ丁寧な入試の実現を目指して行われた。この制度は途中若干の手直しを経て平成元

（１９８９）年まで続き、翌年からは同じく大学入試センターが各大学と協力・共同して行う「大学入試センター試験」となり、現在に至っている（２０２１年からは大学入学共通テストに変更）。またこの試験には国公立大学のほか多数の私立大学が参加するようになり、より多様な利用形態を伴いつつ普及してきている。

18歳人口減時代の入試

しかしながら、１９９０年代に入り、18歳人口が急激に減少しかつ多くの大学で新増設が続いたため、入学試験の様相は大きく変化してきている。近年は、入学者数が定員に満たない定員割れの大学が４割前後もあり、またそれ以外の大学においても、学生数の確保のためにさまざまな方法で入学試験を実施するようになっている。その方法は大別して、従来の学力試験を中心とする「一般入試」、高校からの推薦に基づき入学者を決定する「推薦入試」、大学のアドミッション・オフィスによって大学独自の選抜を行う「ＡＯ入試」がある。平成30年度入試についての文科省の調べによれば、このうち推薦入試で入学する学生は、国立で全入学者の12％、公立で25％であるのに対し、私立では41％に及ぶ。また、ＡＯ入試については、国立で４％、公立で３％であるのに対し、私立では11％であった。このようにして従来型の一般入試に拠らない入学者が私立を中心に非常に多いのが昨今の特徴であるが、これに加えて入試の回数も私立を中心に大変多くなっている。さらに入試科目を減らしたり、調査書のみで学力を判定したりするに至っては、学生の学力低下を防ぐことは従来に増して困難になる。ましてや定員割れをしている、あるいは定員割れを恐れる大学では、とにかく入学人数の確保に走ることは避け難い状況である。

このような中、いま大きな話題になっているのは、２０２１年度入学者からセンター試験に代えて実施予定の「大学入学共通テスト」と、その中で英語の四技能の議論に端を発する民間テスト（資格・検定試験）の利用に係る問題である。賛成・反対さまざまな議論が依然として終息しない状況は確かに問題であるが、私に言わせれば、18歳人口の減少がさらに進む中、そもそもテストの成績に拘っておれない大学が、すでにかなりの割合を占めているのではないかということの方を気にすべきである。また、ＡＩ時代にふさわしい英語の能力とは何かという、より本質的な議論も忘れてはならない。果たして実用偏重の英語教育で十分なのであろうか。いずれにせよ、競争試験とは縁遠くなる大学がますます増える今後、多くの大学にとって入学者決定の方法はいかにあるべきか、これを深く考えることが必要な時期に来ているのではないだろうか。

（２０１９年11月11日）

２―３　大学入試の役割と変化～実施要項を見て思うこと

実施要項の通知

文部科学省は、このほど来年度（２０２１年度）の大学入学者選抜実施要項を定め、６月19日付け高等教育局長名で、各大学長ら関係者に通知した。これは、「各大学における入学者選抜の適切な実施及び選抜方法等のより一層の工夫・改善を促すため」のものとされている。例年この時期に通知されるが、今年は新型コロナウイルス感染症に伴う学事日程の遅れや９月入学の議論もあってか、いつもに比べ２週間ほど遅かったようである。

この実施要項によると、大学入試センター試験から名を変えた「大学入学共通テスト」は、２０２１年1月16日・17日と1月30日・31日に実施され、後者は前者の追試験も兼ねる。また、２月13日・14日には「特例追試験」の日程が確保され、コロナ問題に対応する。次に、各大学の入試は大きくは三つの種類に分かれ、「一般選抜」は2月1日から3月25日までの間に行うこと、ＡＯ入試から名を変えた「総合型選抜」は、２０２０年9月15日以降（結果発表は11月1日以降）、推薦入試から名を変えた「学校推薦型選抜」は11月1日以降（結果発表は12月1日以降）とされている。なお、これらに加えて、国公立大学の入試日程は、それぞれ国大協、公大教が定める実施要領に基づき実施される。複雑に定められた日程には、受験生や高校関係者そして大学の関係者も十分注意しなければならない。なぜなら、入試を通じて実現しなければならない学生選抜・学生確保は、大学経営にとって非常に重要なことがらであるからである。

これらを含めて実施要項では、①基本方針、②アドミッション・ポリシー、③入試方法、④試験期日等、⑤調査書、⑥学力調査等、⑦個別学力検査実施教科・科目、入試方法等の決定・発表、⑧募集人員、⑨出願資格、⑩募集要項等、⑪国立大学の入学者選抜、⑫公立大学の入学者選抜、⑬その他注意事項（障害のある者等への配慮、入学者選抜の公正確保など）に分け、さらに今回は⑭新型コロナウイルス感染症対策に伴う試験期日及び試験実施上の配慮等という項目も設け、詳細な記述をしている。このため、この実施要項は別紙様式まで入れると30ページを超えるボリュームである。

通知の役割

このように、大学入試に関する詳細な定めを文部科学省が通知するのは、なぜであろうか。実施要項は、私がまだ旧文部省で仕事をしていた時代から存在していた。当時の個人的印象を述べれば、普段あまり付き合いのない高校関係者と大学関係者が、わずかに、しかし鋭くつながり合うのは大学入試であり、そのために存在する文書なのだと思っていた。実際、両者が置かれた環境は今以上に大きく異なっていた。一方は文部省を頂点に、私立校を除けば、教育委員会～学校長～教員と命令系統が明瞭であり、法規と学習指導要領が支配する世界であった。他方では文部省は全国大学事務局的役割で、大学は教授という自由な立場の人々が集まる共同体のようなもので、国が予算を確保して大学の自主自律を支えるような世界であった。しかしその中で、大学入試は国民的関心の強い年中行事であり、大学といえどもこれを無視することはできず、また高校側にとっても有名大学へ生徒を進学させることは、優先度の高い経営方針であった。そのため、高校と大学という異なるカルチャーをもつシステムが円滑に関係し合えるように、両者を調整するものが必要であった。私が文部省採用後に最初に配属された大学学術局大学課にも、入試に係る事務を担当する職員がおり、またその後昭和54年から1年余り務めた東大事務局にも、入学主幹という課長相当職が置かれていて、そのような調整事務や実施業務と担当していたものと記憶している。

大学の学校化

しかしながら時代は移り、高校も変わったが大学はそれ以上に変わった。私はこの論稿を含めて執筆や講演の折に、しばしば「大学の学校化」という用語を使っているが、この学校化こそが近年の大学改革によって現れた結果である。今の大学運営にとって、法令順守は当然のように語られる言葉であり、事務局が苦労して教員に振り付けをしなくても、認証評価の受審や競争的資金の獲得競争等によって慣らされた大学コミュニティーにおいて、これを疑う者はいない。かつて大学界には「上司」なるものは存在しないのではないかと思われるような雰囲気があったが、昨今は理事長・学長にとっての文科省、教員にとっての理事長・学長は、まさに現実に存在する上司として認識されるようになってきている。

このようにして、実施要領のもつ意味合いも、昔と今とではずいぶん違ってきているのではないかと思うが、その大きな役割はやはり第一に実施要項でも言うように「入学者の選抜を行うに当たっての、公正かつ妥当な方法の実行」であろう。大学入学者を、受験生相互の異なる社会環境や家庭環境にかかわらず、できうる限り公正な方法で選抜することは、明治期以来ずっと能力（少なくとも潜在的能力）ある若者を発見する有効な手段であると信じられ、かつこれが大学に対する確固たる信頼・

信用の源泉でもあった。戦後、有名大学から大企業へという人生初期のキャリアパスが若者の間で、人生の成功への道として堅く信じられていたのもそのためである。したがって、この公正さとこれを裏打ちする妥当な選抜方法を各大学が守ることは、大学界全体にとっても利害を共有しうるものであったのである。

第二の役割は、増え続ける大学数と彼らが実施する多数のかつ多様な入試を、混乱なく調整するための手段である。もちろん自由にやらせるということも、理屈の上では考えられることであろう。しかし、大学の経営者や入試実務担当者の身になって考えれば、大学入試にはある程度共通のルールがないと心配で、かつ事故なく実施することが難しいと思うであろう。大学入試は企業ならば営業活動の部類に入るのかも知れないが、実態としては多くの受験生を巻き込むきわめて公共的な行事である。必要なルールをあらかじめ決めて、入試業務の安定的実施を図ることは、それ自体が意味あることなのである。

環境変化の中での大学入試

但し、昨今のように大学数が増え、反面、18歳人口が減り続ける状況下にあって、大学入試の現実は大きな変貌を遂げている。現に4割の大学、7割の短大が入学時に定員割れで、中には受験生数そのものが定員に満たない学校もある。そのような場合、当該大学は、アドミッション・ポリシーがあったとしても、果たして学生確保という経営的理由の誘惑に打ち勝つことができるであろうか。また受験生・入学生の学力不足あるいは低下が叫ばれて久しい。それには進学率が上昇したという理由もあろうが、大学入試を巡る状況変化を高校生が敏感に察知して、それが彼らの勉学意欲を弱めているからではないだろうか。実施要項によれば、推薦入試（学校推薦型選抜）は大学では入学定員の５割を超えないこととなっているが、それでもこれにＡＯ入試（総合型選抜）を加えると相当な人数になる。文科省ではその場合でも何らかの学力判定を要求しているようだが、一般選抜と同じ扱いができるとは限らない。それは、生徒を大学に送りたい高校側と、一人でも多くの学生を受け入れたい大学側との利害が、入試の理想の範囲外で一致してしまいがちな弱点ではないかと思う。

前述した東大勤務の時、私は広報企画課長で、その大きな役目の一つが１月から３月にかけて行われる共通一次試験（当時）と東大独自入試の折に、押し寄せるマスコミの写真撮影や取材を滞りなく助けることであった。法学部の大教室の二階席最前列にそれこそ鈴なりになってカメラを構える取材記者たちの姿を、環境が変わってしまった今でもなつかしく思い出す。

（２０２０年７月13日）

2－4　高等教育と大学入試改革
～「受験の世紀」の変容から20年を経て

民間英語試験等の断念

文部科学省に置かれた「大学入試のあり方に関する検討会議」（座長　三島良直・前東京工業大学長）は、今年（２０２１年）６月30日にこれまでの１年半にわたる検討結果をまとめ、７月、文部科学大臣に提言を行った。そこでは、英語４技能の民間試験の利用や国語、数学の記述式試験の出題など大学入試センターが行う大学入学共通テストの改革案の正式断念と課題や方向性が記載され、今後は各大学における入学試験制度の改善・改革とその支援策に焦点が移っていくものと思われる。

この検討会議の設置の経緯について、検討結果をまとめた提言においては「令和元年11月、12月に発表された「大学入試英語成績提供システム」及び大学入学共通テストにおける国語・数学の記述式問題の出題を含めた大学入試のあり方について改めて検討を行うために、令和元年12月に文部科学大臣の下に設置された」と説明されている。これまで28回にわたる会合を通じて精力的な検討が行われ、その結果、記述式問題を大学入学共通テストで導入するには、質の高い採点者の確保、採点ミスの根絶、自己採点とのずれ、大学への迅速な成績提供などの面で問題が多く、また英語民間試験についても、地理的・経済的不公平、障害者への配慮、異なる検定資金の成績の比較に関する懸念などの面で問題があり、いずれの制度も実施困難であると結論づけられた。ただ、これらの新しい試験方法は、個別の大学の入試としては肯定的に捉えられているようであり、なおそれぞれの試験方法のあり方については、議論の余地を残しているような印象である。

官邸主導の限界

そもそもこれらの問題の発端は、２０１３年に官邸に置かれた教育再生実行会議が、当時のセンター試験に代わる新たな試験制度の導入や、外国語等の分野における外部検定試験の活用の検討などを求めたことにある。その後、これらのことは中教審やそれを受けて設置された文科省の「高大接続システム改革会議」（座長　安西祐一郎・元慶應義塾長）で審議が進められて、２０１６年にはその最終報告書において、英語における民間の資格・検定試験の活用や国語・数学における記述式問題の採点への民間事業者等の活用などが書き込まれた。その後の経過を含め、これらのことは私自身、以前の連載（２０１９年12月９日号）（下巻15―2所収）に書いているので、興味のある方は参照願いたい。

私が思うに、この10年ほどの間に、教育再生実行会議を含む官邸の政策会議が発案し、これを受けて文科省が実行方策を検討するという、いわば政府内でのトップダウンの政策形成過程が普通になってきている感がある。とりわけ、大学のガバナンスなどのその関心が大学関係者に限定されるような案件については、大学関係者のささやかな抵抗はあっても、政府トップの意向に沿って進められてきた。しかし、大学入試改革のように、受験生とその保護者、そして一般世論を巻き込むような案件については、関係者の不安や不満を解消しない限り、強大化した官邸といえども思い通りにはならない。今回のこの案件は、教育分野ではそれを象徴するようなことがらになってしまったのではあるまいか。

然らば、大学入試改革はなぜ難しいのか。今回は、入試そのものというよりは、記述式試験の導入や英語民間試験という従来とはやや異なる局面が論点になってしまったが、いずれの改革も、「受験者の中で不合格者が合格者よりも多い。そして不合格者はしばしば自分たちが受けた入学試験の制度に不満を持つ」という経験則から逃れることはできない。その中で明治以来、先達たちが苦労を重ねながら、制度を微妙に変えることを繰り返し、改善・改革をしてきたのである。その改革の概要については、私は過去の連載（２０１９年11月11日号）（本書2―2所収）でまとめているので、ご参照いただきたい。いずれにしても、入試合格という限られた資源配分について、すべての関係者の納得を得られるような解決の決定打はなく、強いて成功にこぎつけるためには、不合格者よりも合格者の方がはるかに多くなるか、受験と合格そのものの意味が薄らいでしまう時代が来ることであろう。

「受験の世紀」の変容

ところが、現実を冷静に眺めてみると、我々はそのような時代を目前に控えていることが分かる。18歳人口の減少にともなう受験者数の減少がそれである。18歳人口が第二次ベビーブーム世代の影響で２００万人を超えていた１９９０年代初頭から、30年経った現在では１２０万人を割るようになり、大学への進学率は少し上がったものの、18歳人口の減少を補うほどのものではなく、図表に示すように１９９３年の１２０万人（現役と浪人の合計）という受験者数は、現在では70万人をわずかに上回る程度にまで減少している。しかも、マクロで見た受験事情において、１９９３年時点では１２０万人の志願者に対して入学者数は80万人ということだから、３人のうち１人はどの大学・短大へも入学できなかったという非常に厳しい状況であった。大学入試の厳しさが教育問題として取り上げられても不思議ではなかったのである。

しかしながら、２０２０年の現状では71万人の受験者に対して入学者は68万人で、その差はごくわずかになった。しかも図表を見ると分かるように、２０００年頃から現役志願者数は浪人も含めた入学者数を下回るようになっている。この場合の浪人というのはかつてのように各分野に相当多く見られる現象ではなく、難関校や医学部など特定の大学や分野に偏るようになり、今や大学は現役で行くところという観念が一般化してきている。現役ならば、一般入試以外に推薦入試などにおいても有利であり、私学を中心として大学入試のための厳しい準備をしなくても大学に入学する途が開けているのである。かつては、普通に勉強して大学入試に合格できる、ということが入試改革の理想とされていたようであるが、それは皮肉なことに、入学志願者の減少と大学の定員確保の必要性という外部要因によって、実現しようとしているのである。このような状況下では、文科省がいくら旗を振っても、受験難易度で中程度以下の大学にとっては、入試改革などは学生確保の必要性の大きさにかき消されていくに違いない。まして大学で3割、短大で7割を数える定員割れ校においては、そもそも入学者選抜という形は採りがたい状況に追い込まれているのであるから。

図表　大学・短大志願者数と入学者数等の推移

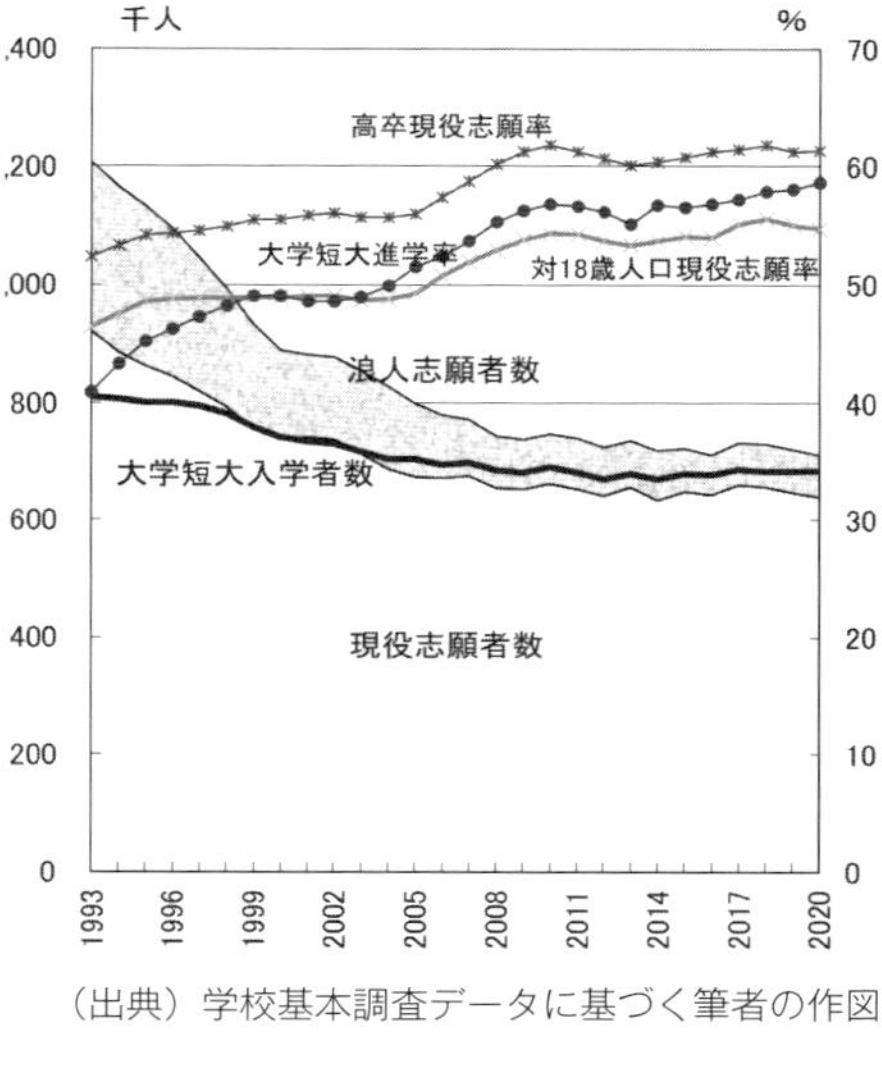

千人　%
高卒現役志願率
大学短大進学率
対18歳人口現役志願率
浪人志願者数
大学短大入学者数
現役志願者数
1,400 1,200 1,000 800 600 400 200 0
70 60 50 40 30 20 10 0
1993 1996 1999 2002 2005 2008 2011 2014 2017 2020

（出典）学校基本調査データに基づく筆者の作図

結局のところ、入学試験の公平性や適切性についてのこの検討会議の提言は、受験難易度の高い大学、言葉を替えて言うなら有名校の採るべき途は示せても、それ以下の学校にとっては大きな意味を持ちえないということになる。多くの受験者から大学入学に適した者を選抜するという大学入試の本来の姿は、すべての大学に適用可能なものではないのである。20世紀は、受験地獄の解決と入学適格者の判定が求められる「受験の世紀」であったかと思われるが、今は状況が違ってきている。この検討会議で議論された英語の４技能なども、入学前の高校生に求めるものではなく、大学入学後に養成するのが現実的ではないか。一部の私学関係者が「マッチング」という言葉を使って、このような苦境における政府の適切な対応を求めているようであるが、それは当然のことである。大学の多様化はミッションや専門分野だけではなく、入試や学生確保の面からも進んでいく。我々はこのような事態の変化を冷静に受け止めて、来るべき経営難の時代に備えなければならないのである。

（２０２１年８月９日）

２―５　入試と大学～学歴・実力の分離論から一体化論へ

学生集めの手段としての大学入試

年明けとともに本格化するのが大学入試である。今年（２０２２年）の大学入学共通テストは1月15日、16日に実施予定であるから、月末に行われる再試験日を除けば、本誌が皆さんのところに届く頃には終わっているはずである。但し、各大学の入試はさらに学年末ぎりぎりまで続くことになる。18歳人口の減少に起因する受験生の減少で入学者が定員を大きく割込む大学があり、また文部科学省による定員厳守の政策とペナルティーの影響もあってか、テクニカルな理由による定員割れを起こす私学も増えて、入学式までに一人でも多くの学生を獲得しようとする大学が多いからである。

そういえば以前は、大学入試というのは毎年2月か3月中の短期勝負であった。私立大学は大学や学部ごとに複数の受験機会があったが、国公立大学は大抵3月の一回きりの入試であり、一期校と二期校に分かれて別々の日に行われていた。今のように夏から始めて秋の終りまでに定員の半数以上を採ろうという入試が一般的になったのはいつ頃からであろうか。私が定年直前に勤めていた桜美林大学においても、大学院入試だけで年に4回ほどの試験があった。また現在非常勤の役員を務めている私学においても、実に多様な入学試験によって入学者を集めている。

短期集中だった昔の大学入試

昔話で恐縮であるが、私が昭和42（１９６７）年に東京大学を受験した折、もちろん今のような共通テストはなく、東大独自の一次試験（３教科60問択一式）が３月３日に、５教科にわたる二次試験が３月８日と９日に行われ、一次・二次を合わせた入学試験はそのたった一回だけであった。また当時つけていた日記によれば、通っていた高校の授業は２月７日まで平常通り行われており、その後２月25日に卒業式が挙行されたことが書かれている。大学入試センターによる共通一次試験が毎年１月に行われるようになったのは、昭和54（１９７９）年からのことである。私自身の原体験だけを言えば、入学試験は毎年３月のことであるというイメージが依然として強いのである。

大阪から東京にある大学を受験するということは、当然泊りがけの旅行を伴う。中学校の修学旅行以外一度も東京に行ったことがなかったのに、昭和42年の３月には大阪～東京を東海道新幹線で２回も往復した。東京では、御茶ノ水駅近くの東京医科歯科大学や順天堂大学の並びにあった日本学生会館というところに泊まった。このビルは１９２５年竣工の「日本文化アパートメント」と名付けられた高級アパートであったが、戦後、進駐軍に接収され、旺文社が買い取って修学旅行や受験の宿として使われていたようだ。なお、私の受験から数えて19年後の１９８６年に取り壊されている。Ｗｅｂには東京の懐かしい建造物の一つとして紹介されているので、興味ある読者はご覧になるとよいだろう。但し、宿泊施設とはいえ当時の修学旅行で一般的だった大部屋の雑魚寝であり、煙草を吸う者、談笑する者など騒々しい雰囲気で、よくあのような環境で受験前夜を過ごせたものだと、今となっては思う。

入試が若者の将来を決めていた昔

さて、長々と思い出話しを書いたのはほかでもない、当時の社会は大学入試を今より遥かに重いものとして見ていたのではないかと考えたからである。つまり入試によって若者の将来（大企業社員か研究者・医師などが人気）が決まる、ゆえに入試に合格しなければならない、その入試は多くの志願者と少数の合格者との競争である、ゆえに高校時代の勉強が大切である、良い高校に入るためには小さい時からの勉強の習慣と蓄積が大切である、ゆえに塾や家庭教師が必要である、というような無限の前倒し連鎖があり、これが高校以下の学校教育の実態を決め、ひいては受験地獄というような社会問題を招いていたからである。このことは私の独断ではない。例えばＯＥＣＤ調査団の日本の教育に関する１９７０年調査の報告書は、大卒者雇用主の多くが、卒業生の知識や能力そのものではなく、入試の結果どのような大学のどの学部に入学したかによって判断するとし、「18歳のある一日に、どのような成績をとるかによって、彼の残りの人生は決まってしまう。いいかえれば日本の社会では、大学入試は、将来の経歴を大きく左右する選抜機構としてつくられている」（ＯＥＣＤ教育調査団・深代淳郎訳「日本の教育政策」朝日新聞社）と述べているのである。

このことは、国家のタテマエとしての大学の役割・機能と、国民のホンネとしての大学への期待の間には微妙なズレがあったことを意味する。教育基本法や学校教育法に登場する大学の機能・役割は教育・研究・社会貢献であるが、これに若者に対する人材選抜機能が加わると考えるのが教育社会学をベースとする高等教育研究者の多くの見解である。また教育経済学の観点からは、大学教育は確かに資質・能力の向上に役立つと考える「人的資本論」の立場と、単に入試により優れた潜在能力を見分けるためだとする「スクリーニング（篩い分け）論」の立場があることも知られている。真実はそのどちらにも含まれていると私は考えるが、戦後日本の高等教育の急速な発展の陰には、有名大学の入試にパスして大企業への入社資格を手に入れたいと考える受験生やその親の存在があったことは間違いあるまい。最近流行の言葉で言えば、大企業のメンバーシップ型雇用への対応でもあった。

学歴と実力は一体化の方向へ

しかし、時代は移り18歳人口の減少の中で、受験生と大学との立場はすっかり様変わりである。いまや多数の受験生から入試によって学生を選べる大学は少なくなり、多くは大学の方でさまざまな機会を作って受験生を呼び込み、そして許容できるぎりぎりの水準で入学させざるを得ない大学が増えている。入試による選抜機能の衰えである。国の方でも、大学教育を受けるにふさわしい人材を選ぶという理想論から、受け入れた人材をしっかり教育する、という現実論に移行している。昭和の時代の中教審答申と最近のものを比べればその違いは一目瞭然である。大学教育の質保証は、決して有名大学のそれを国際的に比べるだけではなく、すべての大学において、必要な教育をしっかりと行っているという証としての意味があるのだ。

かつて、「学歴よりも実力」というキャッチフレーズが教育界に存在したことがある。有名大学に行くことを目標とするのではなく、仕事や生活をするのに必要な知識・技術を学ぶことに重点を置くべきだという考えであり、受験競争を少しでも緩和することをねらいとするものであった。しかし、グローバル社会の常識から言えば、実力も学歴の中に包含されると考えるのが自然である。というのも、社会的・文化的背景の異なる人材の実力をグローバルな観点から評価するのは極めて困難であり、むしろ実力が学歴に反映されている、と判断するのが合理的であるからだ。大学の質保証もこのことに留意する必要があり、だからこそ文科省の打ち出す「三つのポリシー」も存在意義がある。

今、若者に限らず世の中の人々は、経済のグローバル化やデジタル化の中で厳しい雇用環境に置かれつつある。ゆくゆくは少数のメンバーシップ型雇用と多数のジョブ型雇用に分化し、そのため人々の知識・能力を明らかにする手段としての学位・学歴の重要性がさらに大きくなる可能性が大きい。これまでの学歴・実力の分離論から、その一体化論に耐えうるよう各大学の教育には求められるとともに、受験生の大学選びも変えていく必要があるのである。

（２０２２年１月24日）

2―6　大学入試環境の変化が示唆するもの
～その論点は何か

大学入試の今日的課題

この雑誌が皆さんのところに届く頃、大学はまだ夏休み期間中であろうが、各大学では秋学期の開始を9月下旬に控え、何かと忙しいことであろう。但し、小・中・高等学校の夏休みは8月で終わるし、企業や役所の短い夏休みは概ねお盆期間と重なるのが普通ではないか。その休み明けの2022年8月下旬現在、コロナ禍は相変わらず猛威を振るっている。重症化率が相対的に高かった一昨年、昨年と比べ、感染者数が極めて多いにもかかわらず人々の危機感が低すぎるのではないかと心配である。マスコミも「行動制限のない夏」などと人々の旅行熱を煽っているようであるが、何せ一国の総理大臣までが感染する事態である。十分に気を引き締めて行動するに越したことはない。

お盆明けに合わせるかのように、日本経済新聞に5回連続で大学入試に関する記事が出た。具体的には8月15日から19日までの朝刊に載った「教育岩盤　漂流する入試」という連載記事である。読む機会のなかった方のために簡単に紹介すると、一回目は「偏差値時代終幕の足音」と題して、推薦・総合型入試が過半になってきたことを報じている。18歳人口減の中で学生確保に奔走しなければならない大学の事情が背景にある。二回目は難関大入試での「一貫校強く大器晩成は不利」との見出しである。一貫校の有利さはそうでない学校にとって不公平だと言いたいようだが、同時に「幼少期から塾に通い、ひたすら回答スキルを磨き上げた受験エリートで今後も通用するのか」という問題提起をしている点が注目される。三回目は「公立高校に塾が出前」と題して、塾や予備校が高校教育の日常に深く入り込んでいる点を「学校の存在意義問われる」として危惧する内容である。四回目は「医学部信仰の過熱」で、理系人材とりわけ優秀な生徒の過度の医学部指向に警鐘を鳴らす内容である。確かに現時点では医師の職業威信は高く、また経済的にも恵まれているから、当然の帰結であろう。但し改善策までは触れられていない。最終回である五回目は「過密な入試日程、大学の序列残る」として、私学の一般入試が2月に集中し、しかも有力校の日程と重ならないように弱小大学が日程を選ぶ傾向を指摘している。過密な日程の中で丁寧な選抜がおろそかになっているのでは、と記事は述べている。

解決困難だった入試の課題

さて、大学入試にまつわる諸問題は、必ずしも最近の出来事ではない。文科省のまとめによれば、明治の昔から入試による学力試験と卒業学校の普段の成績（調査書）のウエイトの置き方について論争が繰り返され、たびたび制度も変更されてきたことが知られている。戦後も、大学入試は「受験地獄」という名前で教育問題の頂点に立つかのような扱いを受けてきたし、１９７０年にＯＥＣＤ調査団が来日し、翌年公表された報告書においても、入試成績によって若者の将来が決まるかのような過酷な現状が描写され、我が国教育界にも大きなインパクトを与えた。しからば、なぜ受験地獄は解決に至らなかったのであろうか。それについては、いろいろな説が述べられているが、私に言わせれば単純明快である。それはひとえに入学定員よりも入学志願者がはるかに多いこと（個別の入試倍率でいえばしばしば5倍以上になっていた）、必然的に入試合格者よりも、何かと不満を抱きがちな不合格者の数が大きく上回ること、などが現状批判につながっていたからであろう。その証拠に、18歳人口の減少によって入試倍率が下がり、総体としてみれば入学定員と志願者（現役）の数がほぼ1対1になった2000年頃から、急速に事態が変わり、入試不合格に伴う不満よりも学生数の不足、すなわち定員割れを気にする大学側の立場がクローズアップされ始めたことからも明らかである。

偏差値・医学部・大学評価

この間の事情を踏まえつつ、将来に向けた課題を述べてみよう。第一に日本経済新聞の記事も指摘するように、偏差値時代の終焉すなわち以前から守り続けてきた学力による入学者選抜制度が、一部の難関校や医学部のような難関学部を除けば、もはや成り立たなくなっていることである。しかもこれは現時点に始まるものではなく、すでに今世紀の始めには存在していた現象である。私もこの文部科学教育通信で毎夏のように論じてきたので、ご興味ある方は参照願いたい。必然的に大学の経営目標は、すこしでも多くの学生を入学させることになり、そうなると定員割れの激しい大学であればあるほど、いわゆる三つのポリシーで宣言しているアドミッション・ポリシーの意に反してでも人数揃えに力点を置かなくてはならなくなる。報道によれば文科省は定員割れの大きな大学は学部新設を認めない方針とのことであるから、なおさらである。しかし定員割れがさらなる志願者減を招くという負のスパイラスに陥りかねない政策が、大学全体にどのような影響を及ぼすのか、今一度慎重に考える必要があるように思う。

第二に「医学部信仰」の問題は、かなり深刻である。放置すれば医学部受験はさらなる入試の過熱を招き、医療全般に及ぶ社会問題と化す。全体的に現役入学者の割合が圧倒的になりつつある中で、医学部だけは浪人生の割合が顕著に高い。これを医学部人気ひいては医師という職業の魅力の故だと簡単に片づけるわけにはいくまい。それは高校生とくに学力の高い生徒の進路選択に大きな影響を及ぼし、ひいては社会の人材配分の適正さをゆがめることになるからである。50数年前、私が高校生の頃でも医学部は人気学部の一つであったが、それでも高度経済成長時代、我が国の製造業は元気であり、成績の良い生徒は研究者やエンジニアという職業に魅力を感じて、理工系学部にも積極的に進学していたように思う。解決方法は容易には見つかるまいが、私見を述べれば、医師養成はすべて大学院に移す、つまり米国のメディカル・スクールの制度に倣って制度変更をすればどうかと思う。その大学院には、文系・理系を問わず一定の要件を満たす学部からの受験を認めるようにすれば、医学以外の専門分野に触れ、かつ大学生活で得た教養・見識を備えた優秀な人材から、将来の医師を選べると思うのだがいかがであろうか。

大学ランキングも新局面

第三に大学ランキングや大学評価との関わりである。今でこそ、大学ランキングには研究力や教育力に関する指標を取り入れるなど、さまざまなものが出現しつつあるが、これまでは受験偏差値で測られる学生の潜在能力すなわち「学生の質」と称されるものがすべてであった。「学生一流・教官三流」などという悪い冗談が跋扈していたのも、そのような風潮を背景にしたものである。しかし、全般的に入試が多様化し、あるいは容易化する中で、入試偏差値が指標として使うことが困難になった現在、大学ランキングを含めて大学評価はより多様なものになってきている。これは従来のスケールで測れば一流校ではない大学にとっても、ある意味でチャンスなのではあるまいか。特色ある教育、丁寧な指導、質の高い研究など地道な努力が大学の存在感を多方面に広げる絶好の機会ととらえるべきであろう。その意味で、現在の国際大学ランキングが研究力至上主義かつ大学ビジネス重視に偏っているのは問題であるし、認証評価における過度の法令重視（大学設置基準の形式的順守）も改めなければなるまい。コロナ禍の対応から生まれたオンライン教育の拡大も、このような文脈の中で積極的に捉えるべき時期に来ているのである。

（2022年9月12日）

２―７　「年内入試」の功罪〜学力担保はどうなるか

このところ18歳人口減少と高等教育とりわけ私学セクターの縮小論との関係が、マスコミを賑わせている。例えば２０２３年９月23日付の日本経済新聞のトップ記事は、私大再編へ文科省が撤退を後押しする、すなわち自主的縮小を行う大学への補助金を増額して再編を促進させるという趣旨の内容であった。先頃公表された私学事業団の調査で、定員割れ校の増加が明らかになったことと関連性があるようだ。このことについては、この連載の前回（下巻13―６所収）でも触れたのでここでは繰り返さないが、定員割れが直ちに学校法人の経営破綻につながるものではないので、その点は注意をしておく必要があるだろう。

ただ、定員割れの問題を大学入試の役割に絡めて論じるなら、ここには深刻な環境変化が生じていることは、教育界以外の人たちにも次第に明らかになってきている。とくに経済のさまざまな活動が需要と供給のバランスの中で動いていることを肌で感じている多くの人々にとって、需要すなわち大学受験者の数が減ってくれれば、それを受入れる大学も受入れ規模を縮小して対応しなければやっていけないだろう、という論理はたとえ俗論だと批判されたとしても極めて説得的である。これに対して、大学界の人間は大学教育の意義を説き、その公共財としての重要な役割を主張はするものの、現実の需給バランスの変化の中で、常に苦戦の強いられているのが実態である。

厳しかった昔の受験事情

思えば昔の大学入試は熾烈であった。大学の入学志願者に対する受入れ枠すなわち入学定員は常に大きく不足しており、大学を受験しようとする高校生は「受験地獄」という重圧を意識しなければならなかった。甚だ私的なことで恐縮だが、私自身が大学に入学したのは、１９６７（昭和42）年のことで、この頃ベビーブームの波が受験市場に大きく押し寄せていた。18歳人口は２４０万人に達しており、これは現在のそれと比べて2倍以上、中教審で議論されている２０４０年の18歳人口に比べて３倍の規模であった。私が受けた東京大学の各科類も確か５倍を超える受験倍率であったと記憶している。大学独自の一次試験は択一式の回答で60点満点、これで競争率３倍までに切り縮められた受験生のみ、５教科６科目の二次試験を受けることができた。当時は予備校というのは浪人生が行くところ、学習塾もそれほど盛んではなく、私自身も普段通りの高校生活の傍ら、友人たちと切磋琢磨しつつ自学自習で受験勉強をしていて、今の感覚からすればずいぶんのどかな思い出しかないが、客観的には厳しい受験環境であったのだと今にして思う。

図表をご覧いただきたい。１９６７年の大学志願者数は55万３千人、短期大学は14万９千人合わせて70万人を超える志願者があった。これは今の志願者数よりも多かったことに

図表　大学入学志願者数と入学者数　二時点の対比

		大学（学部）	短大（本科）
2022年	志願者数	646,214	38,460
	うち現役	595,179	37,949
	うち浪人	51,035	511
	入学者数	635,156	41,850
1967年	志願者数	553,311	148,860
	うち現役	412,466	134,197
	うち浪人	140,845	14,663
	入学者数	254,248	111,259

出典　学校基本調査報告書にもとづく山本眞一作表

注意が必要である。大きく違うのは入学者数で、大学が25万４千人、短期大学が11万１千人、両方合わせた入学者36万５千人に対する志願倍率は、何と今より倍近く高い１・９２倍であった。つまり志願者のおよそ２人に一人しか大学・短期大学に進学することができなかったのである。当然、受験生の中で浪人比率も高く、１９６７年の数値によれば大学が25％、短期大学でもおよそ10％が浪人生であった。ちなみに現在（２０２２年）は、それぞれ８％と１％であるから、まさに隔世の感である。なお、短期大学の２０２２年入学者数が志願者数よりも多いのは、この数値が高校側の報告であって、留学生や社会人入学者が含まれていないからであろう。大学の入学者についても事情は同じである。

推薦型選抜の増加

さて、隔世の感があるもう一つの現象は、大学側による志願者・入学者の囲い込みである。18歳人口の減少局面が明らかになった１９９０年代後半から現在に至るまで、大学の数は増加の一途で、必然的に入学定員も増え、その結果定員割れを起こす大学が２０００年代に入って急激に増加している。マクロ的には縮小する市場において各大学の健全な教学経営をどう維持してくかなど、高等教育システム全体を見渡す政策論議が必要ではあるが、個別大学のミクロの対応としては、他大学に先駆けて優秀な受験生ひいては入学者を確保するかが重要な戦略となる。このため広く採用されているのが、従来のような学力検査を主体とするいわゆる「一般入試」（一般選抜）ではなく、多様な基準を設けて早期に合格者を決める「総合型選抜」（受験生本人の自己推薦）や「学校推薦型選抜」（高校長による推薦）と呼ばれる試験方法である。文部科学省がシンクタンクに委託して調査し、今年２月に公表された「大学入学者選抜の実態の把握及び分析等に関する調査研究報告書」によれば、２０２２年入試において、入学者数別選抜方法について国立大学においては、一般選抜が全体の82・6％、総合型選抜が5・6％、学校推薦型選抜が11・8％であったのに対し、私立大学においては、一般選抜が41・7％、総合型選抜が15・9％、学校推薦型選抜が42・4％と、その数値に大きな差がある。私立短期大学に至っては、一般選抜はわずか9・6％に過ぎない。また私立大学の学校推薦型選抜の内訳を見ると、6割ほどが指定校となっていて、私立大学側が安定的な受験生・入学者確保の源泉を求めていることがよく分かる。

実施要項の役割

大学入学者選抜については、ゆるやかではあるが文部科学省においてずっと以前から事実上の規制をかけてきていて、それは各年度の「大学入学者選抜実施要項」という高等教育局長名の文書を読むとよく分かる。実施の細部は大学団体や各大学の判断に委ねられているが、入学者選抜の期日やその方法については、かなり具体的な縛りが書かれている。直近の２０２３年6月2日付の令和6年度大学入学者選抜実施要項によると、各大学はそれぞれの大学が定めて公表するアドミッション・ポリシー（入学者受入れの方針）に従い、かつそれは残りの二つのポリシーすなわち卒業認定・学位授与の方針および教育課程編成・実施の方針と関わりを持たせつつ入学者選抜を行うものであることという趣旨の総論のほか、学力検査は2月1日から3月25日までの間に行うこと、学力検査はできるだけ多くの教科・科目を出題すること、学力検査を実施しない場合、総合型選抜については、願書受付を9月1日以降、判定結果発表は11月1日以降とし、学校推薦型選抜については、願書受付を11月1日以降、判定結果発表は12月1日以降とすること、学校推薦型選抜を行う募集人員は入学定員の5割を超えない範囲とする（短期大学は例外）ことなどが記載されている。年内入試というものは、これらの制約を踏まえつつ、できるだけ多くの入学者を年内に決めておきたいという私立大学側の思惑を背景に、そう呼ばれているのだと思われる。

これらを各大学の自由に任せ難いのは、入試期日は限りなく前倒しとなり、また学力検査を行わない場合の学力担保が行われ難い状況となり、かつ学力検査の科目数もどんどん縮小しかねないからであろう。その意味でこの要項の持つ意味は非常に大きい。但し、それでも定員割れを起こすような大学において、果たして受験生や入学者の学力がその大学のアドミッション・ポリシーに合致するものかどうか、入学後の学修活動に支障がないかどうか、大学生としてふさわしい能力を身に着けて卒業させられるかどうか、その辺りの不安は潜在的には非常に大きい。不安がなければ、初年次教育など行う必要はないはずである、ということを考えるだけでも、いわゆる三つのポリシーと現実に受入れる学生とのギャップをどう埋めていくのか、関係者の悩みは大きいものと思われる。

（２０２３年10月９日）

第3章

学歴偏重批判の過去と将来

３―１　学歴社会批判の行方〜大学と社会との関係変化の中で

人材選抜機能としての大学入試

10月に入った。さすがの猛暑も一段落、大学も秋学期を迎えている。コロナ問題が収束しない中で、授業の実施方法を含め、教学運営には相変わらず苦労が多い。そのような状況ではあるが、在学生へ の授業その他のサービスと並行して、来年春に受け入れる新入生の確保も年度後半の大きな課題である。大学入試センター試験に替えて実施される大学入学共通テストも出願時期を迎えた。従来のＡＯ入試、推薦入試も総合型選抜、学校推薦型選抜と名称と内容が変わり、実施に移されつつある。

かつて入試は、大学での教育を受けるにふさわしい資質・能力を判定するという目的に加えて、現実には入試合格者というステイタスを学生に与え、これが卒業後の就職に大いに役立つと信じられていた。いわば大学は教育を学生に与えるのではなく、合格という一種の「資源」を学生に与えるものであり、とりわけ就職に直接役立つ教育を行ってこなかったと言われる人文・社会科学系の学部・学科の現実によく当てはまる見方であった。これは、大学入試の人材選抜機能と言い換えることもできよう。

１９７０年にＯＥＣＤの調査団が来訪し、日本の教育を評して、日本は生まれながらの身分社会ではないが、18歳のある日の試験（入試）の結果によって若者の一生が決まると批判した。有名大学から大企業へという多くの若者が思い描く人生経路が、あまりにも大学入試という一点に集中していることが、国内でも問題とされてきた。これが我が国における「学歴社会」問題の中核であり、大学院を出るなど高い学歴を積めば経済的にも社会的にも有利になるという国際社会の常識に反して、有名大学卒というようなヨコ学歴、つまりどの大学の学士課程を卒業したのかが問題とされていたのである。

臨教審で議論された学歴問題

この我が国固有とも思われるヨコ学歴の問題は、1980年代の臨時教育審議会で熱心に議論された。なぜなら当時大きな教育問題の一つに、偏差値による進路振り分けがあって、戦後多くの人々が抱いていた平等意識に反するものとして非難されていたからである。議論は、臨教審の四つの部会のうち第二部会で、教育学だけではなく労働経済学その他非教育分野をバックグランドとする委員の参加を得て、これまでの経緯にとらわれず、相当自由な立場から精力的に進められた。その議論の内容と結果については、1985年4月総会に報告された「審議経過の概要（その二）」に詳しくまとめられている。そこでの議論は多岐にわたっているが、学歴による経済的・社会的格差は、信頼できる資料を用いて諸外国との比較を行った結果、少なくとも職業生活に関わる面については、戦前を含めて従来存在していた学歴格差が減少もしくは解消してきている点を強調することとなった。このため、「諸外国に比べれば我が国は学歴社会とは認めがたい状況にある。それにもかかわらず、より良い学歴獲得競争は依然として厳しい状況にあり、国民の一般的な意識とそれに基づく行動様式においては、学歴志向が存在している」と、あたかも企業や官公庁の採用実態よりも国民の意識が問題であるかのようなトーンで、議論を結論づけたのであった。

このことは、マスコミ・世論を大いに刺激し批判を浴びたため、臨教審総会においては第二部会の結論を修正せざるを得なくなった。１９８５年６月の「第一次答申」においては、「学歴社会の弊害の是正」というスローガンをまず前面に押し出して、これを解決するには「生涯学習社会の建設、学校教育、企業・官公庁の採用などの三つの面から総合的に検討する。とくに、形式的な学歴の有無で一元的に人間の能力をおしはかるような風潮を改め、人間の評価が多面的に行われるよう評価の在り方について検討する」という、従来から言われてきたような常識的な結論に落ち着いたのである。ただ生涯学習体制の整備は、その後臨教審の最終答申（１９８７年）に至るまで議論の根幹に据えられ、答申後には文部省の組織改革や高等教育における社会人の学びの機会拡大のための制度改革につながり、その影響は現在にまで至っていることを申し添えておこう。

批判の熱が冷めた後に

さて、そのように熱を帯びた学歴社会批判ではあったが、１９９０年代初頭に始まる高等教育改革の大波の中で、急速にその熱は冷め、代わって大学教育の質保証、就職に役立つ実用的教育、大学院における高度専門職業人養成など、大学・大学院教育の効用を強調するような政策が目立つようになってきた。これはある意味で、学歴に実質的な意味合いを持たせようということであるから、以前のように学歴社会を否定的に捉えるのではなく、むしろ学歴そのものの効用を積極的に広めていこうという方向である。それにはいくつか考えられる理由がある。

第一に、大学入試における人材選抜機能が衰えつつあり、大学本来の教育機能を強調する必要が生じているからである。教育機能を強調すれば、必然的にその証としての学位の価値も強調することになり、ひいては学歴というものをアピールすることにつながるだろう。なぜ人材選抜機能が衰えてているかというと、18歳人口の減少によって大学入学希望者と大学の受入れ可能人数（入学定員）とのバランスが崩れ、３～４割の大学では定員割れとなっているからである。定員割れ校あるいはそれに近い大学が、アドミッション・ポリシーを守って入学者を制限するだろうか。むしろカリキュラム・ポリシーをしっかりと守らせて教育を充実させ、与える学位の信用力を増すように促すことが良策である。かくして学歴重視の風潮は、上位大学に限らず多くの大学を巻き込むことになる。

第二に、グローバル化の影響である。グローバル化は、単に外国の知識や技術を受け入れることに限らず、留学生や研究者などの人的交流が盛んになることでもある。また大学・大学院を出て就職すれば、必然的にグローバルなビジネス社会に巻き込まれることになるだろう。前述の臨教審でも議論が行われたように、多くの国は日本以上に学歴が経済的にも社会的にも意味を持つ学歴社会である。そのような社会と歩調を合わせるには、日本においても学歴とくに学士・修士・博士のタテの学歴をもっと大事にしなければならないのである。学歴社会の進行と大学院教育の改革のどちらを先にすべきかという議論は当然あるが、私は両者並行で進めるべきではないかと考えている。

第三に我が国社会の変化、とくに雇用環境の変化があり、これに大学が対応することが求められている。大学を出て一斉に企業に就職し終身雇用の恩恵にあずかるというパターンは、モノづくりを中心にすえた工業化社会に適したシステムであった。情報化社会やそれを超えるSociety5.0の社会では、能力を磨いた優秀な人材と、上からの命令を忠実に実行するだけの人材との格差は広がっていくであろう。当然、雇用形態も変化していくことになろうが、その際、さまざまな雇用機会に恵まれやすい人材は、自らの能力を学位・学歴によってアピールできる者ということになる。欧州におけるボローニャ体制では、ディプロマ・サプリメントによって、学位の分野や内容を詳しく説明させようとしているようだが、日本においても単に学位・学歴を得たというだけではなく、その学位・学歴には何が含まれているかを、相手方が詳しく知ることができるようにすることが必要になる。

今世紀も20年を経過しようとしている現在、かつてのような学歴社会批判は影を潜め、今や各大学は、グローバル化などの大きな社会変革に向けて、よりしっかりした学位・学歴を学生に授与できるよう、一層の努力が求められているのである。

（２０２０年10月12日）

3―2　学費と大学教育の効用～内部収益率比較から考える

客観的指標としての内部収益率

新年度に入ったが、新型コロナ感染症の問題は相変わらず大学の教学運営や経営にとって大きな問題である。しかし毎年の教育活動は、何等かの工夫によって行わざるを得ない。これが大学の使命であり、単に学生に対するサービスに止まらず、人材養成を通じて社会に役立つ教育機関であるための義務でもある。

ところで、大学への入学を志願する者にとって、大学進学の判断はどのような理由に基づいて行われるのであろうか。また専攻すべき学問分野はどのようにして選ぶものであろうか。各種のアンケート調査によれば、入学の難易度に加えて、学問そのものの魅力、卒業後の進路、大学の校風などきわめて多岐な理由が挙げられていることが知られている。しかし、それらは多種多様である。今少し客観的な指標というものが得られないものか？　そういうこともあってか、以前から教育の経済学を研究する人たちによって、教育の投資効率すなわち大学教育の内部収益率が計算されてきた。この内部収益率が他の投資に比べて高ければ、人々の大学進学行動をより合理的に理由づけることができるというわけである。これには、私的な負担と私的な便益（将来の稼得額など）との比較のほか、奨学金や大学への交付金など公的負担を加えた教育費負担と、本人の稼得額以外の社会的便益を加えた比較もあり、いずれもが大学教育の有益性を理由づけるのに役立つものである。本稿では私的な教育費負担を投資額とし、就職して後、生涯に得られる稼得額をリターンとみなして比較をする。

投資額は、18歳で大学に入学し４年後に卒業までに支払う授業料その他の学費に加えて、高卒就職をしないことによって失われる所得（機会費用）を計算して算出する。また、リターンについては、高卒就職し大学を卒業して企業等に就職し、数十年後の退職時までに年々得られる給与所得から、高卒で就職した場合の給与所得を差し引いた額を年々積み上げて計算する。通常、そのリターンというのは、投資額の数倍ないし数十倍になるものであるが、遠い将来に得られるリターンは複利計算で割り引いて考えるのが当然である。その際、そのリターンを現在値に割り引くための利子率をあらかじめ決めておく方法もあるが、通常は投資額と将来のリターンの総額を均衡させる利子率（内部収益率）を計算によって求める方法が一般的である。その内部収益率を求めるには、

$\Sigma Ct／(1+r)^{t-18}=\Sigma Bt／(1+r)^{t-18}$ におけるｒの値を計算する。

但し、Ct：ｔ歳における投資額（機会費用を含む。ここでは18歳から21歳まで）

　Bt：ｔ歳におけるリターン（ここでは22歳から69歳まで）

　ｒ：内部収益率　（左右両項の計算値を一致させる数値となる）

実態に基づき計算する

さて理論的枠組みは述べたが、実際にはどのように計算するか。このためによく使われるのは、厚生労働省の賃金構造基本統計調査である。先ごろ令和元年の統計データが公表されたので、これを使って、大学進学によるリターンはどれくらいの内部収益率になるかを計算してみよう。ただ、公表されている年齢別・学歴別・職業別の賃金構造は、５歳刻みの年齢段階であるので、年々のデータの割引

ではなく、5年刻みのデータの割引という簡易な方法で計算していることをご承知いただきたい。費用とリターンを視覚的に説明しやすくするため、**図表1**のようなグラフで表してみた。

このケースでは、投資者は18歳で私立大学の工学部に進学し、22歳で卒業して企業のエンジニア（専門的技術的職業）として仕事をし、69歳まで勤務をしてリタイアすることとする。年齢段階で「～19歳」と「20～24歳」で黒く塗ってある部分は、この投資者が支払う大学工学部の学費と高卒就職の場合に得るべき所得の合計である。学費のデータは旺文社教育情報センターの２０２０年データを採用した。25歳以上の年齢段階のグラフで黒く塗ってある部分は、この投資者の各年齢区分のリターンで、この職業における大卒者と高卒者の差（前者が高い）を表す。なお、スケールは5年分の合計であるので、年収のおよそを知りたければ、この数値を5で割るとよいだろう。年齢が上がるにつれて高卒で就職するより大きなリターンが得られることが分かり、とりわけ一般的な定年年齢と思われる60歳を超えた段階で、高卒者との相対的優位が

図表1　大学教育への投資とリターン
（工学部進学⇒技術者就職と高卒者との比較）

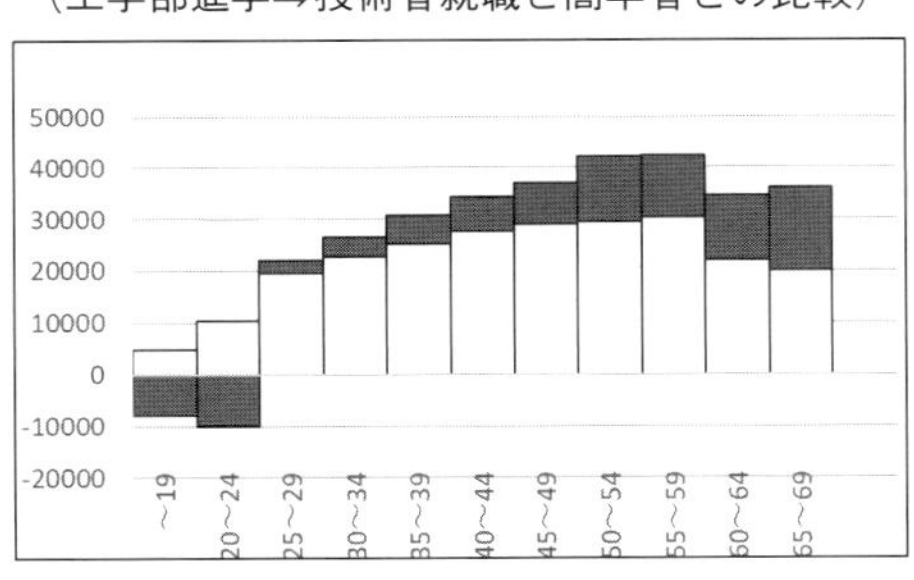

図表2　医学部進学の投資とリターン
（経済・経営学部進学⇒事務職就職との比較）

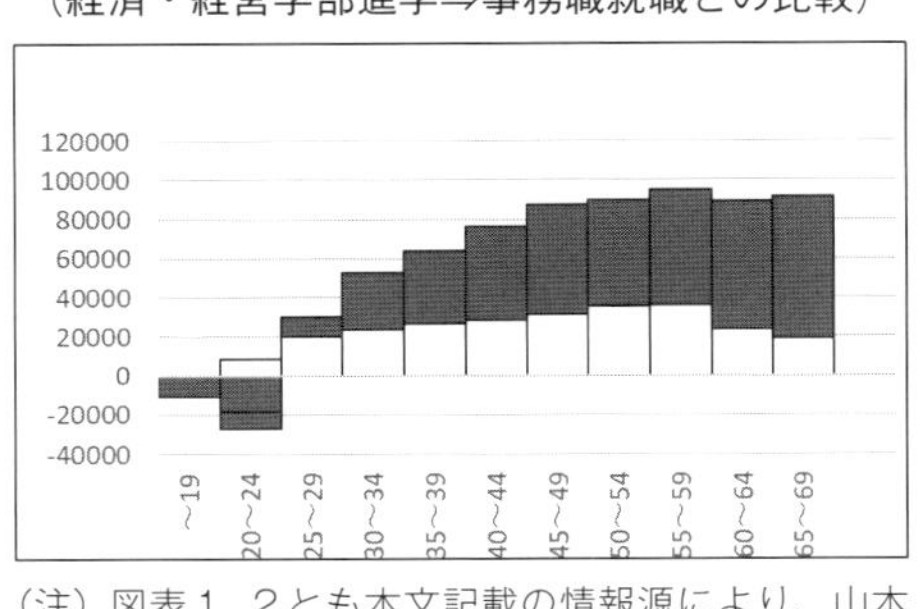

（注）図表1，2とも本文記載の情報源により、山本眞一の作図。表側の単位は千円。

大きくなっている。これも学歴の効用の一つであると言えよう。

このケールの投資額とリターンとを均衡させる内部収益率を計算すると、0・051という数値が得られた。つまり年率5・1％ということであるから、高卒で終わらずに大学工学部を出ることが、結構有利な投資であることが分かる。但し、この賃金構造は現時点の横断的なデータに基づいたものであるので、将来その構造が変われば、また数値も動くことになる。また、同じ大卒であっても、就職する企業によって、あるいは正規労働者か非正規かによっても大きく変わることに注意が必要である。

医学部進学は高率の投資

同じような枠組みで、次に私立大学の経済学部や経営学部に進学し、就職した企業で事務職として働く場合はどうかと調べてみたが、こちらのケースの内部収益率は0・067で、先ほどの理工系進学に比べると、リターンが大きいことが分かった。但し、学費の水準、賃金構造の変化、正規か非正規か、さらに事務職から管理職に昇進するかどうかによっても、数値は大きく異なるであろう。

ちなみに、いま最も人気の高い医学部進学が、投資効率としてはどのくらいのものなのか、学費と医師（但し勤務医）の給与構造を同じ出典に基づいて計算してみた。想定するケースは、文系（経済・経営学部）に進学し、将来は事務職として就職することを考えていた投資者が、一念発起して医学部受験（私立大学）をし、卒業後医師としての仕事を見つけた場合のことである。**図表2**がそれに当たるが、就職後の大きい所得格差が見て取れ、内部収益率も0・102となり、かなり大きいことが分かった。私大医学部の高額な学費でもこうであるから、国公立の医学部に進学すればこの数値はさらに飛躍的に上昇するものと思われる。また勤務医ではなく、親から診療所を引き継ぐなどして開業医をする場合は、まったく別の結論が得られることであろう。但し、いずれの場合も難関入試にパスすることが前提である。

以上、内部収益率について多少興味あると思われる結果を書いてみたが、他の学部や他の職業の場合、さらに大学院教育の投資効率などについても調べてみたいので、これらについては稿を改めて論じてみたい。

（２０２１年４月26日）

３—３　学費と大学教育の効用〜大学院の場合

さまざまなケースを想定

今回は、前回（本書3—2所収）の連載記事の続きである。前回では大学進学のメリットとして、私立大学の工学部で学び卒業後は企業で専門・技術的職業に就いた者が、同じ職業に高卒で就いた場合と比較して、金銭面でどの程度の違いが生ずるかを、厚生労働省の賃金構造基本統計調査のデータを使って調べてみた。その結果、授業料が国立大学の倍程度かかる私学にあっても、内部収益率が年率５・１％という高さであることを確認した。つまり大卒であるがゆえの昇進等のメリットに加えて、そのこととも関係がありそうな金銭面でもかなり大きなメリットが期待できそうだということが分かったのであった。

次いで、受験が過熱状況にある医学部進学の大きなメリットを、私立大学の医学部に進学し、その後医師（勤務医）としての仕事に従事した場合と、同じく私立大学の経済・経営学部に進学し、その後企業の事務職に就いた場合との生涯所得を、学費等の投資額との関係で見てみたのであった。その結果、私学の医学部に進学した場合でも、内部収益率は年率10・２％というきわめて高率であることが分かり、若者の医学部人気の理由の一端がこのような数字からも明らかになったのである。

しかし、前回末尾で触れたように、大学院進学の適否について、内部収益率を計算して理由づけることが紙面の制約もあってできなかった。今回このことについて分析してみることとしたい。具体のケースとして二つの場合を想定した。一つは、大学工学部を卒業後直ちに企業に就職して専門・技術的職業に就くのと、大学院修士課程に進学し修士の学位を得てから同じく専門・技術的職業に就く場合とで、どれほどの差が生じるかということである。前回は私立大学への進学が前提であったが、今回は大学院学生が多い国立大学ということで計算をしてみる。二つ目のケースは、大学教育学部を卒業後直ちに高校教員に採用され定年およびその後70歳になるまで仕事をする場合と、国立大学大学院博士課程（前期課程を含む）に進学し、若干の待機期間を経て30歳で大学助教や講師、40歳で大学准教授、50歳で教授になり70歳まで大学に勤める場合との比較である。なおいずれのケースも、今回は男性の場合を想定してある。

大学院という選択の効用

図表1は、ケース1の場合である。前回連載の場合と同様、年齢段階の棒グラフの白い部分は大学院に進学しない場合に得られる収入である。また黒い部分は大学院修了後の就職によって得られる収入と進学しない場合に得られる収入との差額である。5年刻みの年齢段階が示されているので、およその年収を知りたい場合は、この額を5で割ればよい。若い間は、大学院進学の有無は収入にあまり影響しないようであるが、年齢を重ねるにつれて差が大きくなる傾向が見られる。但し、この数値は現状を横断的に見たものであるので、特定の人物が生涯にわたって得られる収入をそのまま表すものではないが、ケース1の大学院進学による内部収益率は年率8・2％であるから、決して悪いものではない。もっとも、専門・技術職に就く大学院修了者（修士）の数は、ここ数十年にわたって増え続けており、この分野の大学院進学は、かなり一般的になってきていることを忘れてはならない。

図表２は、ケース２の場合である。ここでは学生が学部卒業後に高校教員としての就職をせず大学院博士課程（国立）で学び、おそらくは博士の学位も主として、助教や講師、准教授、教授というキャリアパスを経て70歳まで大学教員として仕事をする場合の比較である。20代の前半も後半もかなりの額の黒い棒グラフが立っているのは、機会費用すなわち高校教員として得られるはずの収入が見込めないからで、職業人生の後半になって高校教員の収入を上回るようになっても、前半の投資額が非常に多いことが分かる。内部収益率を計算すると、このケースでは年率２・４％ということになり、必ずしも大きい数字にはなっていない。しかもこれは首尾よく30代で常勤のポストが得られた場合のケースであり、就職可能性の大小は、この他の場合の内部収益率の高低に大きく影響するものと思われる。また、大学院授業料の多寡、奨学金の有無などもこれに大きな影響を与えるものであり、読者の皆さんもさまざまなケースを想定して計算してみられるとよい

図表１　大学院教育への投資とリターン
（専門・技術的職業・男の場合）

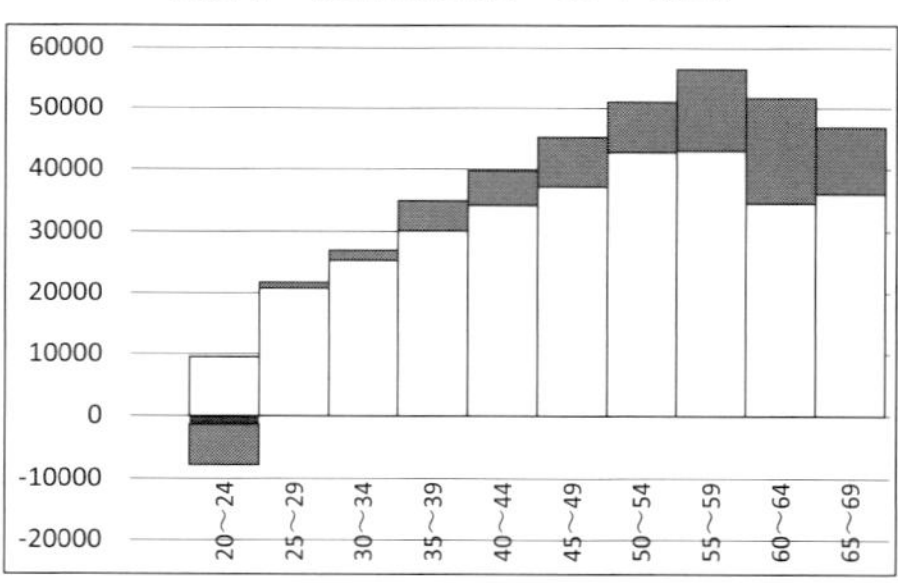

図表２　大学院進学の投資とメリット
（学士⇒高校教員と博士⇒大学教員、男）

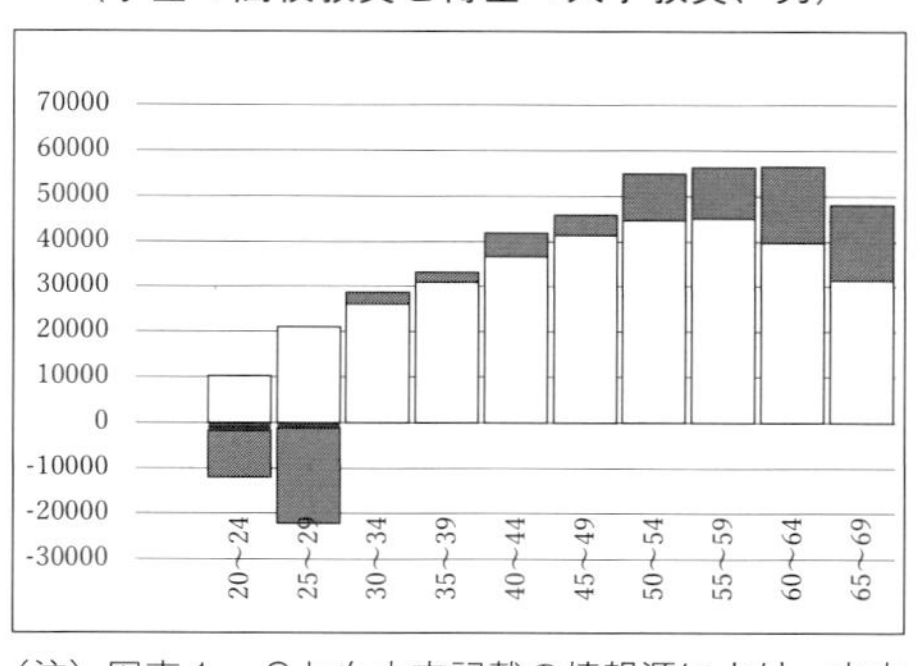

（注）図表１、２とも本文記載の情報源により、山本眞一作図。表側の単位は千円。

であろう。

結構大きい学歴別格差

さて、賃金構造基本統計調査によれば、少なくとも大卒以上の人材が多く就くであろう管理職、専門・技術職、事務職における給与等の収入格差は、相当に大きいことが分かる。**図表3**はこれを学歴別・職業別・男女別に比較したものである。平均年齢を表示したのは、管理職とそれ以外の職業とで平均年齢に大きな違いがあることに注意しなければならないからである。男女の格差にも大きいものがあるが、同一職業内における学歴による収入較差にもまた大きい。例えば、管理職における男性の場合、院卒と大卒と高卒の差異は１００対82対63、女性の場合はこれが１００対81対56で、後者の方が大きい。専門職や事務職においても同様である。

これらの数値と、近年一般的に信じられている「ワーキング・プア」すなわち、大学院に進学す

図表３　学歴別・男女別・職業別平均年収（千円）

		管理職		専門・技術職		事務職	
		男	女	男	女	男	女
大学院	年齢	48.6	47.1	40.6	40.6	39.6	37.9
	年収	11,397.2	10,439.3	7,262.0	6,482.7	6,822.1	5,293.6
大学学部	年齢	50.3	47.3	41.0	35.8	42.4	36.5
	年収	9,298.8	8,413.6	6,168.7	4,615.6	5,707.7	4,077.6
高校	年齢	52.0	51.9	45.6	46.3	47.4	44.6
	年収	7,151.1	5,818.5	5,022.9	3,690.3	4,992.9	3,367.0

（学歴・男女・職業別比較指数　大学院・男・管理職を100とした場合）

大学院	年収	100	92	64	57	60	46
大学学部	年収	82	74	54	40	50	36
高校	年収	63	51	44	32	44	30

（注）出典は本文記載の通り。

ると経済的には報われないという言説との関係をどう考えればよいだろうか。一つには大学院学生の場合、希望する職業・職種の就職が必ずしも思わしいものではないということである。これは大学教員を目指す者の就職の厳しさを見ればよく理解できる。また、若いときには、大学院出ということが給料に適切に反映されないということもあるだろう。この賃金構造基本統計調査のデータは、あくまで今勤務している者の給与等の実態であり、このような職に就く可能性の大小まで反映しているわけではないからである。ただそれにもかかわらず、職業人生の後半には大学院を出ているということの経済的メリットがかなり大きくなっているという事実を無視することはできない。これは、大学院を出ることによって、職業人生のチャンスが、そうでない場合に比べて大きくなっているからかも知れない。さらに詳細な考察が必要だと思うので、読者の皆さん方からのお教えを乞うと同時に、私自身もさらに精査することといたしたい。

（２０２１年５月10日）

3―4　低学歴国ニッポン～博士人材をどう考えるか

学士は低学歴？

ゴールデンウィークに入った今月（2022年5月）2日付の日本経済新聞に、その第一面を使って「低学歴国」ニッポンというまことに衝撃的なタイトルを付けた記事が掲載された。成長に必要な人材の資質が変わったのに、必要な改革を怠るうちに博士の数において世界との差が開いたとの問題意識が背景にある。記事では人口百万人当たりの博士号取得者数の国際比較が図示されていたが、これによれば、その数は英米独韓を大きく下回り、しかもこれらの国に中国を加えた5か国で、いずれも2008年と2018年の比較で増加しているのに、日本だけは2008年に131人であったところ2018年には120人に減少しているという。世界はとうに博士が産業革新をけん引する時代に移っているのに、博士を輩出する大学院や博士を受け入れる側の体制はどうなっているのか、というのがこの記事の大きな問題提起である。

日本では高等教育が普及し、若者の6割もがこれを受けていることから、教育水準が高いとこれまで思われていたところ、「そんなニッポン像は幻想で、先進国の中では低学歴国になりつつある」と記事は言う。読者の皆さんの中には、苦労して大学を出たのに、学士号保持者を低学歴と呼ぶのは何事か、と憤りを覚える方もいることだろう。何せ、日本で高学歴とは、東大や早慶など超一流大学の学部卒を指すのが一般的だと思われているからである。しかし、グローバルな観点から眺めれば、高学歴とは博士を含む大学院修了者のことであり、学士はその前段階で、より低いレベルの学位だと思われても仕方がない。なぜなら、米国では少なくとも修士課程まで行かないと専門知識の訓練が受けられないし、ヨーロッパ主要国でも大学院制度のない国は、卒業まで6年間の課程を修了することが一般的だからである。その点、日本の学士課程は原則４年間であり、年数の点でこれらに見劣りがするわけである。

大学での経験から

私事で恐縮だが、もう30年以上前、私が文部省勤務時代の最後の部署（１９８９―92）は埼玉大学大学院政策科学研究科であった。ちなみにこの研究科は後に埼玉大学を出て独立した国立大学となり、現在は東京でも一等地の六本木に政策研究大学院大学としてその威容を誇っている。ここは当時、文部省だけではなく大蔵、通産、建設、農林などさまざまな役所から現役官僚が教授や助教授として出向して、政策に関する調査・研究を行うとともに、大学院生に政策の実際を教えていたのであった。大学院生の多くはいわゆる社会人学生で、ＡＳＥＡＮ諸国からの留学生や霞が関の役所や県庁から派遣された職員も多数含まれていた。私を含め派遣された教員は、役所からの出向の身分とはいえ、大学で働くというある種の誇りのようなものを感じたものである。ただ、大学院博士課程で訓練を受けた生え抜きの教授らからは、学士は低学歴であることを自覚せよ、という趣旨の話しをたびたび聞かされ、博士やPh.D.がなければ一人前扱いされない雰囲気をひしひしと感じたものである。当時、私は経済学修士をもっていたのであるが、修士ではアカデミシャンとしては十分に評価されないもどかしさを覚えたのである。

博士重視の考えは、当時の埼玉大学職員録を見ても分かる。手元にある当時の冊子には、博士号保持者については名前の下に括弧書きで学位が書いてあり、他方で修士や学士の学位は書かれていない。その後転籍した筑波大学の職員録では、幸い名前だけで学位は書いてなかったが。ただここでも有力先輩教授から、大学教員として生き残るには学位（つまり博士）がなければダメだと言われ、奮起して1996年に博士（教育学）を取得したのは、そのためでもあった。実際、その年に教授に昇任し、また大学研究センターという研究組織の長になったのは、年功序列や勤務実績ではなく、博士号の取得が大きな理由だったのではないかと思う。まさに学位の効用であった。その頃から筑波大学で私が所属する研究科でも博士重視の考えはますます高まり、2000年代に入る頃からは大議論の末、博士号を持たない教授が博士号の授与につながる院生の研究指導を行うのはいかがなものか、という理由から研究科案内には博士号保持者のみ氏名を掲載するようにしたことが記憶に残っている。それが今、どのようになっているのかは承知しないが、学位のない教授は無免許運転のようなものだという議論は、筑波大学に止まらずあちこちの大学にあったものと思う。

博士取得とその後との好循環を

今日、大学教員とくに国立大学の世界では若手の博士取得率が上昇したこともあり、博士号保持が基本になっている。教員公募の際にも、実務家教員は別として、博士号の有無が採用の有力な判断材料になっている。もっとも理系ではずっと以前から当たり前のことが、ようやく文系でも一般的になってきたというだけ、との批判はあろう。また、博士号が企業や官庁でさほど評価されない現状では、学士課程を卒業後大学院に進学するか就職するかの難しい判断を学生はしなければならない。博士が産業革新をけん引すると言われても、にわかにこれを信ずることができない風潮がある中では、慎重な学生は安全を期して事務系なら学士号で、技術系なら修士号で手を打って、就職することになる。博士課程に進んで首尾よく大学教員へのルートが開ければよいが、場合によっては「高学歴プア」の世界に迷い込むことにもなりかねないからだ。

終身雇用、集団行動が原則の日本型雇用慣行では、特定分野の優れた知識・技術を持つよりも、企業の指示に従って忠実に職務を遂行できる人材が好まれがちである。関係者の感覚として、学士は汎用能力を持つが、大学院とりわけ博士課程まで進むと、専門分野への拘りも加わって、汎用性がなく使いにくい人材になるという思い込みもあるようだ。学士の方が可塑性に富んだ人材だと言えば格好がつくが、その前に特定の企業でしか通用しない人材に固まってしまう危険性が大きい。しかし、欧米では私の知る限り、学士から修士、修士から博士へと進むにつれて専門だけでなく汎用能力も増すと信じられているようである。つまり博士イコール能力ある人材という図式ができていて、そのため学問の世界だけではなく、企業や公的セクターの研究人材や場合によっては経営実務においても、これらの人材が重視されるということになる。また自らの意欲や能力に合わない組織は彼らの方で見切りをつけて、より条件の合う転職や起業の機会を探るということも容易に行えるようになっているようだ。

考えてみると、今は日本も過渡期である。岸田総理は新しい資本主義を提唱しているが、先進諸国の中で長らく経済停滞に悩まされてきた日本は、新たな発想で産業改革を行わないと、ますます世界の流れに取り残されていく。そこから脱却するには、博士人材層の厚みがモノをいうようになるに相違ない。企業も公的機関も、博士人材を積極的に採用し、かつ活躍の場を与えるように努力しなければならない。活躍の場が増えれば大学院博士課程に行こうとする人材が増え、そこに好循環が起こるようになる。すでにある工学系人材と修士課程との循環を見るがよい。また、大学院博士課程は、制度的には学校教育の最終段階ではあるが、高等教育・科学技術の観点から見れば高度専門かつ高度汎用人材輩出の場として捉えなければならない。そのため、授業料を支払う学生という観点だけ見ていては十分ではない。すでに半分職業人であるとみなしつつ、さまざまな支援が行きわたるような努力がますます必要になるであろう。

（2022年5月23日）

３―５　学歴偏重批判の過去と将来～学年の始めに考える

戦後拡大した学歴偏重問題

四月になった。新しい年度の始まりは、いつも我々に何かしらの希望を持たせるものだ。特に新入生や職場としての大学に勤め始めた教職員にとっては一層であろう。四十年近く昔、中曽根政権で設置された臨時教育審議会が秋入学の是非について議論した折、「桜の咲く頃の入学」という感情論めいた理由で、秋入学に反対した委員もいた。その頃の東京のソメイヨシノは４月上旬が満開であった。ところがマスコミが伝えるところによれば、この数十年で桜の開花が２週間も早まっているらしい。温暖化の影響とも言われているが、その真偽のほどは分からない。いずれにしても、東京での桜花は入学式のシンボルから卒業式の風景へと変わりつつあることだけは確かである。

その変わりつつあることを高等教育の世界で考えると、学歴に対する考え方ではないだろうか。周知のとおり戦後教育改革の中で、高等教育は四年制大学という形で制度の一本化が図られた。戦前は、帝国大学、官公立大学、私立大学、工業・商業などの専門学校、高等師範学校、師範学校など各種の高等教育機関に分かれ、機能は分化し社会的な評価にも序列があった。もちろん戦後改革によって一本化されたとはいえ、旧帝大、旧官立大など見えない区別は残り、その影響は未だに続いている。しかしながら少なくともタテマエ上、各大学は学校教育法の下で同等であり、均しく高等教育や学術研究を行う機関になった。また、それまで複線型であった中等教育も中学校・高等学校という単線型に改まり、すべての子どもたちに大学進学への途が開かれたのであった。

戦後民主主義の雰囲気は、子どもたちの将来にこれまでとは違った希望を与えたため、戦前は数パーセントに留まっていた高等教育への進学率は、高度経済成長が始まった１９６０年代には飛躍的に伸長し、１９７５年までには４割近くの若者が大学や短期大学に進学するまでに至った。そのため、戦前にもあるにはあったがごく少数の関係者だけが味わったであろう「受験地獄」は、多くの子どもやその親たちの問題となり、受験地獄＝学歴偏重という問題に直結するような形で、初等中等教育学校の教育にも大きな影響を与え始め、これが教育における社会問題として人々に認識されるようになったのである。また、このことが１９８４年の臨時教育審議会の設置につながる遠因となった。

的確だった臨教審部会の見解

社会問題としての学歴偏重問題は、学歴すなわち学校教育で受けてきた教育の成果が当人の処遇に正しく反映されないという自分たちが得た学歴そのものに関する不満に限らず、実力があるのに学歴がないばかりに不当に差別されているという高卒者の怨嗟の声まで含まれていた。つまるところは、学校教育や入試・就職などさまざまな場面で生じる人々の期待と現実とのギャップを、学歴偏重というキーワードで総括することにより、むしろ人々の不満をクールダウンさせるような役割をさえ果たしていたのではないか、と21世紀も四半世紀近く過ぎた今の視点で考えればそのように思うのである。

この問題に正面から取り組んだのが臨時教育審議会であった。その第二部会は教育関係者だけではなく、経済や労働問題に詳しい有識者が含まれていて、それまで教育問題としてのみ捉えがちであったこの問題に、国際比較を含め、労働経済学の観点から実証的な態度でメスを入れたのであった。その結果、第二部会のとりあえずの結論としては「職業生活にかかわる面においては、従来存在していた学歴格差は、総じて相当程度減少もしくは解消してきているものと考えられ、むしろ諸外国に比べれば我が国は学歴社会とは認めがたい状況にある。しかし、それにもかかわらず、既に述べたとおり、より良い学歴を目指した学歴獲得競争は依然として厳しい状況にあり、国民の一般的な意識とそれに基づく行動様式においては、学歴志向が存在しているということができる」（審議の概要その二、１９８５年４月）と述べたのであった。また問題の解消方策について、学歴の獲得が人生の初期に限られる状態にあることや、人々の間に学歴偏重の行動様式が根強く働いている点を指摘するなど、当時の社会状況を極めて的確に分析していることが分かる。しかし、学歴偏重の程度が諸外国に比べて小さいことや、人々の行動様式にこそ問題があるという第二部会の見解は、マスコミに代表される世論の理解を得ることができず、結局総会で承認されたその後の答申では、学歴偏重問題の根本原因にはあまり踏み込まずに、その弊害の是正という結論のみに矮小化されてしまったことは残念であった。

新たに加わる質保証の視点

ところで、その後に進んだ大学改革の中で、質保証というキーワードが新たに出現し、これが学歴問題に大きな影響を与え始めていることに気が付く。臨教審での審議の時点では、学歴による処遇の格差そのものに問題の焦点が当てられていた。しかし質保証という考え方によって、大学はその提供する教育やその証としての学位の質を保証することが求められるようになり、その場合は当然、質の高い教育や学位・学歴は正当に評価されなければならないからである。かつてのように実力があっても学位・学歴のない者を差別してはならない、ということよりも、実力は学位つまり学歴によって証明されるという考えに立てば、学位保持者の処遇に反映されなければ、学生の努力が無になるからである。

この問題は、学士課程よりも大学院課程においてより顕わになる。２０１９年に大学院の当面の課題についてまとめた中央教育審議会の文書を読むと、我が国では文系分野の大学院学位保持者が他の先進国に比べて極めて少ない現状を憂慮していることが分かる。その数年前に文系教育そのものを問題視した行政当局が、ここでは正反対の方向を見ているように思えるのだが、皆さんはどのようにお考えであろうか。実際、文系・理系を問わず、グローバル社会において外国のパートナーと切磋琢磨しつつ高度な仕事をするには、博士や修士の学位が必要不可欠な資格となってきている。有名大学を卒業していても、それが学士課程のみであれば、おそらく「低学歴者」のレッテルを貼られて、実力を発揮すべきチャンスにありつくことさえ困難になる。国際機関におけるプロフェッショナル人材の処遇に学位が関係していることは周知の事実である。

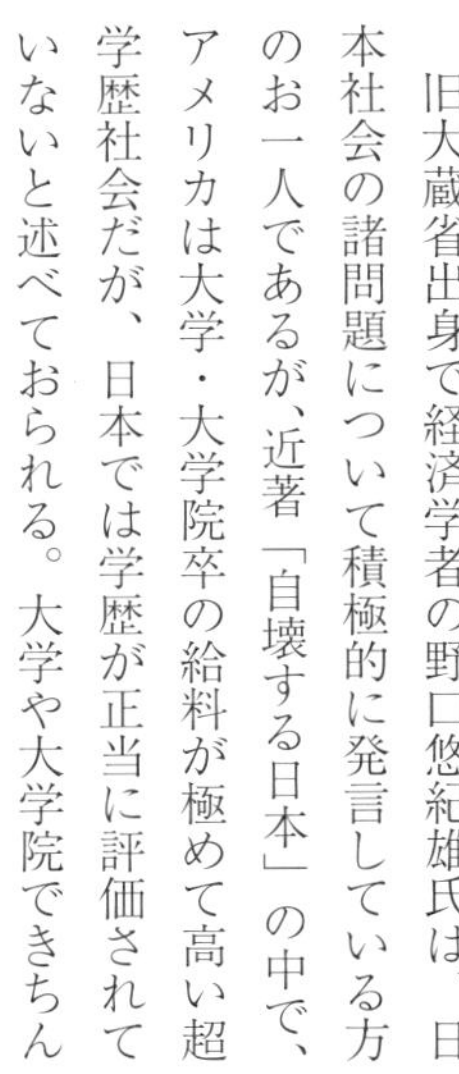
山本眞一作「春の散歩道」2022年

旧大蔵省出身で経済学者の野口悠紀雄氏は、日本社会の諸問題について積極的に発言している方のお一人であるが、近著「自壊する日本」の中で、アメリカは大学・大学院卒の給料が極めて高い超学歴社会だが、日本では学歴が正当に評価されていないと述べておられる。大学や大学院できちんと学んだ者がそうでない者に比べて高く評価されないと、大学の存在基盤そのものが危うくなるのではないか。少子化の進行の中、日本の将来の危機に備えるには、やはり質の高い教育を施す以外にない。さらにリカレント教育に含まれるであろう「リスキリング」という新しい用語が出現しているように、社会人も学び直しに努力しなければならなくなるであろう。このようなことを、開花しつつある桜花を眺めつつ考える次第である。

（２０２３年４月10日）

第4章

職業教育と大学

4—1　高等教育の多様化～ユニバーサル時代の大学とは

中教審と種別化論議

１９６３（昭和38）年、当時の中央教育審議会から一つの重要な答申が出た。「大学教育の改善について」と題するものがそれである。この答申では、現在の大学改革論議にも通じるさまざまな事項、すなわち大学の設置および組織編成、大学の管理運営、学生の厚生補導、大学の入学試験、大学の財政に加えて、大学の目的・性格について審議し、対応方策を政府に提言している。それらは形を変えつつも、大学改革の諸テーマの原型であり続けているのである。

答申は、高等教育機関に対する要請が社会の進歩によって広範かつ多様になっているとして、大学の性格について「いわゆる象げ（ママ）の塔よりも社会制度としての大学が強く表面の現れてきた」との認識を示し、高度の学術研究に加えて広い階層の人々に高い職業教育と市民的教養を与えるという「新たな重要な任務」を果たさなければならないと述べている。そして「歴史と伝統を持つ各種の高等教育機関を急速かつ一律に、同じ目的・性格を付与された新制大学に切り換えたことのために、多様な高等教育機関の使命と目的に対応しえない」ということが問題であるとした。

その上で、答申では①高度の学問研究と研究者の養成を主とする大学院、②上級の職業人の養成を主とする大学学部、③職業人の養成および実際生活に必要な高等教育を主とする短期大学という水準設定を行うとともに、具体的には㈠大学院大学、㈡大学、㈢短期大学、㈣高等専門学校、㈤芸術大学という五つの種別を設けるべきとした。このうち高等専門学校は、答申の前年（１９６２）にその制度が発足しており、短期大学はこの答申の翌年（１９６４）に学校教育法の改正による制度の恒久化が行われたことは、皆さんご存じの通りである。

高等教育機関を種別化する、ということはその後の中教審１９７１（昭和46）年答申（いわゆる四六答申）を含めて、当時の大学関係者にはずいぶん評判が悪かった。戦前に存在した厳しいヒエラルキーからようやく脱して、大学らしい大学を目指そうとしていた多くの大学関係者にとって、種別化には自らの勤務校が再びそのヒエラルキーの下積みに追いやられるかのような印象があり、当時は「戦後民主主義」がまだ栄えていたこともあって、一般国民も、種別や差別よりも平等を好む風潮が今より遥かに広がっていたことも一因であろう。

多様化の手段としての種別化

だが四六答申を改めて読んでみると、種別化は「今後における我が国の高等教育の多様化をはかるため、教育を受ける者の資格および標準的な履修に必要な年数によって高等教育機関を種別化するとともに、教育の目的・性格に応じて教育課程の類型を設けることが望ましい」とある。また「それらの種別および類型の間では、学生が、必要に応じて、容易に転学できるような体制が用意されるべきである」とも述べている。つまり多様な高等教育機関を学生が選択し、その間を自由に移動するという今よりも遥かに学生の目線で高等教育を見ていたのではないかと思われる。高等教育を多様なものにするという発想は昔も今も変わらないとしても、機関としての個別の大学をどうするかというマイクロ・マネジメントに特化したかのような、昨今の大学改革論議とは大違いように感じるのは私だけであろうか。

いずれにせよ、制度としての高等教育機関の多様化・種別化はその後着々と進み、専修学校（専門学校）、大学院大学、専門職大学院、専門職大学などさまざまな「種別」の高等教育機関が誕生した。だが、昭和の時代に高等教育の政策立案者や大学関係者が思っていたような多様化が進んできたのかと言われると、何となく違う方向に進んでいるのではないかという印象はぬぐえない。

第一に、機関数や在学者数の動きである。中教審四六答申のあった１９７１年には、高等教育機関全体に占める大学の割合は41・１％であったが、90年代以来その割合は継続的に上昇し、２０１７年には66・４％に至っている。つまり３校のうち２校は大学という制度に則った高等教育機関ということである。在学者数に至ってはさらに大学に集中している。同じく１９７１年には高等教育在学者数の83・４％が大学に在学であったが、その後さらに伸びて２０１７年には何と95・１％になっている。つまり大多数の学生は、高等専門学校や短期大学ではなく、大学を学びの場として選択しているのである。

第二に、大学入学者の年齢分布である。近年、18歳人口減少を背景に入試の容易化や大学の学生確保の努力もあるのか、大学入学者に占める若年者の割合はますます増加の傾向にある。高校新卒すなわち現役入学者の割合が増えていることは、さまざまなデータから明らかであるし、ＯＥＣＤが比較の対象としている25歳を超える新入生の割合が国際的に異常に小さいのもその証左である。若者に偏った大学教育は、多様化とは逆の動きである。私自身第３９７号（２０１６年10月10日）掲載のこの連載で触れたように、その少ない25歳以上の新入生割合はますます小さくなってきているのが現状である。国はリカレント教育を大学改革の旗として強調したいようであるが、この逆行ともいえる事実をどう考えればよいのであろうか。

第三に、近年の政策との関連である。国は２０１７年の法改正によって、専門職大学や専門職短期大学を制度化した。短期大学の恒久化以来55年ぶりの新種の大学であるという鳴り物入りで生まれた制度である。しかしふたを開けてみると、従来の大学・短大からの移行ではなく、いわゆる一条校入りを目指す専門学校からの申請が多くを占めた。その傾向は今後も変わらないのではないか。ということは、大学という制度への収斂傾向は依然として続いており、この新たな大学制度がどの程度、高等教育の多様化に資するものであるのかは、依然未知数であろうかと思う。

事実としての多様化の進行

しかし制度としての大学への収斂傾向は続くとしても、事実としての大学の多様化は着々と進んでいる。それは大学数が１９９０年代以降激増したことによって、大学間の開きが大きくなっているからである。誤解を恐れずに言うならば、研究機能や研究者養成機能があり、多くの学生を大企業に就職させている大学と、そうでない大学との格差といえるのではあるまいか。地域を含めた社会貢献機能は、すべての大学にあるべきと考えるので、ここでの議論は省略する。私は第４２７号（２０１８年1月15日）掲載のこの連載で、虚学に基づく教育を施す大学とそこで学ぶ学生の過剰なことを指摘し、大学改革が必要だとすれば、ここを中心に改革をさらに進める必要性があることを説いた。ここでも誤解を恐れずに言うならば、虚学を必要とするエリート養成と、実学にこそ依拠しなければならないその他大勢の人々が学ぶ大学との役割分担である。またその間に医学や工学などを中心に、高度な専門教育を必要とする人材養成需要があるに相違ない。近年の医療・保健系大学とその在学者数の増加はそのことを反映しているのではあるまいか。
さて、高等教育研究や大学のより深い理解のための必読書の一つとして、米国カリフォルニア大学の故マーチン・トロウ教授のエリート・マス・ユニバーサル論（邦訳本は『高学歴社会の大学』東大出版会）がある。この中で訳者の天野郁夫氏らは、進学率50％以上の高等教育を「ユニバーサル型」と言い、そこでは高等教育は多数者の権利というよりも万人の義務と化し、学生は極度の多様性を持つと整理している。しかし、我が国の現状は先に述べたように、学生層が特定の年齢段階に偏っており、とても「極度の多様性」とは言えまい。また大学を出て企業（とりわけ大企業）に就職するという、狭いキャリア・パスが依然として優位と考えられている。50％越え一つで「ユニバーサル」と言う議論が一人歩きしているが、私は今の我が国の高等教育には更なる多様化が必要と考えている。それは単なる機関としての大学や他の高等教育の多様化に止まらず、人々の生き方の多様化とつながることによって、初めて実現するものなのである。

（２０１９年５月13日）

4―2　大学教育とは何か～機能の拡大と変化の中で

教育よりも研究

私は若い時分、文部省に勤めていた。ご存じの通り役人には2年かそこらで部署の異動があり、異動先のすべてが高等教育関係の仕事というわけではなかったが、20年間の文部省勤務の中で、およそ半分の期間は大学行政あるいは大学運営に関わる仕事であった。中でも入省早々に配属された大学術局大学課では、長時間勤務の中、先輩たちから大学の行政に関わる基本的な実務を、マニュアルによらずカラダで覚えさせられて、当時はひどく戸惑ったものだ。しかし今振り返れば、その時期に修得した実務上の知識は、その後の行政事務だけではなく、高等教育システムの研究にも役に立っているということを実感する。

入省して8年目、本省係長から東京大学の広報企画課長に転出した。卒業以来ずっとご無沙汰の母校に職員として勤務して、いろいろ考えることも多かったが、今回のテーマに関して言えば、当時一緒に仕事をした教官のほとんどが、大学での仕事のことを「研究・教育」と語り、それまで文部省で聞きなれていた「教育・研究」とは語順が正反対であることが印象的であった。しかも語順以上の大きな違いがあるようにも思えた。つまり、教官たちは自分たちを研究者であると位置づけ、教育はその余勢を駆って行うものかあるいは自分たちの後継者を訓練するために行うものと考えていたのかも知れない。このことは、後年何度か行われた広島大学の有本章教授（当時）のグループによる大学教授職に関する調査研究からも分かる。そこでは、教育か研究かと問われて、欧米すくなくとも米国の大学教員に比べ、我が国の大学教員は研究活動を第一優先と考える者が非常に多く、その傾向は我が国をリードする研究大学だけではなく、その他の大学や短期大学にも及んでいることが明らかにされている。

どうして教育活動の優先度が低いのかと言えば、研究活動が論文数や被引用回数さらには学術書など具体的に目に見える形で業績として明らかであり、かつこれが評価されるのに対し、教育の方は、学問の自由に含まれる教授の自由の壁があり、何が優れた授業かを判断することが困難で、かつ仮にこれが評価されたとしてもそれは一つの大学内に止まるもので、学外の仲間の間で共有されることが困難であったからであった。よく研究はグローバルだが教育はローカルであると言われていたのはそのためである。さらに教員の採用や昇進に際しても、研究業績は重視されるが教育業績はさほどでもなかったというのが、少し前までの実態であったことも大きい。大学教員就職・昇進のための免許状と理解されている博士の学位も、もとをたどれば数年間の研究活動の成果が反映されたものなのである。多くの大学教員は進んで研究をやりたがるが、教育は負担に思い、週当たりの授業コマ数の多少は大学当局との交渉課題の一つと言われていたのもそのためであろう。

状況を変えたＧＰ

状況に転機が訪れたのは、１９９１年の大学設置基準の改正すなわち大綱化の時であった。それまでの大学設置基準においては、一般教育科目、専門教育科目、外国語科目など大学で用意する授業科目に区分が設けられ、その区分ごとに学生が学ぶべき単位数も規定されていた。この区分をやめ、大学の責任において必要な授業科目を設け、これを体系的に整備すればよいことに改めたのが、最も重要な改正点であった。但し、それ以前の教育課程が硬直的かつ画一的であったという批判がしばしば語られているが、私にはそうは思えない。確かに科目区分の規定はあったが、具体的に置かれる授業科目の内容や授業方法については、何も規定がなく大学や教員の判断に任されていたので、現在のような状況を考えると、当時ははるかに大学や教員の教育に対する自由度は高かったのである。むしろ大学関係者に歓迎されたのは、教養教育を一般教育科目として設置して実施しなくともよくなったことであろう。そのため、国立大学においては教養部を解体して、その教員組織を他の学部の充実のための資源として活用する動きが加速し、あっという間にほとんどすべての大学において教養部が無くなってしまったのが、私には強い印象として残っている。

ちなみにこの改正は、教養教育の役割を軽視してのものではなかったことは、改正後の大学設置基準において「教育課程の編成に当たっては、大学は、学部等の専攻に係る専門の学芸を教授するとともに、幅広く深い教養及び総合的な判断力を培い、豊かな人間性を涵養するよう適切に配慮しなければならない」（第19条第２項）と規定されたことを見ても明らかである。またこの規定はそのまま現時点での大学設置基準に受け継がれている。軽視されたような印象を多くの人々が持っているとすれば、それは専門教育重視の風潮が強まる中での反射作用であるという一般論的理由に加えて、当時差別的とも思われていた国立大学の教養部という組織の取扱いにあったのであろう。確かに、教養部は大学院を担当しないがゆえに、教員には大学院手当（修士課程４%、博士課程８%）が支給されず、また教育研究組織としての「講座制」より研究費（校費）がはるかに少ない教育組織としての「学科目制」が適用されて、該当教員には大きな不満があったと聞いている。

次に大きな転機となったのは、２００３年度から始まった「特色ある大学教育支援プログラム」（ＧＰ）の開始である。文科省の説明によれば、この新たな政策は「大学教育の改善に資する種々の取組のうち、特色ある優れたものを選定し、選定された事例を広く社会に情報提供するとともに、財政支援を行うことにより、国公私立大学を通じ、教育改善の取組について、各大学及び教員のインセンティブになるとともに、他大学の取組の参考になり、高等教育の活性化が促進されることを目的とする」とある。

規制緩和に逆行？

私は、制度発足の当初から数年以上にわたって、この財政支援つき教育改善政策に実施委員として関与していた。数多くの大学からの教育改善プログラムの提案書の中から、私の専門分野以外の教育に係る諸事情を知ることができたし、また説明会や事後のシンポジウムなどに集う関係者の熱気をしばしば感じた。実施のための事務局が当初、文科省から一定の距離を保つ大学基準協会に置かれたことも、さまざまな規制に囚われない自由な議論を委員の間で行うことに大きく寄与したように思う。いずれにしても、このＧＰが後に続く競争的資金の配分を伴うさまざまな施策に大きな影響を与えたことは間違いない。ただ、個人的感想を述べるならば、当初は教育改善を目的とした各大学からの前向きの提案であったこの種の事業が、段々制度化が進むにつれて、目的と手段の逆転現象が見られるようになってきているのは、残念でもあり、改善を要する点でもあるように思える。

さて、大学における現在の教育活動の状況はいかなるものであろうか。文科省によれば、学部段階の教育課程はその内容・方法において持続的な改善の傾向が見られ、今後は学校教育法施行規則に定める「三つのポリシー」の運用の改善やファカルティー・ディベロップメントの一層の推進、教員の教育活動の正当な評価のための工夫などが課題（文科省「大学における教育内容等の改革状況について」の平成27年度調査）とのことである。ここに散りばめられている各種のカタカナ用語すなわち、シラバス、ナンバリング、カリキュラムマップ、アクティブ・ラーニング、ワークショップ、ティーチング・ポートフォリオなどの多さには目をみはるばかりであるが、問題は新奇な言葉使いそのものにあるのではなく、２０００年代始めからの一連の規制緩和に逆行するかのように、実はさまざまな小道具的規制が進みつつある中、大学教育の実際上の自由度は、１９９１年の大学設置基準の大綱化以来、かえって低くなっているのではないかという心配である。

今回は極めて大括りの議論になってしまったが、細目については、今後稿を改めて順次論じていくこととといたしたい。

（２０１９年６月10日）

４―３　役に立つ大学教育とは何か
～会計ソフト云々の激論を振返る

英語教育のあり方論争

近年、大学教育は学生の就職に役立つ内容であるべきだ、さらには大学教育そのものが社会に役立つものであるべきだという声が大きい。このことはかつて起こったさまざまな論争においても話題になり続けてきた。私が覚えている最も古い部類のものには、平泉・渡部論争というものがあって、参議院議員だった平泉渉氏が１９７５（昭和50）年、ある論壇誌に寄稿した英語教育の改革案に対し、当時上智大学教授だった渡部昇一氏が反論し、以後論争が発展したものであった。平泉氏が、当時の学校の英語教育は役に立っていないという前提の下に、訓詁学的な英語教育を改めて、高度な実用英語を限られた比率の生徒に教えるべし、したがって大学入試には英語を課すことをやめるとしたのに対して、渡部氏は英語教育が表面的な実用英語能力の訓練ではなく、これを通じて生徒の潜在能力の育成に役立っているとして論争したものだと記憶している。

なぜこのことに印象深い思い出があるのかと言えば、当時私は文部省初等中等教育局の中学校教育課の係員として教育課程行政の末端にあり、この英語教育論争は隣の高等学校教育課が情報収集と対応に追われていたことを知っていたからである。ちょうど隣り合わせの両課のどちらかからでも行ける部屋に十数人の教科調査官（中・高両方を担当）が執務をしていて、その中に外国語教科の担当調査官もいたのである。ちなみに各教科等の担当調査官は、位置づけ的には課長補佐クラスであるが、実際には、教員～校長～指導主事～教育委員会～文部省というヒエラルキーの頂点に近い場所に立つ存在であり、学習指導要領の改訂やその施行に際しては、彼らの一言が教育現場に大きな影響力を持っていた。文部省主催の研修会などで地方に出張に出かけても、県教委の職員は教科調査官ばかりに目が行って、若い行政官だった私は相手にもされず、単なる事務担当者のような扱いであったことをおぼろげに覚えている。ただ、この論争で担当教科調査官がどのような見解を持っていたのかは、残念ながら記憶にない。読者の皆さんでご存じの方がいらっしゃれば教えていただきたい。この論争は中等教育のみならず大学教育のあり方にも大きな関係があると思うからである。

会計ソフトの使い方を大学で

時代は遥かに飛んで、２０１４年の秋、専門職業大学の創設を目指して文科省が設けた有識者会議で、委員の一人であった財界人の冨山和彦氏が衝撃的な提言を行ったことが記憶に新しい。同氏の主張はおよそ次の通りであった。すなわち、「我が国の産業構造と労働市場のパラダイムシフトから見る高等教育機関の今後の方向性」と題した資料において、産業構造にはＧの世界（グローバル経済圏）とＬの世界（ローカル経済圏）があり、Ｌの世界における労働力不足が深刻である。これをを解消するには、労働生産性の低い日本において新たな「職業訓練の展開」が必要で、とくにL型の世界に貢献する労働力を養うために、大学をG型大学とL型大学に分けて考えることが重要である。したがってG型とされる一部大学を除く大半の大学はL型大学として職業訓練校化する議論も射程に置く必要があるとしたものであった。さらに、このL型大学で学ぶべきことは「学問」よりも「実践力」だとして、文学・英文学部ではシェイクスピアや文学概論ではなく、観光業で必要となる英語、地元の歴史・文化の名所説明力、経済・経営学部ではマイケルポーター、戦略論ではなく、簿記・会計、弥生会計ソフトの使い方を教えるべきなど、大学関係者から見れば仰天するような刺激的な提言を行ったのである。またＬ型大学では「教員は「民間企業の実務経験者」から選抜し、実践的な教育を実施」とあり、Ｌ型大学には、従来のアカデミックな文系学部はほとんど不要で、これらの大学・学部の評価は、論文数や研究成果よりも、卒業生の就職状況（数と初任給）を基本とすべき、とも書かれてあった。

実学・虚学と教育のレベル

もともと地域経済の発展が日本の強みの源泉で、そのための労働力の質の向上が必要だという問題意識から書かれていると思われるこの資料であるのが、後半部分の会計ソフト云々の暴言めいた意見の部分が独り歩きして、さらなる論争を招いたものと思われる。しかしこの資料からいささか刺激的と思われる部分を差し引いて、文意を冷静に眺めれば、実は現在の大学や大学教育の置かれた立場や問題点の本質をついているように思えるのである。実際、冨山氏の議論とは全く独立に書いた私の過去の論稿（第４２７号（２０１８年1月15日））にも、同じような趣旨で書いたものがある。バックナンバーをお持ちでない読者のために、その折に作成した**図表**を再掲しつつ、今日時点での私の見解を述べてみたい。

この**図表**では、大学で教えられる学問を、虚学～実学に沿って分類し、右半分が虚学、左半分を実学としている。また、そのレベルを高度～一般として、上半分を高度、下半分を普通のレベルとしたものである。冨山氏の言説に従えば、上半分はＧ型大学、下半分はＬ型大学に原理的には対応関係がある。但し、冨山氏はごく一部の大学のみをG型大学とし、残りをL型大学として職業訓練に徹すべきとしているようだから、若干事情が異なるようにも思える。しかしながら、私が学部学生のおよその目安として示した●印は現実の在学者数の分布に従ったものであるから、冨山氏が理想とする大学や学生の分布とは別である。

ただ、そうは言うものの、私としても、高度なレベルの大学教育には実学も虚学も必要であるのに対し、普通のレベルの大学教育はもっと実学に徹しないと、やがて大学教育の効用に疑問をもつ学生からはそっぽを向かれるようになるのではないか、という危惧をもっている。但し、世間の少なからぬ人々が漠然と考えているように、虚学部分がまったく要らないということではない。人々をリードし、世の中を変えていくような高度な人材、仮にこれをエリートと呼ぶならば、彼らには判断能力の基礎としての抽象的・哲学的な学問は必要であり、これは古来、人間社会が学び取り続けて来た経験則でもある。問題は、虚学かつ一般的なレベルの教育をど

図表　大学教育の人材養成機能の現状と遷移の概念図

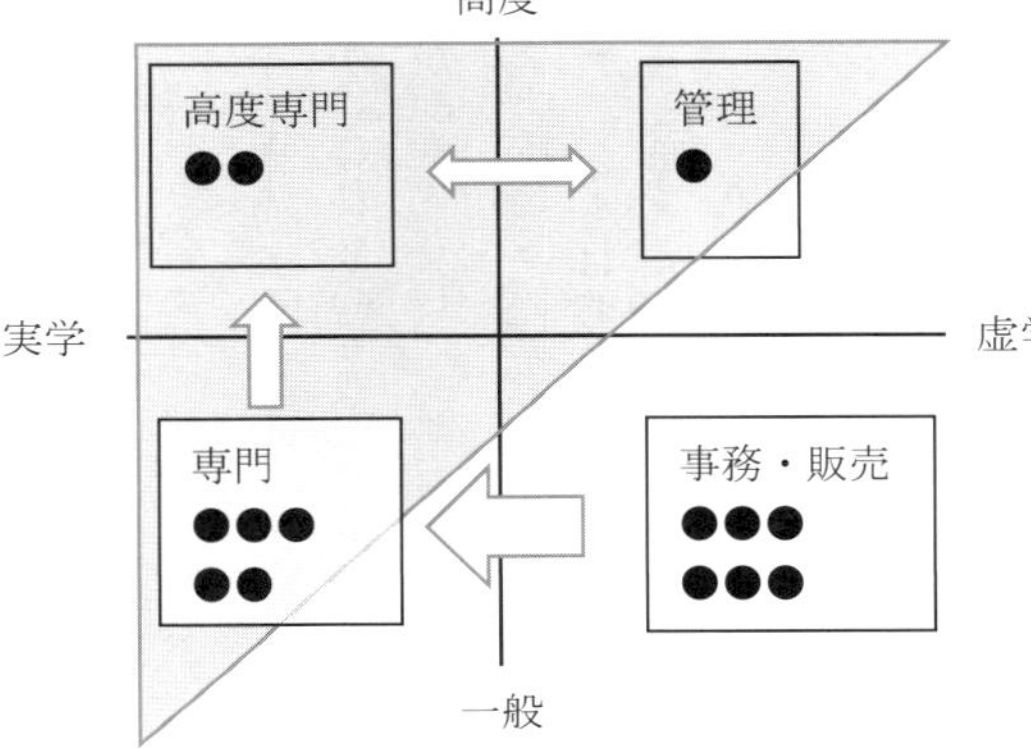

（出典）山本眞一作図（第427号掲載の再掲）
（注）　●印は、学部学生の分布状況（ 2015）のおよその数を示す。
□内の用語は、期待されるキャリアを日本職業分類に基づき設定。
網掛け部分は、今後の大学教育としてとくに期待される部分。

う扱うかということである。図表中の右下部分（第4象限）には、人文や社会科学の多くが入るものと思われるが、実際には私学を中心に非常に多くの学生がこれを学んでいる。彼らが、自分たちの教育は就職に役立つのか、という疑問を抱き、かつこれが大きくなってきたとき、ちょうど18歳人口の更なる減少がこれを増幅することになり、一つの大学危機が表面化することにならないであろうか。これをどのように穏やかに実学の方向に誘導できるか、これも高等教育改革の大きな課題である。

２０１９年度から、専門職大学・専門職短期大学が制度化され、実際の運用が始まった。改正後の学校教育法では、専門職大学は「大学のうち、深く専門の学芸を教授研究し、専門性が求められる職業を担うための実践的かつ応用的な能力を展開させることを目的とするものは、専門職大学とする」（同法83条の2）とされており、その規定ぶりは極めて穏当である。まだまだ設置大学数は少ないが、今後の発展を注意深く見守りたい。

（２０１９年10月28日）

4—4　大学の教育機能再考～役に立つとはどういうことか

質保証と役立つ教育

1990年代初頭から始まった今次の大学改革は、大学というシステムに大きな変革をもたらしている。その大きなものは、外枠としてはガバナンス改革であり、これについては前回（下巻11—3所収）と前々回（下巻10—1所収）に触れた。一方、システムの内側の問題として大きなものは教育の内容や方法に関する改革論議であり、これは認証評価制度とその中での主要な柱である質保証によって代表されるであろう。その質保証というのは、文字通り解釈すれば、大学教育として社会が認める一定の水準、あるいは大学設置基準など法令要件を満たす教育水準を、各大学や政策当局が国民に対して保証するということになるであろう。

但し、現行法令によれば、大学は教育研究水準の維持だけに留まらず、常にその向上を目指さなければならない（学校教育法109条、大学設置基準1条など）とされている。また、各認証評価機関も大学に内部質保証システムの構築と教育水準の向上を求めていることから、大学は必然的に教育水準の点検・改善のために努力をし続けなければならないことになっている。一方、産業界を含む社会一般からは、大学教育の有用性のついての疑問と要求が強まっている。以前であれば、大学問題と言えば入試と就職問題くらいのもので、在学中の学修内容についての関心は極めて希薄であったのが、最近では大学教育そのものが経済成長やイノベーション政策の中に取り込まれ、現実の教育研究の水準や学生の質を超えた過大とさえ思える要求が出されるに至っている。

もっとも、これは単なる大学教育と社会との関係だけの問題ではない。多額の授業料を負担する学生やその支援者（主として家計）の側から見ても、大学教育の中身はその授業料の支払に見合ったものなのか、教育を受けることと就職との関係はどうなっているのか、など大学教育の有用性に対する疑問の声も大きくなっている。大学教育の大衆化が進み、これまで大学に来なかったタイプの学生が在学し、一方で経済・産業構造の変化によって学生の就職先も多様化している。とは言え、ある産業界の人物が言い放ったような「シェークスピアの文学論より観光英語、マイケルポーターの経営論よりも弥生会計ソフトの使用法」という主張は、あまりにも現状を直截に指摘し過ぎているがゆえに、逆に教員や学生に無力感を与えているように思える。一体、大学教育が果たす役割というものはどういうものなのであろうか。

大学教育への異なる理論

大学教育の果たす役割については、以前から、教育そのものが人の能力を向上させ、かつ社会発展に役立つものであるという「人的資本論」と、大学教育を受けたという事実が、その中身にかかわらず人の能力を推定させる力をもつという「シグナリング理論」あるいは「スクリーニング（篩い分け）仮説」という二つの立場があり、私の判断では前者が通説、後者は有力な仮説ということになるだろう。なぜ前者が通説かと言えば、これが教育というものの意義を最も強力にサポートするからであろう。なぜ学校があり、大学があり、そこで教える教員がいるのか？　それはこれらが人の能力を向上させ、ひいては社会発展や厚生に大きな役割を果たすからである、と説明されてこそ、大学関係者は安心してその任務を遂行できるのである。

他方で、後者の理論も現実をよく説明してきた。なぜ受験競争が激しくなるのか、なぜ大企業が有名大学卒業者を就職時に優遇してきたのか、などはスクリーニング仮説の説明力が高いように思える。ただこれだと、大学は教育の中身よりも厳格な入試で優秀な学生を選別し、また大企業は安心して有名大学卒業者を入職させればよいということになって、これまでの教育問題論議に照らして言えば、これらは著しく社会的正義に反するものと思われてきたのである。１９８０年代の臨教審において、偏差値による生徒の選別や指定校制度による大卒者の就職差別が厳しく批判されたのは、そのためであった。

ところで、大学教育のあるべき姿は、質保証を含めて、各人各様に自由に語ることが可能であるが、それを裏付ける現実がなければ意味が薄い。カタカナ過剰と批判されるような細かい方法論にこだわって、大学教育のアウトプットやそれが社会に果たす役割を見失ってしまえば、何のための大学教育論か分からなくなってしまう。まして高等教育政策論ともなればなおさらである。そこで、文科省の学校基本調査から、学生の卒業後の進路実態を見ることとし、図表のような整理をしてみた。卒業者数が比較的多い７つの学問分野を選び、その卒業者の進路を表側の分類ごとの比率で表してみた。

大きく違う文系と理・医系

これによると、人文や社会科学のような文系と、理学や工学のような理系、そして保健という分類で括られている医系とでは差が大きく、また家政や教育の分野についても特有の傾向が観察できる。まず文系については、①卒業者数が多いこと、②大学院進学者が少ないこと、③専門的・技術的職業に就く者が少なく、多くは事務や販売職についていることである。また理系については、①大学院進学者比率の高いこと、②工学では専門的・技術的職業に就く者が多いこと、医系（**図表**では保健）では、①専門的・技術的職業に就く者が極めて多く、さらには②研修医を含め、学問分野に特有の国家資格に結び付いた職業に就く者が多いと推定されることである。このほか、家政の分野では**図表**ではその他に分類されているが、栄養士などの国家資格を得て就職している者が多いこと、教育の分野では教員免許を得て、学校教員として就職する者が相対的に多いことなどが見てとれる。**図表**中に注目箇所を枠線で示してあるので、ご自身で確認願いたい。

この分野別の差異が大きいことは、

図表　分野別大卒者（学部卒）の進路分布（2019年）

区　分	人　文	社　会	理　学	工　学	保　健	家　政	教　育
卒業者総計（人数）	81,935	185,864	17,894	88,732	64,137	17,351	45,854
進学者	4.1	2.2	40.2	35.9	4.8	2.5	5.0
臨床研修医	0.0	0.0	0.0	0.0	15.4	0.0	0.0
就職者	83.0	87.2	51.9	59.9	71.4	91.5	85.7
専門的・技術的職業従事者	13.8	11.2	29.8	48.1	65.0	45.8	52.8
製造技術者	0.3	0.4	8.2	19.3	0.7	2.2	0.3
情報・通信技術者	4.4	5.5	11.5	12.6	0.3	1.6	1.3
教員	3.9	0.7	4.6	0.5	0.7	5.1	36.1
薬剤師	0.0	0.0	0.0	0.0	12.1	0.0	0.0
保健師，助産師，看護師	0.0	0.0	0.0	0.0	29.9	0.0	0.0
医療技術者	0.0	0.0	0.5	0.4	17.6	0.1	0.1
その他	5.2	4.5	5.0	15.3	3.8	36.8	15.0
管理的職業従事者	0.8	0.8	0.1	0.2	0.0	0.0	0.1
事務従事者	31.2	35.3	8.7	3.6	1.7	15.6	13.1
販売従事者	25.7	29.7	9.3	4.6	2.5	22.1	12.1
サービス職業従事者	7.7	4.9	1.0	1.1	1.1	4.8	4.2
その他就職者	3.7	5.4	3.0	2.3	1.1	3.1	3.4
上記以外の者	12.9	10.5	7.9	4.2	8.4	6.0	9.3

（出典）学校基本調査に基づく山本眞一の作表

（注）卒業者数は実人数、進学者以下の数値は卒業者数に対する比率（％）である。

大学教育の役割や在り方を考える際に、非常に重要である。まず文系については、大多数の者が学士課程で学修を終え就職をしているという事実、また特定の専門的・技術的能力ではなく、より一般的な能力が期待されている事務職や販売職に就いているということを考えると、大学において特定の職業に必要な知識・技術を教えるということは、極めて困難であるということだ。それよりも広い汎用能力、言葉を代えて言うならば、状況対応能力が必要である。またこれは現実のオフィスその他の職場で起こる現実とも合致する。この種の能力を大学で養成するには、個別具体的な知識よりも、その先を見据えた思考力・行動力の養成こそ必要なのではないだろうか。文系における役に立つ教育というのはそういうものであろう。これに対して、専門性を生かした職業に就く者が多い理系や医系においては、大学教育の中で専門性を磨くことが、大学教育の役割を果たすことにつながるのである。但し、いずれの分野でも教養教育が必要なことは言うまでもない。

このようにして、大学教育の役割・機能は、分野ごとに大きく異なる以上、役に立つ教育の議論は、一律ではなく個別・具体的な事情に即して考える必要があり、その意味で各大学の主体的行動がいよいよ大切になってきているのである。

（２０２０年11月23日）

4―5　職業別就職者数の変化と大学教育のこれから
～30年前との比較

大きな変化の認識

令和4年の4月を迎えた。本誌が皆さんのお手元に届く頃は、各大学での入学式や新年度の授業など、忙しい日々を送っておられることであろう。コロナ禍は、政治日程的には収束あるいは沈静化に向けてさまざまな努力が重ねられているものの、感染の危険という点においては、新規感染者数の減少傾向が緩慢であるなど、まだまだ油断できない状況である。加えてウクライナ事案など国際紛争は、国際政治に止まらず世界経済システムの根幹にまで影響を与え、大学経営環境にもその波が及びつつある。我々も細心の注意を払わなければならない。いずれにしても、コロナ禍が終わっても元の状態にすんなりと戻れるという保証はどこにもないのである。

元の状態に戻れない、すなわち大学教育が大きく変容を遂げてきていることは、コロナ禍だけではなく、18歳人口の減少、産業・雇用構造の変化、国民の間の格差の増大などさまざまな現象を観測するだけでもよく分かる。昨年末に公表された学校基本調査の令和3年版が、総務省データベースによって公開されているので、今回は学校卒業者の職業別就職者数の変化を題材にしつつ、その変容を考えてみることとしよう。比較対象として、調査最新年である2021年3月とその30年前の1991年3月を使用してみた。ちなみに1991年前後は、その後の日本社会に大きな影響を与えたバブル経済崩壊、東西冷戦の終結、18歳人口減少の始まり、大学審議会答申による今次大学改革の開始など、極めて重要な出来事が相次いで起きており、またそれらに加えて、親から子へという世代間隔がおよそ30年間であることを考えると、親世代が経験した大学教育と今の大学教育の違いを考えるのにもちょうど良い長さであるだろう。

初めに図表をご覧いただきたい。図示されたグラフの図柄を見るだけで、きわめて大きな変化が起きたことが容易に分かるだろう。この図表は学校基本調査の該当年における各学校段階別の就職者数を、職業別に積み上げて表したものである。学校段階とは、高等学校、短期大学・高等専門学校、大学（学部）、大学院（修士課程）であり、中学校、専修学校、専門学校、大学院（博士課程）は省いた。職業分類は、学校基本調査で採用している分類に従い、このグラフにあるもの以外の職業はすべて「その他」に入れてある。より具体的な職業名は学校基本調査等を参照していただきたいが、いくつかの例を挙げれば、専門・技術には機械や化学、コンピュータなどの技術者のほか、教員、医師・薬剤師、栄養士などがあり、サービス職には、レスト

図表　新規学校卒業者の職業別就職者数の比較

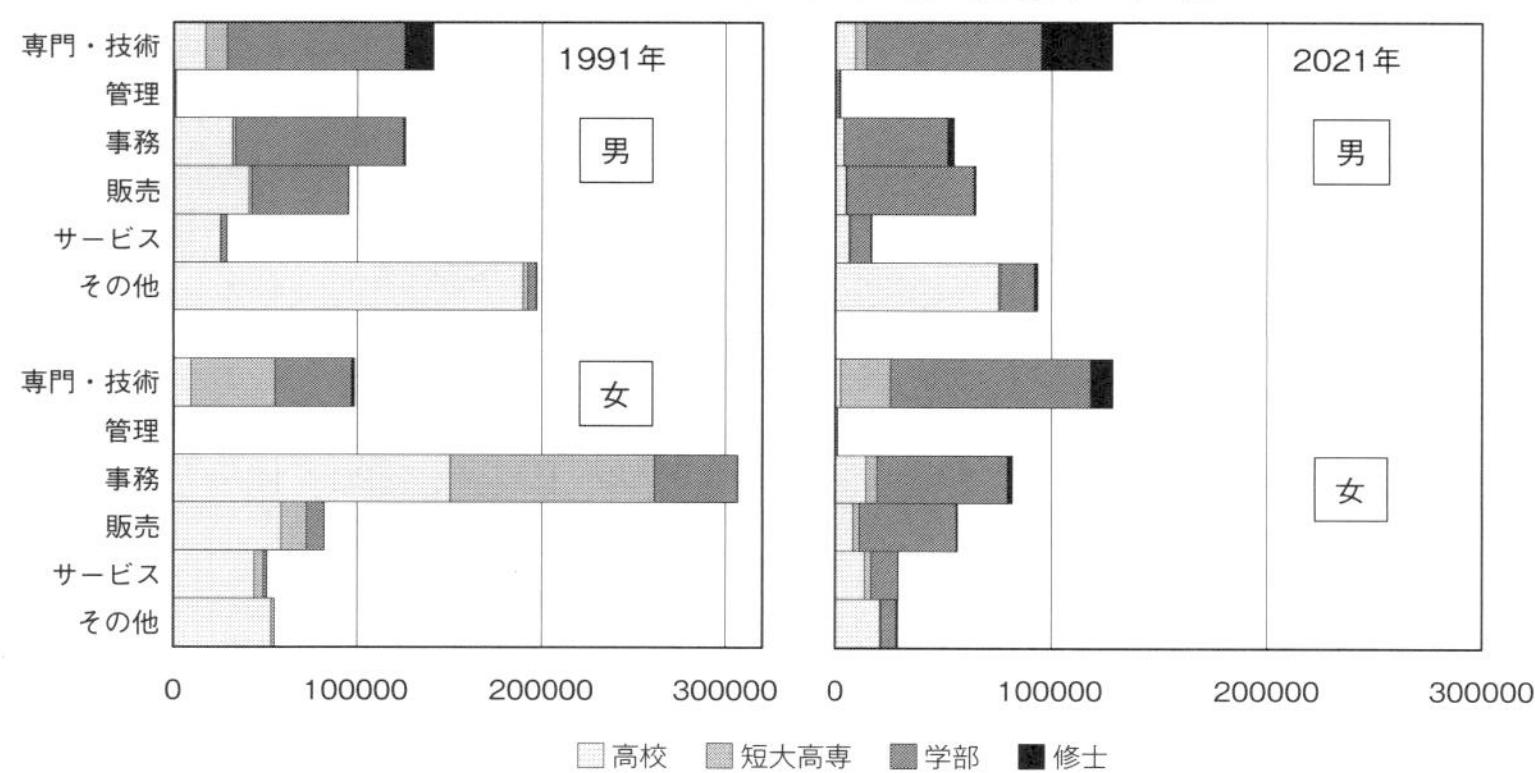

（出典）学校基本調査データに基づく山本眞一作図

ランやホテルでの接客などが含まれる。また、その他には建設・採掘、運輸・清掃、組立・加工・修理など生産工程、農林漁業などさまざまな職業が含まれている。なお、ここでいう就職者とは、常勤や一年以上の契約によるフルタイム従業者のことを言う。

大きく減った高卒就職者

さて何が変わったかについて、いくつか列挙すれば、第一に高校を卒業直後の就職者数が激減したことである。その減りようを就職者全体で言えば、男はおよそ3分の2、女は5分の4にも及ぶ。その中でも一番減り方が激しいのは、事務職と販売職で、男女とも9割に迫る減少である。企業経営の合理化、優秀人材確保の困難、当該職種の高学歴化などさまざまな変化がこの職種に及んでいることが窺われる。建設や運輸、生産工程などの職種は比較的減り方が穏やかであるが、この分野で働く人材に対する需要が依然として根強いからであろうか。第二に、短大卒業後の就職者数が、高卒者と同じすなわち5分の4も減っている。とりわけかつて女子の多数が就いていた事務・販売という職業に就く者の数が激減である。女子のいわゆる「四大志向」がその原因なのか結果なのかは、このグラフからだけでは判断はつかないが、その双方が関わって悪循環になっているのであろうと思われる。短大教育ならではの特色を見出すことができなければ、この先さらなる苦境が待ち受けることになる。

第三に大学については、男女で傾向が異なる。男子の方は14％の減で、とりわけ事務職が半数近く減っていることが目立つ。他方でサービス職やその他の職では3倍を超える増加が見られ、伝統的には大卒者が少なかった職業に、彼らが進出している様子が見て取れる。学歴の代替現象なのか、あるいは事務職・営業職が狭き門になってきているのであろうか。一方女子については、進学率の上昇に伴って、いずれの職業についても大きく増加した。但し、それらはそれらの職種に就職する大卒女子が増えたに過ぎないのであって、就職市場全体という観点から見ると、事務・販売・サービス・その他とも縮小してきており、今後の就職先の確保は気がかりなことである。

専門・技術職への期待

第四に、この30年間経過の中で起きた専門・技術職への就職者数の相対的増加である。男子の場合、学部卒業者だけでは減少であるが、その分を大学院修士課程修了者が埋めている。この職種の高学歴化が進行中である。また女子の場合、学部も修士も激増という具合である。女子の大学進学、大学院進学は今後も増えていくのではないだろうか。大学院教育の不振が言われて久しいが、実態としては大学教員への途は厳しいものの、他の専門・技術職への門戸は次第に開かれつつあって、今後の大学教育の中での大学院、とりわけ修士課程の役割はさらに大きくなるのではあるまいか。

以上のことから考えられるのは、新規に学校を卒業して就職する者の数は、学歴段階の高いものほどその伸びが大きく、逆に高校や短大・高専は技術者としての就職はとかくも、他の職業に就ける機会は少なくなっているということである。進学率の上昇という要因も大きいであろう。また、学部卒や修士修了者においても、専門・技術職以外の職については、産業・雇用構造の変化によって、今後大きく変わるということが予感される。このことが大学教育や大学経営に与える影響は大きい。

すでに他のデータによっても明らかなように、人文・社会科学のような概して非実学的な分野よりも、工学・保健・教育・家政などのような実学的な要素の強い分野の方が、学生にも好まれ、また就職についても優勢であるようだ。近年、大企業の雇用形態のあり方として、「メンバーシップ型からジョブ型へ」という議論が行われている。すべてがジョブ型に移行することはないにしても、個々の学生や経営に不安のある大学にとって、いかにして実学的要素を教育に採り入れるかが、今後の大学経営の方向性になることは間違いあるまい。医師免許を頂点に保健系はその先頭を走っているが、他にも法学系（法曹資格）、心理・教育系（臨床心理士、教員免許）、家政系（管理栄養士）などが思い浮かぶところである。そのような背景がこの図表の図柄の変化に現れていることを読み取っていただきたい。

（２０２２年４月11日）

4―6　卒業者数と進路内訳に見る30年間の変化
～学校基本調査の分析から

前々回の連載（本書4―5所収）で、職業別就職者数の30年間の変化を学校基本調査のデータを見つつ考察した。せっかく学校基本調査のデータを使って考察したので、その続きを述べてみたい。今回は、大学（学士課程）に焦点を絞り、専門分野別卒業者数と進路別内訳を見てみることにした。

学士課程卒業後の進路については、大学院への「進学」、フルタイムの「就職」そして「その他」に大別される。その他には、医学部の卒業者のように臨床研修医がある程度まとまった数値として出てくるが、それ以外には無業者であるとか死亡・不詳者なども含まれる。今回の考察にあたっては、進学者と就職者の数の変化やその割合を分析の軸に据え作業を進めてみたい。比較の時点は、前々回の連載と同じく2021年と1991年である。

図表1　分野別卒業者の進路別人数の30年前との比較

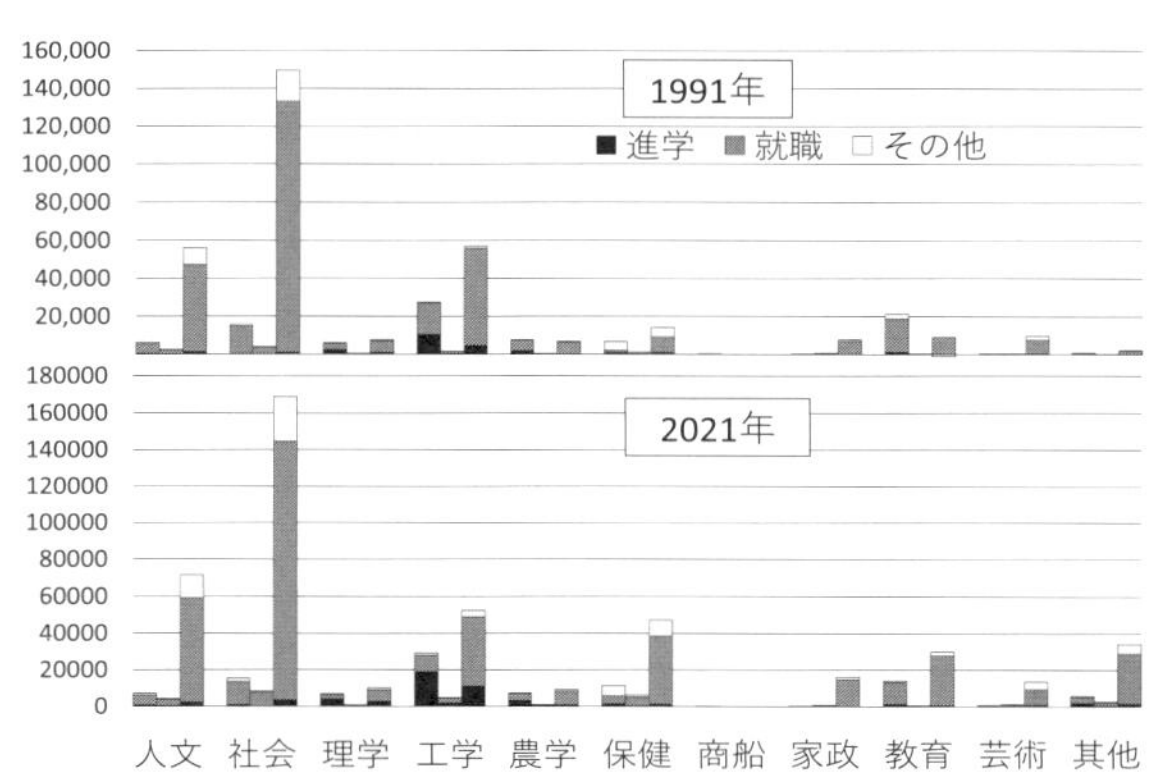

（出典）学校基本調査に基づく山本眞一作図

図表１を用意した。これは人文科学、社会科学に始まり、芸術、その他で終わる学校基本調査の分野別分類ごとに、進学者、就職者（その定義は前々回と同じ）、その他に分けて数値を整理し、積み上げ棒グラフで作図してある。各分野の棒グラフの左端は国立大学の卒業者、真ん中は公立大学、右端は私立大学である。上段には１９９１年データで作ったグラフ、下段には２０２１年データによるグラフを、それぞれ同じ順序、同じスケールで作って配置してある。

分野により大きく異なる卒業者数

一見して明らかなことは、専門分野によって卒業者数に大きなばらつきがあることである。中でも私立大学における社会科学分野の卒業者数とその中での就職者数の多さが突出している。この大きな数値を表現する必要があるので、進路の内訳として相対的に少ない大学院進学者数が、グラフでは見づらいことをご承知おきいただきたい。詳しい数値は図表２にまとめてあるので、そちらをご覧いただくことにしよう。なお、図表２の進学率は進学者数を分子に、進学者数と就職者数の和を分母に計算したパーセント値である。

明らかなことの第二には、それでも理学や工学の分野においては大学院進学率と進学者数が、この30年間に大きく増えていることである。図表２によると、理学分野では、進学率は国立大学で30年前の４割強から３分の２に、公立大学で３分の１から６割強に上昇し、私立大学においても30年前の15％から現在のように30％を超え、倍増の勢いである。工学分野においても同様の上昇が見られ、国立大学では３分の２を超え、私立大学でも２割を超えている。理工系分野では、少なくとも修士課程まで進んで専門的な職に就くというパターンが普及してきている。このことは、前々回の連載で触れた専門的職業の中での大学院修了者数の増加とも符合する。

なお、保健分野で大学院進学率が著しく低下しているのは、２００４年度から始まった新たな臨床研修医制度が関係しているものと思われる。これにより、診療に従事しようとする医師は、２年以上の臨床研修を受けることが義務化され、医学部新卒後にただちに大学院に進学する者の数が減少したものと考えられる。ちなみに医学や歯学分野の大学院は他の分野と異なり4年制の博士課程である。研究者養成機関としての大学院制度の見地からは、理学や工学を修めた上で研究者を目指す者のために、さまざまな調整が行われてきてはいるが、なお課題を残すものである。

著しい伸びの保健とその他

第三には、この30年間に保健分野の卒業者が激増したことである。これに寄与しているのは、看護

図表２　分野別大学院進学率（％）

		1991年	2021年
人文	国立	10.8	12.4
	公立	4.2	8.7
	私立	2.9	4.1
社会	国立	2.3	7.6
	公立	1.2	2.1
	私立	0.8	2.5
理学	国立	42.3	65.2
	公立	34.1	61.7
	私立	15.0	30.8
工学	国立	38.3	68.0
	公立	32.2	41.5
	私立	8.3	22.9
農学	国立	26.8	47.3
	公立	24.1	27.1
	私立	4.4	10.2
保健	国立	45.5	26.2
	公立	38.2	7.3
	私立	11.9	3.7
商船	国立	41.8	52.4
	公立		
	私立		
家政	国立	12.0	33.1
	公立	7.1	13.3
	私立	2.3	1.8
教育	国立	6.9	10.1
	公立	6.6	6.0
	私立	2.2	2.3
芸術	国立	59.6	42.3
	公立	32.2	26.6
	私立	5.7	9.9
其他	国立	12.7	35.9
	公立	14.8	19.3
	私立	3.9	5.1

（出典）図表１に同じ

学の分野であることは疑う余地がないが、実際に計算してみると、就職者数の増加割合は、国立大学で16倍、公立大学で57倍という驚きの数値であることが分かる。もちろんこれは看護師の需要がそれだけ増加したというよりも、従来は大学以外の場で養成していた人材が、大学教育に採り入れられ始めたからである。公立大学の数値が凄まじいのは、過去30年間に増えた公立大学の多くが、看護学の単科あるいは看護学を含む複合大学であることが要因であろう。**図表1**のグラフでは分かりづらいが、保健分野全体の就職者数の増加も、国立大学で４倍、公立大学で15倍、私立大学で５倍に増加しているのである。これに対して、医学分野では国による医師養成抑制政策によって、大して増えてはいないことに注目すべきではないだろうか。

第四に、その他の分野の増加も著しいことである。この30年間で、その他分野の就職者数は、国立大学で５倍、公立大学で18倍、私立大学で15倍に及んでいる。１９９０年代以降、大学・学部・学科の新増設が相次いでいるが、これらの多くがいわゆる四文字学部、八文字学部と呼ばれる新奇な名称を付け、教育内容も授業科目名を見る限り、学際的な香りがするものが多い。学校基本調査では「その他」の内訳として「教養学関係」、「総合科学関係」、「人文・社会科学関係」、「国際関係学関係」、「人間関係科学関係」の四つの具体的分野を用意しているが、それでもこの分野全体の４割しか分類し切れていない。残りの６割は「その他」の「その他」に組み込まざるを得ないのである。ありとあらゆる種類の学問が、大学教育として取り入れられた結果であろうから、このことを批判することはできないが、いずれ新たな基準を設けて、より単純明快な学問分類を試みるのもよいのではあるまいか。

改革が必要なのは人文・社会か

さて、いずれにしても、図表1を改めて眺めてみると、図表の左半分すなわち人文から農学までは、分野全体およびその中での国公私立の内訳も含めて、30年間という比較的長いスパンでもさほどの変化がないように見える。強いて言えば、大学院進学者とその比率が伸びたことであろうか。他方で図表の右半分すなわち保健からその他までの分野は、この30年間に大きな変化が起きたことを物語っている。卒業者の数で言えば、私立大学の割合がさらに増え、また保健分野に限れば公立大学の伸長も著しい。これらの分野は、その他の一部を除けばいずれも実学的な専門分野であり、公立大学は地域の期待に応えて、また私立大学は実学的分野の教育に特化することによって、来るべき18歳人口減少時代の生き残り策を模索しているかのようである。

実学が世の中の大きな趨勢であるとすれば、社会科学分野の多数の卒業者の将来、そしてこれから入学している学生の満足度に大学がどのように対応すべきか、いささか気になるところである。なぜなら、人文科学にせよ社会科学にせよ、学問を職業とする者以外にとっては、学びそのものを目的とした「虚学」の領域から抜け出すことが困難だからである。図表の右側の分野の伸長に目を奪われ過ぎることなく、左側の分野とくに社会科学の大きな集団のことを念頭に置く大学改革を本格的に考える時期が来ているのかも知れない。

（2022年5月9日）

4―7 「役に立つ教育」を巡る若干の論点
～人文学と人文科学

間近に迫る学生確保問題

毎年夏になると、大学関係者が気にする大きなことの一つに、次年度の入試とりわけ学生確保の問題がある。近年の18歳人口の減少はそのまま学生確保に影響し、さらにその先に更なる大幅減少見込みがあることも、大学界に暗雲をもたらしている。すでに定員割れを起こしている大学では経営の死活問題でもある。いずれ先々には根本的に解決しなければならない問題ではあるが、当座の処理を重ねて何とか先送りしてきた大学も、もはや２０４０年は無視できない近未来となりつつある。大学で働く教職員にとっても、自らの雇用問題として認識すべき現実問題である。

さらに、政策当局にとってはなおさらである。彼らの多くは2年程度の短いサイクルで人事異動を繰り返すから、どうしても視野がとりあえずの問題沈静化に向きがちであり、長期的な政策立案の余裕がない。それが証拠に、過去の政策のレビューを本格的に行うこと、すなわち自己批判的に過去の政策の誤りを見直し、より良い代替案を推進するインセンティブに乏しい。つまりＰＤＣＡサイクルによる検討結果ではなく、ほとんどがレビューなしの一発立ち上げ型である。官僚の無謬性がこれを邪魔しているという見解もあろうが、それとともに政策当局に政策科学的マインドが欠けていることが大きな原因ではないかと思う。

福澤の学問のすゝめ

学生確保に関ししばしば論じられる見解に、大学教育が本人や社会のために役立つことが必要であるというものがある。つまり、抽象的な「虚学」よりは、現実に即した「実学」を教えることによって、より多くの学生を確保するべきだという論である。それが何を意味するものかは、周囲の社会的環境や大学教育の位置づけによるので、一義的に決まるものではない。しかしながら、昔から「空理空論」や「学問のための学問」を批判する者は少なくない。例えば代表的な事例を挙げれば、福澤諭吉の有名な「学問のすゝめ」がある。明治５（１８７２）年に刊行されたその初篇によれば、福澤は「学問とは、唯むづかしき字を知り、解し難き古文を読み、和歌を楽しみ、詩を作るなど、世上に実のなき文学を云ふにあらず（中略）古来漢学者に所帯持の上手なる者も少く、和歌をよくして商売に巧者なる町人も稀なり」と批判し、そのためには「専ら勤むべきは人間普通日用に近き実学なり」として、文字の修得、手紙の文言、帳合の仕方、算盤の稽古、天秤の取扱などの基本的なことから、地理学、究理学（物理学）、歴史、経済学など当時は珍しかった新しい学問まで、これらを実学として学ぶべきだと説いている。

偶然かどうかは知らないが、この「学問のすゝめ」と同じ年に太政官から出され文部省布達となった「学制」の総則において、人々が「其身を修め知を開き才芸を長ずるは学にあらざれば能わず是れ学校の設あるゆゑんにして」と学校教育の意義を言い、他方で「詞章記誦の末に走り空理虚談の途に陥り其論高尚に似たりといへども之を身に行い事に施すこと能わざるもの少なからず」として空虚な学問を戒めている点は、福澤の論との類似性があって興味深い。

学問の相違と学生確保

但し、実学なら多くの学生を集め、虚学なら志願者が少ないかと言われれば、現状では必ずしもそうではない。図表は最新（２０２１年）の学校基本調査から大学（学部）入学者数と志願倍率を分野別・設置者別に整理したものである。倍率は分野毎に志願者数と入学者数の比率を表している。この表から読み取れることは、第一に私立に限って言えば、人文・社会科学など虚学の代表のような分野よりも、実学により近いと思われる理工系の方が倍率が高い。しかし同じく実学と目される家政や教育分野の倍率は、人文・社会科学に比べてむしろ低い。第二に、国立や公立は分野の別にかかわらず倍率に大きな違いはないが、私立については理工系が高いのに対して、それ以外の分野は相対的にではあるが、ある意味顕著に低い。第三に、倍率は私立が高く、公立、国立の順に低くなっている。これは国公立の人気が低いからではなく、

図表　分野別・設置者別大学入学者数と志願倍率（学校基本調査2021年）

	国立		公立		私立	
	入学者数	倍率	入学者数	倍率	入学者数	倍率
人　文	6,132	3.49	4,233	4.28	74,024	7.56
社　会	14,015	3.54	9,469	4.71	177,836	7.98
理　学	6,281	3.59	1,085	5.35	10,868	12.17
工　学	25,801	3.55	5,311	5.86	58,059	12.06
農　学	6,727	3.23	1,075	4.33	10,198	8.51
保　健	10,612	4.12	6,937	4.32	57,660	6.83
商　船	204	4.00				
家　政	292	4.05	600	4.12	16,424	4.12
教　育	13,842	3.21	598	4.92	31,133	4.95
芸　術	799	5.90	1,466	4.11	16,817	3.83
その他	13,451	3.43	3,193	4.63	41,898	7.04
計	98,156	3.54	33,967	4.72	494,917	7.82

私立の積極的な入試戦略と国公立に対する受験生や高等学校側の慎重な受験対策のゆえであろう。

以上のようなことを勘案すれば、実学と虚学との間に、志願者動向に影響を与えるほどの違いはないように見える。あるとすれば、それは分野の違いだけではなく、大学の有名度すなわち銘柄大学とそうでない大学、大学の立地すなわち都市部か地方か、就職に有利かどうかすなわち当該大学の過去の実績や将来への期待など、その提供する学問の有用性以外にさまざまな要因が絡んでいるからであろう。なお、私立の「その他」の分野の志願倍率は、人文・社会系と同程度に高いのは、この分類の含まれるさまざまなテーマ別に工夫された学部名、すなわち国際、人間、環境、教養あるいはそれ以外の新奇なキーワードで合成されたネーミングで、受験生の関心を呼んでいるからかも知れない。

「人文学」の背景に

さて、以上のような状況下ではあるが、人文・社会科学という学問にまつわる問題は、さまざまな局面で世間の関心を呼び、また政策立案の俎上に上って来た。一々を今列挙するには紙面が不足であるが、一つ注目しなければならないのは国の審議会の動きであろう。中央教育審議会の大学院部会が先頃、文系大学院の振興に関する報告を出したことは、この連載でも述べた。今回は、科学技術・学術審議会で「人文学・社会科学の学術研究の振興に係る事項について総合的に調査する」ために２０１９年度から活動している人文学・社会科学特別委員会の存在について触れるに止めておこう。この委員会名にある人文学云々は、米国等で使われている Humanities and Social Sciences の直訳であろう。先般、大学院改革の取りまとめ案を公表した中央教育審議会が「人文科学・社会科学」としているのとは対照をなしている。いうまでもなく、元々「科学」という日本語は「分科の学」であって学問の分類として使われ、現に帝国大学が１８７７年に設立された折、それが法・医・工・文・理の五つの分科大学と大学院で構成するとされたように、法科、医科などと使われていた。今日でも医学部や病院が内科、外科などと分類され、また動植物の分類にも「科」が登場するのはそのためである。

他方、Science に科学の字を当てはめるようになって、科学には分科の学とは別の意味合いを持つようになった。これはヨーロッパの大学や学問の歴史にも関わるもので、科学は哲学や技術などとは別物という認識が広く共有されてきた。今でもヨーロッパの国々で工学部を持たない大学があり、その代わり工科大学や工業専門学校が別途置かれているのは両者の差異が隠然として存在することを示している。もっとも、私がつい20年ほど前にパリで関わったＵＮＥＳＣＯの改革論議では、Human Science という用語が公的に使われていたのであるが。

いささか筆が滑った感があるが、人文科学という分野をどう呼称するかは、学問分野間の評価とも関わるいささか重要な問題である。役に立つ学問については、その他学問の自由に関わる憲法論議や、大学というシステムの社会的機能など重要論点がいくつもあるので、回を改めて順次論じていくつもりである。

（２０２２年７月25日）

4―8　大学の役割の今後～専門・職業教育をどう生かすか

戦後一本化された大学制度

私学における入学定員割れ校が5割を超え、また短期大学の募集停止記事が散見されるこの頃、大学の役割をこれまで以上真剣に考えなければならない新たなステージに到達したことを感じる。周知の通り、現行の学校教育法によれば、大学とは「学術の中心として、広く知識を授けるとともに、深く専門の学芸を教授研究し、知的、道徳的及び応用的能力を展開させることを目的とする」（同法83条）とあるように、教養教育と専門教育を基盤として、高等教育レベルの高い教育・研究活動行い、そして社会に貢献すべきものとして位置づけられている。この規定は、条文の置かれた場所こそ制定時と変わってはいるが、内容的には制定当時から変わらないものである。すなわち、戦前の旧制度においては中等教育や高等教育において、役割・機能の異なる複数の学校種が存在していたものを、いわゆる単線型システムに再編成したのが戦後教育改革の大きな柱であり、基本的には今もこれが維持されているのである。したがって、現在あるすべての大学はこの規定に沿って設置・運用されなければならない。だがしかし、進学率が上昇し過半の若者が大学に進むようになった今日、後述するようにさまざまなひずみがこの制度に生じている。

戦前の高等教育システムはさまざまな設計変更を経つつ発展してきたが、制度が安定した大正期以降においては、大学と専門学校その他の高等教育機関に大別され、両者の目的は異なっていた。すなわち大学については「国家ニ須要ナル学術ノ理論及応用ヲ教授シ並其ノ蘊奥ヲ攻究スルヲ以テ目的トシ兼テ人格ノ陶冶及国家思想ノ涵養ニ留意スヘキモノ」（大学令1条）、専門学校については「高等ノ学術技芸ヲ教授スル学校」（専門学校令1条）とされていた。また国立の専門学校の多くが、商学、工学、農学、医学、そして教員養成（師範学校の専門学校同等への昇格）であり、これらが広く各地方に置かれて、それぞれの分野・地域のニーズに応じる実務的な人材養成の目的をもっていたことが窺える。それらが戦後の新制大学に移行し現在に至っているので、国立大学の専門領域が工学、医学、教育学に多いのはその歴史的経緯のゆえである。

実学重視は戦前から

我が国の近代化の中で、教育が個人や社会に役立つものであるべき、との考え方は当初からあって、例えば１８７２（明治５）年の学制や福澤諭吉の「学問のすゝめ」にも現れている。福澤は「学問とは、唯むづかしき字を知り、解し難き古文を読み、（中略）世上に実のなき文学を云ふにあらず。（中略）専ら勤しむべきは人間普通日用に近き実学なり」として、いろは47文字を習い、帳合の仕方、算盤の稽古などから始まり、進んでは地理学、究理学（物理学）、歴史学、経済学などの実学を学ぶべきと主張している。また、１８８６年の帝国大学の設置に際しては、法・医・工・文・理の五つの分科大学を置くこととされたが、前三つの学問が実学的要素の強いものであることが象徴的である。但し、その後のアカデミズムの発展の中で、帝国大学を始め官立の大学が学術研究機関としての性格を増し、さらに国家発展に必要な人材養成という役割が、国民の側からは立身出世の階段という理解につながった。つまり大学の人材選抜機関としての側面が大きな社会的関心となり、やがては「受験地獄」という現象を生み出し、戦後につながってしまったことは、読者の皆さんにも周知のことであろう。また、帝国大学を頂点とし、官公立大学・私立大学・専門学校など各種の高等教育機関の序列化が進んだのも、すでに戦前からの現象であり、これもまた戦後に引き継がれたのであった。

さて、戦後も４分の３世紀を経過し、高等教育を巡る諸環境は大きく変わった。その大きな流れを作った要因は、経済・社会の変化だけにあるのではなく、何と言っても18歳人口の減少である。これによって大学入試を巡る大学と受験生との力関係が多くの大学で逆転し、大学による「入学者選抜」から受験生による「大学選び」に変わった。その変化に目をつぶって受験競争を煽るのは、大学進学実績をウリにする高校や事業を失いたくない受験産業か、あるいは一部の難関大学・学部受験をさも人生の重要イベントだと誇張する評論家や業者くらいであろう。実際には一部のケースを除いて、大学入学者選抜は著しく易化しており、中堅以下の大学ではこのことはもはや教学経営の常識である。これが大学生の学力低下を招くばかりではなく、高校生の受験勉強熱にも影響し、全体として若者の学力不振につながるのは当然である。文科省当局もこのことを大いに憂慮し、そのために２０００年以降さまざまな教学改革政策を打ち出しているものと思われる。認証評価の創設、高大接続の強化、大学入試制度の監理、教学経営における三つのポリシーなどはその典型であろう。しかしそれにもかかわらず、個別具体の入学者選抜プロセスにおいて、果たしてアドミッション・ポリシーやカリキュラム・ポリシーは十分に機能しているのであろうか？　私はこのことに大いなる危惧を覚えるものである。

分野による違いが明らかに

読者の皆さんの参考に供するために、図表を作成してみた。最新（２０２２年）の学校基本調査公表データから得られる分野別の卒業生進路状況である。各分野の一番左端の区分は大学院等への進学者、次の区分は専門・技術的職業に就いた者であり、以下、学校基本調査の分類に従って事務職、販売職、その他と続く。極めて単純化することが許されるなら、大学院進学と専門・技術的職業への就職は、それぞれの専門分野の教育の結果と考えられ、学術研究機関かつ人材養成機関という大学の目的に沿ったものであろう。それに比べて、事務職、販売職、その他については、受けた専門教育とは関係なく就職した学生が多いものと推測される。事務の専門性、販売の専門性というのは、大学教員による教育・訓練よりも、就職後のＯＪＴの方が実際的であることを思い浮かべてほしい。

この図表のグラフは２０２２年卒業のおよそ60万人の学生の進路を示すもので、進学者・就職者全体

図表　大学（学部）卒業者の進学および職業別進路（2022年学校基本調査より）

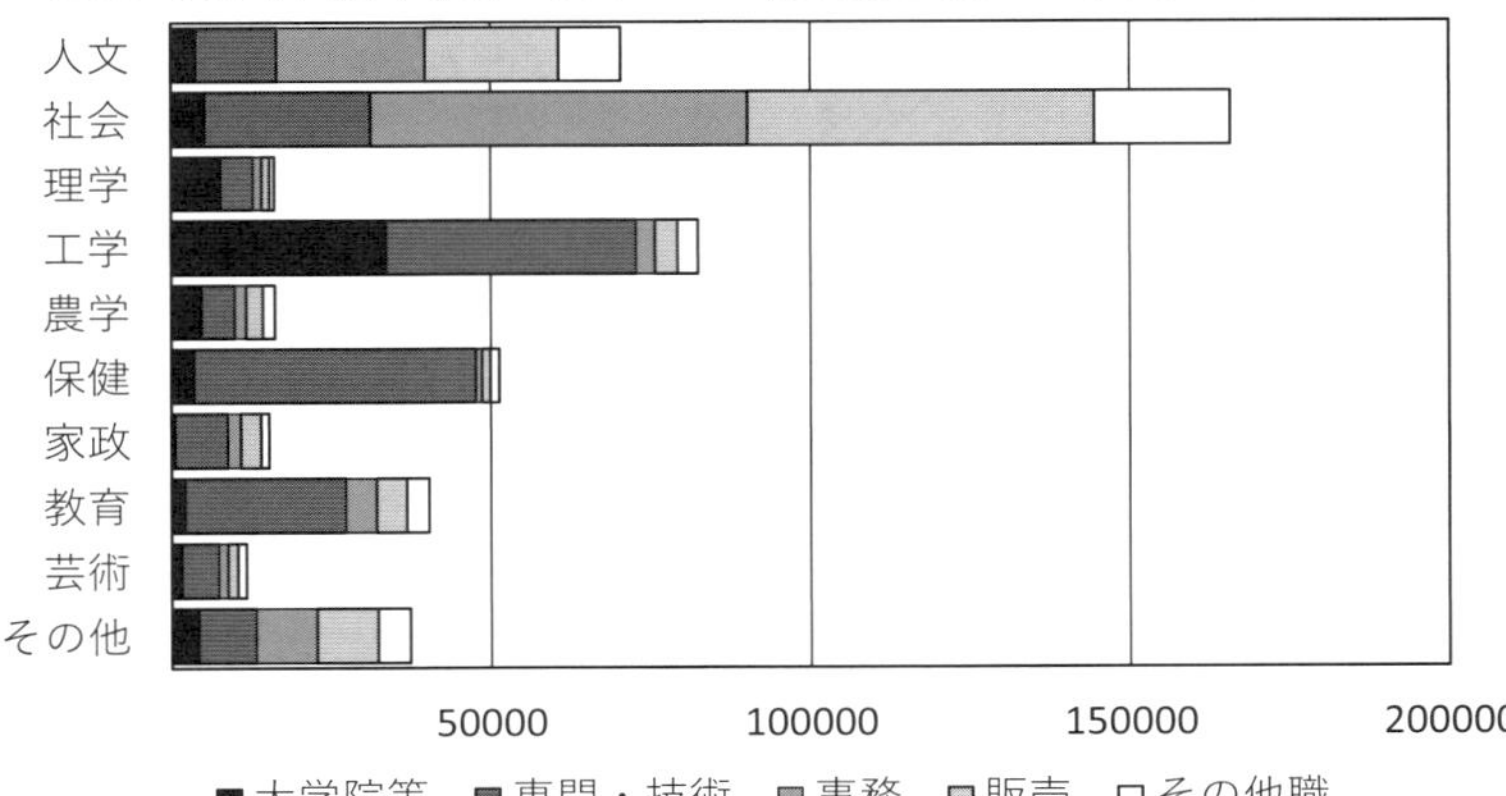

（出典）標記統計データに基づく山本眞一作図

の41・9％の学生が大学院進学と専門・技術的職業就職者である。多少乱暴な結論づけであることを承知で言えば、教養教育の効果は別として、4割強の学生が大学教育の成果を就職に役立てているに過ぎない。但し、残りの6割の大多数は、グラフで明らかなように人文・社会科学の分野の卒業生である。もしも大学教育改革をこのことと結びつけるなら、人文・社会科学とそれ以外の分野とでは改革の必要性がまるで異なるものであろう。

戦後の新制大学は、長い時間をかけて、高等専門学校、短期大学、専門学校、専門職大学など緩やかな分化を経験してきている。今後は人文・社会科学すなわち文科系の学生に対する本格的な職業教育の在り方や可能性について、大いに議論する必要があると思われる。大学の機能分化には厳しい批判もあることは承知であるが、一律の規制をかけるだけでは学術研究機関としての役割を果たすべき限られた数の大学にとっても、多くの学生のニーズを満たすことが求められている少なからざる大学にとっても幸福な状況とは言えまい。大学という名に拘ることなく、それぞれの高等教育機関の個性的発展を目指すべきだと思うが、いかがであろうか。

（2023年10月23日）

第5章

デジタル社会と大学

５―１　デジタル社会と高等教育～メキシコ国際会議に出て

会議のテーマはデジタル

先月メキシコシティーで３日間にわたって開催されたＨＥＲ２０１９（高等教育改革に関する国際会議）に出席した。この会議は、２００３年にカナダ・ブリティッシュコロンビア大学のハンス・シュッツェ教授とアイルランドのダブリン・シティー大学副学長のマリア・スロウェイ教授ら（いずれも肩書きは当時）によって始められた。その後世界各地で開催を重ね、一昨年の広島、昨年のボルチモアでの会議を経て、今回のメキシコシティーで16回目を数える。私はこの会議の当初から国際アドバイザリー委員会の一員で、会議の企画や開催場所等の調整に関わってきた。この会議は以前（本誌第４２２号（２０１７年10月23日）、第４４６号（２０１８年10月22日）掲載記事など）にも書いたとおり、研究者個人の人的ネットワークと経費負担によって成り立っており、主宰機関があるとしてもその負担はきわめて小さいことが特長であり、かつこのことが長続きの秘訣なのである。

今回の会議のテーマは「デジタル社会と高等教育：政策への影響と結果」であり、これを敷衍すれば、「公共政策や各機関の経営と改革に焦点を当てつつ、デジタル社会へ移行しつつある高等教育のさまざまな現象について、理論的かつ実証的な議論を行うこと」を目的としている。具体的な話題として、我々が掲げたものの中には、ビッグデータ、シミュレーション、機械学習など研究のための新たな資源や形態、ＭＯＯＣｓなどのオープン・アクセス高等教育への対応、伝統的アカデミックジャーナルや論集などに代わる研究活動の新たな方向、インパクト・ファクターなど研究評価の新たなシステム、オンラインで開かれたプログラムにおける情報・コミュニケーション技術の利用に関する政策・方針、デジタル化された高等教育機関におけるガバナンスのあり方（理事会、教員その他利害関係者とのコミュニケーション）、論文盗用、捏造や他の不正行為の防止策や監視・制裁方法、などさまざまなものがあった。また、実際の会議においては、５つの基調講演、３つのパネル・ディスカッション、34の個別研究の計42本の発表が行われた。その内訳は大別して、デジタル社会における高等教育のあり方に関するもの15本、デジタル社会における高等教育政策や大学経営に関するもの13本、さらにはＭＯＯＣｓを含むオープン・アクセス高等教育の諸課題に関するもの14本であった。

基調講演中の筆者。背景のスクリーン（大）に英語～スペイン語の自動翻訳文が出る。

翻訳ソフトの進歩に驚く

メキシコではスペイン語が使われているため、全体の３分の２ほどの発表はスペイン語で行われ、これを知らぬ者にとって理解が可能であるか心配であったが、理解を大いに助けてくれたのは、写真にあるように壇上後方の大きなスクリーンに映された同時翻訳ソフトによる機械翻訳文である。これにより、写真では甚だ不鮮明で恐縮ではあるが、英語からスペイン語、スペイン語から英語へと、映画の字幕を見るように、発表者の発言が逐一スクリーンに映し出されていく。きっと私の拙い英語はもうすこしマシなスペイン語に翻訳されていたのかも知れない。私はこの方面に明るくないので、これまであまり実感がなかったが、これもＡＩの進歩の成果なのであろう。ちなみに会場担当者にそのソフトを教えてもらって、私のスマートフォンにも入れてみたが、例えば日本語を口頭で入力すると、それがただちに英語に翻訳され、文章だけではなく人の声に比べて遜色ない音声言語として返ってくるのには驚いた。予想以上にその技術は進んでいるというのが、素人の私の印象である。まさにデジタル時代はすぐそこまで来ている。

さて私は５人の基調講演者の一人として「デジタル時代の日本の高等教育」と題する発表を行った。写真はその折のものである。「５分間で話す日本史」という話題をまず提起して、古くから日本では外国からの文物を通じて学ぶことに熱心であったこと、16世紀から17世紀初頭にかけては、我が国もグローバル化の波に襲われていたこと(支倉常長のメキシコ渡航に触れた)、それは鎖国時代にも続き、蓄積されたさまざまな知識や文化遺産は、明治の近代高等教育の創設の基盤となったことを話した。

デジタル対応の高等教育改革

続いて、現在の高等教育改革の状況に話題を移し、２０１８年の中教審「グランドデザイン答申」を例にとって、Society5.0 時代に大学はどのようにこれに対応しなければならないかに触れた。ＡＩ、ビッグデータ、ＩｏＴ、ロボティックスなどがここでも話題になっていることを紹介した。その上で、私自身の考えとして、教育においても研究においても、例えばＡＩについては、これをどのように教えるか、あるいは研究するかという Teaching on, Research on の次元、これをどのように用いて教育するか、あるいは研究するかという Teaching with, Research with の次元、さらにこれによってどのような教育が行われるか、あるいは研究が行われるかという Teaching by, Research by の次元の三つに分けて考えてはどうかという問題を提起したのであった。これをまとめると図表のようになる。

ちなみに、中教審のグランドデザイン答申では、Society5.0という大きな社会変化の中で「資本集約型・労働集約型経済から、知識集約型経済へと移行する中で、現時点では想像もつかない仕事に従事していくことも予想され、幅広い知識を基に、新しいアイデアや構想を生み出せる力が強みとなる。」として、大学にもそれらへの対応を促している。とくに注目すべきは、2008年の中教審答申が掲げたいわゆる「学士力」を基礎とし、その上に「数理・データサイエンス等の基礎的な素養を持ち、正しく大量のデータを扱い、新たな価値を創造する能力が必要となってくる。基礎及び応用科学はもとより、特にその成果を開発に結び付ける学問分野においては、数理・データサイエンス等を基盤的リテラシーと捉え、文理を越えて共通に身に付けていくことが重要である」としている点である。グローバル化社会には英語が重要として、話すを含めて英語の四つの技

図表　AIと高等教育の3つの次元

次　元	教　育	研　究
On	AIについて教える。AIとは何か。AIとどのように共存するかなど。	AIについて研究する。AIと人間との関係。AI兵器研究など倫理問題も。
With	新たな機器や方法の応用。時空の制約の克服。とくに教室という授業形態や図書館などへの影響。	研究方法の進歩。情報の蓄積や検索、分析手法などは大きく変化。研究条件の格差縮小？
By	AIによる教育。教員の役割の変化。現在のキャンパスやカリキュラムへの影響。	AIによる論文執筆が実現すれば、倫理問題、研究不正の恐れ。

（出典）山本眞一のオリジナル

能の習得に関心が集っているようだが、先ほどの機械翻訳の進歩などＡＩによって人々の外国語運用能力格差は、実は予想以上に早く縮小するかも知れない。人間を機械のように見立てて実用に偏した英語訓練を行うよりも、いつの時代にも通用するような語学教育そして何よりも数理に関する基礎的能力を学生に身につけさせることの方が、人間としての学生の能力開発には役立つように思えてならないのである。

なお、会議ではＭＯＯＣｓを始め高等教育の新たな動きを扱う研究発表が多いような印象であった。我が国でもこのことは無視できないし、リカレント教育の実質はこのようなデジタルをベースとしたシステムによって担保されるようになるかも知れない。そのためには、入試という入口ではなく学位という出口で高等教育が評価される必要があるのは言うまでもないことであろう。

（２０１９年10月14日）

5―2　遠隔授業と大学～コロナウイルス問題を契機に

どうする新年度の学事日程

新型コロナウイルス感染症の広がりは、教育界にも大きな影響を及ぼしつつある。昨年（2019）度末の3月、大学はすでに授業期間が過ぎていたので、小・中・高等学校のような一斉臨時休校などの措置は取られなかったと思うが、卒業式や学位授与式を中止または縮小した学校が多かった。研究会・講演会の類は次々と延期や中止に追い込まれ、また春季休業期間を利用して行うはずだったFD・SDなどの研修会も中止となった。さらに学生にとって楽しみの一つであろう海外への卒業旅行も思い止まった者が多いと推測されるが、中には強行した挙句に感染し、大騒ぎになった者がいると聞く。感染症の世界的広がりがいかに深刻かが思いやられる事態である。

しかし新年度になって大学も、入学式や授業その他の学事日程をどのように進めていくのか、それらへの対処が迫られるようになってきた。緊急事態宣言が出された都府県は言うに及ばず、その他の地域でもこれらの日程を後送りあるいは大幅に簡素化して実施するなど、すでに大きな影響がある。授業実施は大学として最重要の義務であるが、感染症にも対応する必要がある。そこで問題を切り抜ける切り札の一つに挙げられているのが、講義や演習など通常の面接授業に代えて、遠隔授業によって教育を行うことなのである。

その遠隔授業というのは、そもそもDistance Educationの和訳である遠隔教育からきており、周密な人口を抱え多くの大学が立地する我が国では、あまりなじみのない概念であった。しかし、昔から我が国には通信教育と呼ばれるものがあって、通学制の大学に通う機会の乏しい学生のための教育機会として存在していた。私が教務課長として立ち上げ時の放送大学に勤務する直前の１９８０年には、通信教育を行う大学は放送大学以外に12校、短大は９校あって、学生数はそれぞれ10万２千人と８万７千人を数えていた。２０１８年現在では、大学が放送大学を含めて44校、短大が11校で、学生数はそれぞれ20万９千人と２万１千人、それに後年制度化された大学院が27校で約８千人が在籍している。通学制の大学に比べると学生数は少ないが、さまざまな年齢層の需要に合った教育をしているという点で、我が国の高等教育にとって欠かせない学校となっている。

通信教育における授業の方法は、①印刷教材その他これに準ずる教材を送付若しくは指定し、主としてこれにより学修させるもの、②主として放送その他これに準ずるものの視聴により学修させるもの、③通常の講義、演習、実験、実習若しくは実技による面接授業、④面接授業を、多様なメディアを高度に利用して、当該授業を行う教室等以外の場所で履修させるもの、のいずれか又はこれらの併用によって行うことが定められている（大学通信教育設置基準３条）。

通学制大学と遠隔授業

もちろん、今回コロナウイルス感染症対策として話題に上っている遠隔授業は、通信教育制度を採用するというものではなく、多くの学生が利用する通学制の大学における面接授業の代わりになる授業方法としてのことである。もともとは通学制の大学には遠隔授業は認められていなかった。当時の大学設置基準では「授業は、講義、演習、実験、実習若しくは実技のいずれかにより、又はこれらの併用により行うものとする」というきわめてシンプルな規定が置かれていた。そこに1998年度から同時かつ双方向のもの（衛星通信、テレビ会議システムなど）が付け加わり、その後インターネットなどの普及に伴う措置が加わって、現在の大学設置基準第25条の規定になっている。通信教育においても前述のように同様の措置がなされているが、印刷教材や放送による授業が認められている点において通信教育の方が選択の幅が広い。それでも通学制の大学でのメディア利用は拡大を見せており、文科省の調査によれば多様なメディアを利用した遠隔授業の実施は、2016年度には1195校（大学全体の約4分の1）で、年々増加の傾向にある。

今回、3月24日付けて大学等に発出された文科省高等教育局長通知「令和2年度における大学等の授業の開始等について」によれば、学生の学修機会の確保と感染リスクの低減の観点から、「いわゆる面接授業に代えて、遠隔授業を行うことが考えられる」として、テレビ会議システム等を利用した同時双方向型の遠隔授業と、オンライン教材を用いたオンデマンド型の遠隔授業を挙げている。そのそれぞれについて、通知ではさらに詳細に内容を説明しているが、それについては紙面の都合もあるので省こう。その代わり私自身の経験を述べるとすれば、同時双方向型については、授業ではないがかつて筑波大学大学研究センターで幾度か主催した大学経営人材養成のための短期集中公開研究会があり、これを幾つかの大学と衛星回線で結び、研究会の内容を同時共有し、議論を交換したことがある。2000年代始めのこの頃は、専用設備や専用回線が必要で、経費的にも技術的にも大変な思いであったが、時間の共有だけではなく、ある程度空間の共有感も持てて、それなりに有効であった。

双方向型とオンデマンド型

時代は下ってつい先月末に東京で、大学マネジメントに関する研究会が行われた折に、地方から講演者・パネリストとして参加予定であった２人の学長が、今回のコロナ問題で参加できないことになり、急遽パソコンとインターネットを使って、画面をスクリーンに映しながら、会場に集まった参加者との対話ということになった。私の印象では、画像や音声は十分実用に耐え、臨場感もあって、汎用機器・回線の進歩がいかに急速であるかを知った。

オンデマンド型の遠隔授業については、今回の通知にも触れられているＭＯＯＣ（大規模公開オンライン講義）の一つであるＪＭＯＯＣで、「大学というものを考える」という講義を桜美林大学の同僚教員と一緒にしたことがある。全体で４週間分の教材があり、私が担当した第一週分は一回６枚のパワーポイント・スライドを５回分作ることになるので、30枚、そして第四週の最後の一日分としてさらに6枚が必要となり、合計36枚のスライドを作成し、それに合わせた説明文も書いた。このようにして、しっかりと準備をして開講したが、学生とのつながりというものは、会議システムを使う場合に比べると手薄であり、やっとその実感がつかめたのは受講者の中から希望者を対象に「反転授業」と称する面接による講義を実施してからであった。しかし、こちらの方法だと、受講者はキャンパスという空間的な制約だけではなく、受講のための時間の制約からもかなり自由になれるので、受講者の都合を考えれば双方向の講義に比べ大きなメリットがある。

考えるに、我が国の大学はこれまで18歳～22歳の若者に対し、決められた場所（キャンパス）で決められた時間（時間割）に授業を行い、従って一斉に入学者を受け入れ、一斉に学位を授与することに余りにも慣れてきた。場所と時間の制約を除去することは、教育効果の上で問題があるかのような意識に支配され過ぎてきたのかも知れない。今回のようなコロナ問題を契機に遠隔授業が議論されていることは、災厄への対応という意味ではきわめて不幸でかつ対症療法的なことかも知れない。しかし、長い目で見た場合、場所と時間の制約から大学教育を解き放つことは、大学教育に新たな展望を見出す契機となるのではないか。但し問題も多い。教育効果というそもそも論はもちろんであるが、4月6日付の日経新聞記事を見ると、全国の大学中２２０校は遠隔授業に未経験で設備が不足しているとか、一般的な大学の学生の約2割は自宅にＷｉ－Ｆｉなどの高速ネット環境がないと文科省が推計しているとあった。また、大学だけではなく、企業等のテレワークが急速に需要を増している中で、システムの安全性やインターネット回線の容量の問題もあるらしい。素人の私がこのことを論評するには知識不足であるゆえ、この問題に詳しい読者のさらなるお教えをいただきたいと思っている。

（2020年4月27日）

５—３　アフター・コロナの高等教育
～ネット授業拡大を前提として

コロナ問題拡大の中で

新型コロナウィルス感染症の問題は、２０００年5月下旬に入ってもなお我が国社会に大きな影響を与え続けている。新たな感染者数自体はかなり減少し、また全都道府県を対象に出されていた非常事態宣言も順次解除されて、ようやく5月25日には最後まで残っていた首都圏の４都県についても解除が宣言された。しかし、世界的にはまだまだ感染は拡大の傾向にあり、この後も第二波、第三波の感染到来を指摘する専門家も多く、人々は固唾をのんで事態の推移を見守っている。このコロナ問題は、経済活動の根本であるヒト・モノ・カネの動きを縮小させ、実体経済にも大きな打撃を与えてしまった。今後の各種経済指標の大幅悪化が懸念されるが、同時にこの大きなショックは、おそらく元通りの形での経済の回復が見込めないほど、奥深くかつ大規模なものになるかも知れない。厚生労働省省が「新しい生き方」と主張していることは、単なる感染防止のための心構えに留まらず、彼らが言うテレワーク、時差通勤、オンライン会議などのこれまでとは異なる働き方も加わって、Society5.0を見据えた新たな環境の中で、やがては経済活動そのものの態様にも大きな変化をもたらす可能性がある。

大学に限っても、新年度２か月間の活動停滞は非常に深刻である。授業時間数確保の関係もあってか、多くの大学では緊急対応として授業のオンライン化を図ってきているが、現状はまさに試行錯誤の連続であり、これが従来の講義・演習・実習の対面授業に全面的に代わりうるものか否かは、まったく未知数である。大学の高い授業料は、友人とのキャンパスライフや教室での活発な授業、図書館の自由な利用など、多種多様な学生生活を送るための対価であろうし、通信課程のような形でよいのであれば、授業料はもっと安価であるべきだと、多くの人は思うのではないか。

高額授業料はオンラインに見合わず

これに関して5月24日付けの朝日新聞に興味深い記事があった。世界中から多数の学生を集めてきた米英の大学が、新型コロナウィルスの感染拡大で大きく揺れているとのことだ。「年７５０万円もの授業料はオンライン授業のためではない」、「入学激減か、大学経営難に直結」などの見出しが躍っている。「オンライン授業を受けに米国に留学しているわけではない」、「授業のディスカッションの質は落ちた」などと留学生が主張しているそうだが、授業料の減額を大学側に要求しても認められなかったと記事では書かれていた。このような問題の構造は、英米ほどではないにせよ多数の留学生を受け入れている我が国の高等教育機関にとっても同じである。また日本人学生についても同様であろう。

教員の研究活動に関しても、さまざまな問題が生じているのではないかと心配している。実験を伴うことの多い理系や医系での問題はさらに深刻であろうが、私がこれまで過ごしてきた文系の分野においても影響は大きい。文系研究者にとって重要な研究ツールである図書館利用や海外調査について、これまでにない大きな制約がかかっている。また、例えば5月下旬に開催予定であった日本高等教育学会の大会が中止となった。多くの高等教育研究者が会員になっている日本比較教育学会の7月の大会も中止になったそうだ。これらの大会は、大学院生や若手研究者にとって貴重な研究発表の場となっていることから、彼らに与える影響には大きいものがあると考えられる。

オンラインにはメリットも

さてこれらの問題は、従来の大学教育の方法と比べて違和感の大きいものであろうが、観点を変えてオンライン授業のような現状を是とするならば、また違った展望が開けてくるかも知れない。確かに、試行錯誤状況にある今のオンライン授業の質的向上は、これからの重要な課題であろうが、同時にこのような形態で行う授業の利便を味わった者が、この利便をコロナ以後の平常時にも適用したいと考えるのも不自然ではない。オンラインと言っても、お互いの顔を見ながら同時双方向で行う場合と、ＭＯＯＣなどのようにあらかじめ作成された授業教材をオンデマンドで視聴する場合とでは異なるが、少なくともキャンパスに通わなくても済む、という点では大きなメリットがある。仮に大学が東京にあるという場合でも、学生は必ずしも首都圏に居住することを要せず、全国どこからでもアクセスできるということは大きな魅力である。さらにこれを拡張すれば、世界の各国からも渡日することなく授業にアクセスすることができる。過日、米国の大学がアジアのへき地に居る優秀な学生をＭＯＯＣによって見出し、これがその学生に大きなチャンスをもたらしたという話を読んだ記憶があるが、地理的・空間的制約を克服した大学教育システムには大きな可能性があるだろう。

オンデマンドであれば、さらに時間的制約も克服できることが大きなメリットである。とくに仕事をしながら勉強をしようと考えている社会人学生にとって、学べる時間を自由に選べるのはありがたいことであろう。私自身は、今のオンラインではなく通常の夜間授業の経験しかないが、優秀な社会人学生であればあるほど、夕方に仕事を切り上げて18時台にキャンパスに出向くことがいかに困難であるかは、よく知っている。その意味で、これはリカレント教育の普及のためのすテクニカルな障害の克服に役立つに違いない。

制度設計の検討を

もっとも良いことばかりが起こるとは限らない。例えば現在は大学設置基準で専門分野ごとに専任教員数の下限が厳しく定められている。しかし、一人の教員で教授可能な人数が教室での授業よりも多数になっても可能であるとすれば、人員減による人件費の削減が課題の多くの大学にとって、経営上の大きな魅力だと映るのではないか。実際、優れた一人の教員が多数の学生に教えるのと、多数の普通の教員が少人数教育を施すのとどちらが良いかについては、意見の分かれるところではあるが、私自身が受けた法学部の授業では数百人の学生が一度に大教室での講義を受けることが常態で、それでも特段の差支えがあるとは聞いたことがなかったところからみて、前者もやり方次第では大きな効果を上げることができるのではないか。

校舎・校地面積や図書館その他の施設設備についても同様である。むしろネット空間にバーチャルに広がるキャンパスにおいては、そのネット上にどのようなインフラが組み込まれているのかが重要である。例えば図書館に行く代わりにそのネットで図書が自由に検索でき、かつ中身が読めるようになれば、小さな大学の学生やそこに勤務する教員にとって大きな朗報である。人的交流が必要ならば、むしろサテライト的なミニ・キャンパスを各地に設けて、あるいは複数の大学によって共同運営するような施設ができればますます大学教育は身近になるに違いない。もちろん実験・実習を伴う専門分野においては、キャンパス内での作業が必要であろうから、一律に論じることはできないのは当然のことである。

これらのシステムを設計するには、現在なお制度的な障碍も大きい。どのような制度改正が必要か、それによってどのような利害得失があるのかについて、急ぎ検討を始めることが必要だ。多くの大学が熱心な短期外国留学（旅行）は、渡航の障害が続くにつれてネット空間での現地校への外注化が進むかも知れないし、漫然と事態の推移を見過ごせば、世界の有力大学が国境のない情報空間から我が国の学生市場になだれ込んでくるかも知れない。居ながらにして、世界の有力大学の学位が取得できるようになれば、我が国の大学には一大脅威である。９月入学の果てしない議論の前に、ネット授業の普及に伴う近未来の高等教育の在り方を考えるのが先決だと、私は強く思う。

（2020年6月8日）

5－4　遠隔授業システムがもたらすもの
～コロナ禍の大学の現状から

遠隔授業中心への懸念

２０２０年9月に入った。本来なら大学は夏季休業中であり、また月末頃からは秋学期に入るはずの時期である。しかし今年はコロナ問題で学事日程が狂うのは言うにおよばず、授業もとりあえずはネットによる遠隔授業で凌いでいるものの、払った授業料に見合う面接授業を求める声があり、他方でネット活用によるメリットを認めこれを進化させるべきとの意見もある中で、事態は依然として混沌の状態である。また、7月以来再び感染者数が増加し、コロナ感染の第二波がやってきたと言われる中で、国全体としては経済の活性化と感染防止との二律背反問題があり、大学についても面接授業で学生サービスを充実させたい一方で、学生や教職員のコロナ感染を防止しなければならないという厄介な問題が、未だに決着しない。私は、コロナ問題と大学との関係について、今年4月から二度この連載に書いている。それらの繰り返しを書くつもりはないが、状況は日々変化をしてきていること、また遠隔教育システムの充実はこれからの大学にとって重要な課題であることから、アップデートを兼ねて三たびこの問題に触れることとしたい。

8月27日付けの日本経済新聞は、その一面トップ記事で「世界の大学『封鎖』解けず、秋も遠隔中心、質低下に懸念」という見出しで、コロナ問題が世界中の大学に影響を与えていることを報じた。記事によれば、例えば米国では3千校の大学のうち、秋学期を完全遠隔か遠隔中心にする大学は

９７０校（約3分の１）、完全な対面は73校、対面中心は５７８校、遠隔と対面半々は４５７校、その他・未定が８８０校と書かれている。このような状況はヨーロッパや東南アジアでも起きており「教育効果が損なわれれば多様な人材が育たず、将来的な国の経済力の低下につながる可能性」があるとしている。また国内大学も遠隔授業が続き、学生の心のケア、就活支援などが課題であるとのことであった。

面接授業の実施は増加中

国内の大学における授業の実施状況については、文科省が何度か調査をしてきている。図表は、これまで3回調査をして公表されているデータから、大学の授業方法について、遠隔授業だけでの実施か、面接授業だけか、あるいは両者の併用か、という調査項目を日付順に追って、国公私立大学（短大を含む）別にその比率をまとめたものである。これによると、当初ほとんどの大学で遠隔授業だけであったのが、やがて面接授業や両者の併用をする大学の比率が増え、とくに国立よりも公私立大学にその傾向が強いことが分かる。また面接授業のみで授業を行う大学もやや増え、公私立大学ではその比率が相対的に高い。小規模校の多い公私立ならではの環境が影響しているのかも知れない。

このうち7月1日現在での調査によると、すべての大学（短大を含む１０１２校）で授業は実施しているものの、その実施方法としては、学生を通学させて面接授業を行っている大学は、私立では2割近くあるが、国公立では少なく（国立1校、公立８校）、残りは面接・遠隔の併用（約６割）または遠隔だけで授業を行っている。この遠隔だけで授業を行っている大学で、一部の授業だけでも面接授業を開始するとしている学校は約３割で、残りは8月中若しくは9月以後又は検討中の大学である。

また、全面的に面接授業を開始することについては、現在面接授業を行っている大学についても約6割が検討中で、なかなかすぐには全面再開とはいかないようである。さらに、学内の施設・設備の利用可否については、一切禁止の大学は1割未満で少数であるが、施設の利用を全面的に可としている大学も約1割と少なく、残りの多数の大学では授業の場合のみ認めるか、授業以外にも一部利用を認めているに過ぎない。学生が大学に通えないという不満・不安はこのような実態にも関係あるのだろう。

図表　大学における授業の実施状況

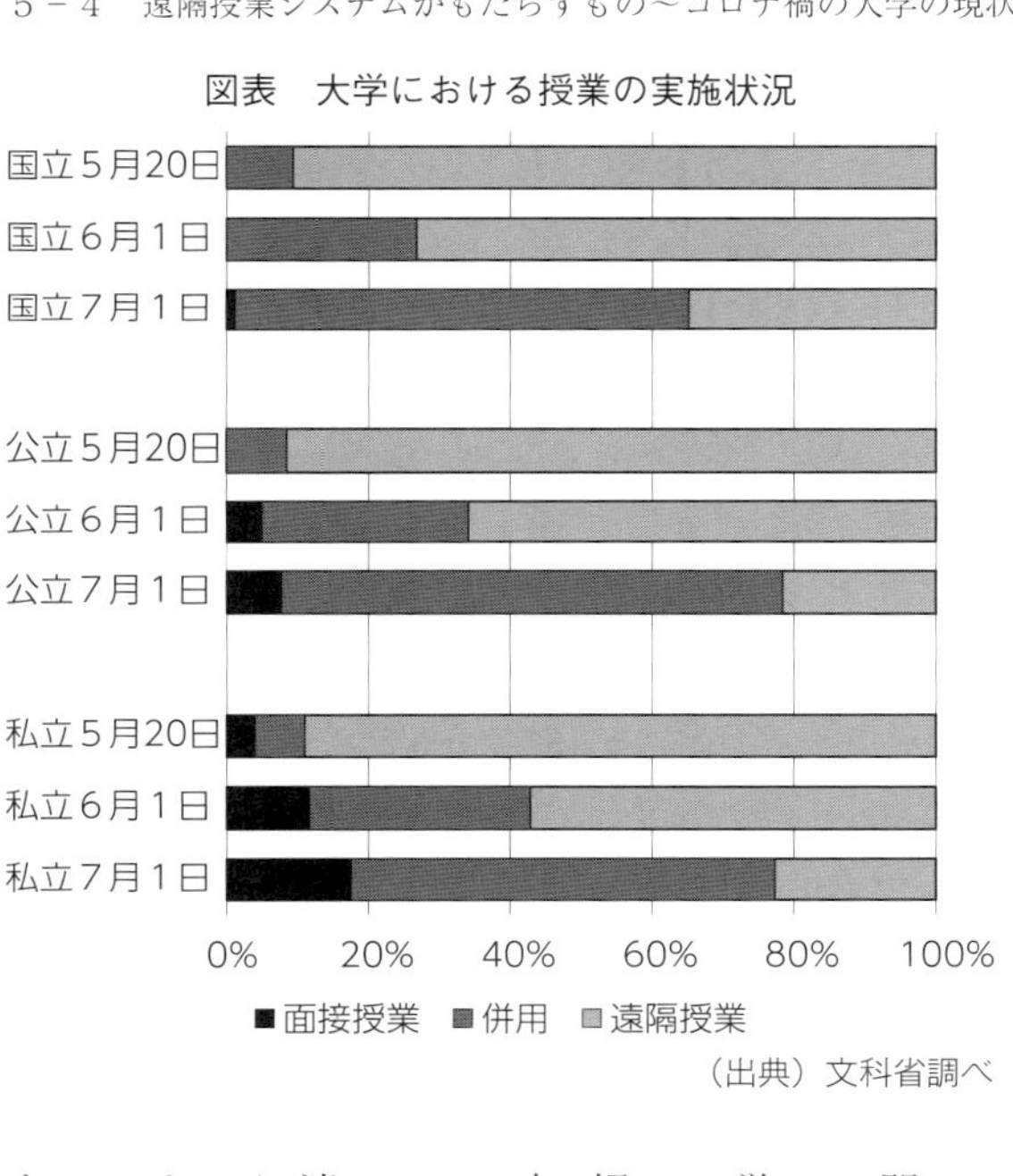

（出典）文科省調べ

ちなみに文科省のホームページには、大学における新型コロナウイルス感染症対策の好事例として、いくつかの大学のことが紹介されている。そのいずれもが対面授業実施における注意深い対策、あるいは今後の対面授業に備えた感染防止の措置について述べたもので、キャンパス入構時の検温・消毒や教室などでの「密」を避けるための工夫、飛沫防止のためのパーテーション、キャンパスでの対面授業とオンライン授業の並行実施など、考え付くさまざまな方策を採りつつ、対面授業を拡大しようという意図が窺えるものである。もちろん対面授業は、今年度入学した学生を含め、学生やその保護者にとって入学時に期待された授業形態であり、これと同等のサービスを遠隔授業で行うには、さまざまな課題を乗り越えなければならない。

遠隔授業の質保証の検討を

さて、コロナ問題が長引く中で、政府は「ニューノーマル」という概念を持ち出し、国民とりわけ勤労者の働き方改革を進めようとしているが、大学教育における遠隔授業についても、その半ば常態化しつつある現状を踏まえて、面接授業とは異なる次元でその充実策を考えるべき時期に来ているのではあるまいか。７月３日に開催された中教審大学分科会質保証システム部会でも、コロナ問題の影響により、否応なしにオンライン教育が進んでいるが、未熟な部分が多く、オンライン教育の質保証について考えていくことが重要との意見があったことが、公表資料によって知ることができる。そのほか、遠隔授業と面接授業との併用（ハイブリッド型）によって大学教育システムの質を高め、教育の質を保証するという好循環が生まれる、授業の見える化によって反転学修の充実や受験生への発信が可能となり、また教員相互が授業を見ることによって、教員相互の連携強化やＦＤ活動の推進になる、など肯定的な意見も多数紹介され、一方で学修成果の水準が低下しないか、学生の満足度が低下しないか、などの危惧もあることも記述されている。

今後、これらの論点は中教審でも議論されるであろうし、また現在の大学設置基準では通学制の大学において、遠隔授業での単位は必要単位の半分すなわち60単位が修得の上限になっているが、オンライン教育のメリットが十分に理解されるようになれば、このことについての見直しも必要になるかも知れない。以前の連載でも書いたことがあるが、大学設置基準上、通学制の大学における授業の原則は、教室において「講義、演習、実験、実習若しくは実技のいずれかにより、又はこれらの併用によって行うものとする」（大学設置基準25条1項）であり、後にさまざまなメディアの発展とこれを教育に取り入れたい人々の尽力によって規定が追加され、「大学は……前項の授業（講義、演習等）を、多様なメディアを高度に利用して、当該授業を行う教室等以外の場所で履修させることができる」（25条2項）となった経緯がある。しかし最近までは利用は拡大傾向であるが限定的とも言われていたところに、コロナ問題の出現によってメディアを使ったオンライン授業やビデオ等のオンデマンド授業が一挙に加速してしまった。もはや元に戻ることは困難であろう。我々はこの現実を受け入れて、オンライン教育等の実質を充実させるように努める必要がある。引き続き事態の推移を見守りたい。

（2020年9月14日）

５―５　学年の始めに考える

～ｗｉｔｈコロナと高等教育のデジタル化

再三発出される文科省通知

２０２１（令和３）年度の始まりである。いつものことだが、年度始めはとかく学事日程が込み合っていて、教職員や大学経営者にとっても忙しい時期である。その忙しさは、しかしながら、昨年来のコロナ禍の中で、すっかり性質が変わってしまった。これまで守り継いできた大学運営の仕方と新型コロナ感染症対策との折り合いをどのようにつけていくのか、というきわめて困難な問題に対応しなければならないからである。昨年度、授業は対面（面接）からオンラインへ、教育の場はキャンパスから学生の自宅へ、会議はその多くがＷｅｂ会議に変更を余儀なくされる中、期せずして進めざるを得なかった大学教育のデジタル化によって、大学関係者は一定の経験とノウハウを積み重ねてきた。その経験を今年はどのように生かすか、が重要な課題になるだろうと思っていたが、コトはそう単純なものではない。

文部科学省は、昨春の急速な感染拡大時の緊急対応に加え、昨年の9月、12月、1月と私が知る限り数度にわたって通知を発し、学生の学修機会の確保と新型コロナウイルス感染症対策との両立を、各大学に周知・要請してきた。しかし、昨秋から今冬にかけて感染症の広がりは容易には収まらず、本年1月には一部の都府県に対して「新型インフルエンザ等対策特別措置法に基づく緊急事態宣言」が再び発出されるなど、事態がますます深刻化した。その間にも年度末が近づき、各大学が次年度の方針についての判断を迫られる時期になったため、今年3月4日、文部科学省は「令和3年度の大学等における授業の実施と新型コロナウイルス感染症への対策等に係る留意事項について（周知）」と題する高等教育長名の通知を、国立大学法人の長らに宛てて発出したのである。

面接授業と感染対策の両立

この中で文部科学省は「学生の学修機会の確保と感染対策の徹底の両立」を求めるとともに、「例年と異なる環境の中でも、学生が安心し、また十分納得した形で学修できるような対応」を各大学が講じることが重要だとした。ここでいう「両立」とは、この通知でいう「十分な感染対策を講じた上での面接授業の実施」のことを意味するのであろう。つまり、通知を受け取る側は、面接授業の実施を可能な限り行うべしとの行政当局の強い意思を感じたのではあるまいか。卒業式や入学式についても同様である。通知文の中に「令和3年度における各大学等の授業の実施方針や、今春の卒業式及び入学式の実施状況等については、別途、調査を実施する予定であり、各大学等におかれては、回答へのご協力方」をお願いするとあるからである。卒業式や入学式が「学生にとってかけがえのない行事」とあるのは、50年前の東大紛争によって卒業式がなく、各自学生証と引き換えに法学部事務室で卒業証書を受け取った私にとっては、必ずしも共感を覚えるものではないが、今どきの学生や保護者にとって格別なイベントなので、軽視はできないことなのであろう。

この通知の前後、各大学は２０２１（令和３）年度の授業実施についての方針を相次いで公表している。Ｗｅｂを見る限り、多数の大学が、感染対策に留意しながら面接授業として行うことや、基礎疾患を有するなどの事情がある学生については自宅での遠隔授業の受講を認める、図書館など学内施設の利用を工夫する、学生相談体制を整備するなど、これまでの文部科学省の通知の趣旨に沿った対応を採ることを表明しているようだ。もっとも、感染症の再拡大などが心配される中では、今後のことをまだ明確に言える段階ではない。文部科学省が通知の中で予告している「実施状況の調査」の結果が明らかになれば、より正確に状況が把握できることになるだろう。

学納金の在り方議論も

さて、行政当局が面接授業にこだわりを見せるのは、通知中にある「豊かな人間性を涵養するために、直接の対面による学生同士や学生と教職員の間の人的な交流を行うこと」だけが理由ではないように思える。人的な交流は、私の個人的意見を言うなら、相当少人数でなければ難しく、ゼミや卒論指導、研究室単位での活動などのレベルであれば格別だが、通常の教室での授業でそこまで交流が図れるかは分からない。むしろ遠隔授業でも、やり方次第では教員と一対一で対面している感覚が得られ、教室では発言しにくい質問もできる、教員が対面授業よりも多くの課題を出すため、学生の学修時間が増えた、などというような意見も聞いている。他方で人的交流は、授業以外でも工夫次第で濃密な方法を編み出すことは可能であろう。

但し、大学生活というものが、キャンパスや教室、図書館などがあって初めて成り立つものだと信じている学生や保護者にとっては、キャンパス・ライフを楽しめず、自宅で遠隔授業を受けざるを得ないのに、高い授業料をなぜ払うのだという疑問は生じるかも知れない。このことは、３月の通知で初めて具体的に触れられているようで、「授業の実施形態を例年と異なったものとすることや、学内施設の利用を制限することなど、学生の学修や生活に影響が生じる対応を講じる場合には、授業料や施設設備費等の学納金の在り方を含め、その必要性や合理性等について十分な説明を行ったり、代替措置を講じたりするなど、学生が納得できるような対応」を求めているのがそれである。このことは、授業料を下げたくても、多くの教職員を抱え、学内の施設設備の運営に多額の経費を要する今の大学には、それが極めて困難なことと連動する。だからと言って、面接授業や学内施設の利用を旧に復するだけで、将来の問題を解決することはできない。我々は、いわゆるデジタル・トランスフォーメーション（DX）の過程にあり、コロナ禍がその進行を加速させてしまったからである。

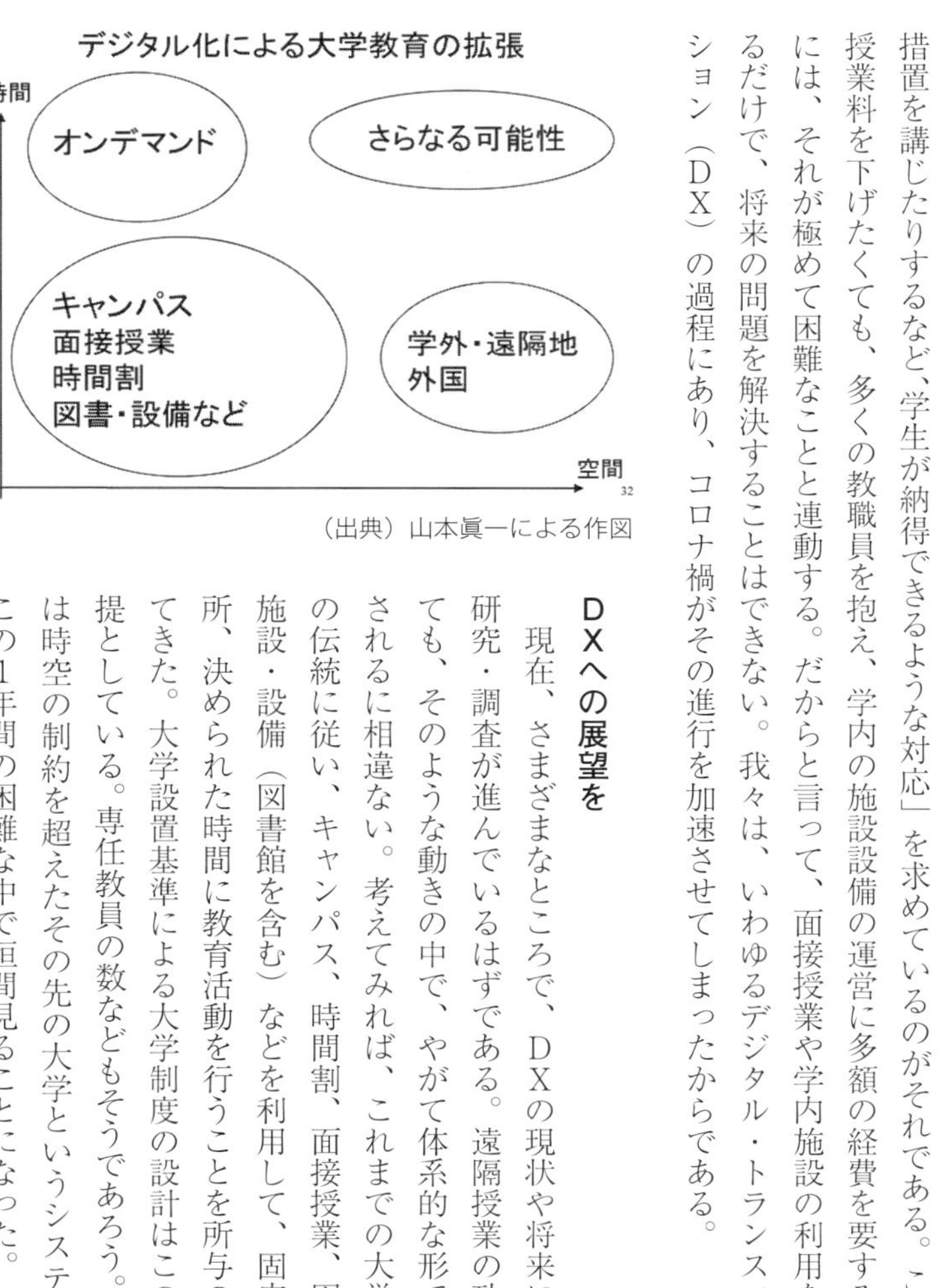

（出典）山本眞一による作図

DXへの展望を

現在、さまざまなところで、DXの現状や将来についての研究・調査が進んでいるはずである。遠隔授業の功罪についても、そのような動きの中で、やがて体系的な形で明らかにされるに相違ない。考えてみれば、これまでの大学は、過去の伝統に従い、キャンパス、時間割、面接授業、固定された施設・設備（図書館を含む）などを利用して、固定された場所、決められた時間に教育活動を行うことを所与のものとしてきた。大学設置基準による大学制度の設計はこのことを前提としている。専任教員の数などもそうであろう。だが、我々は時空の制約を超えたその先の大学というシステムの姿を、この1年間の困難な中で垣間見ることになった。

ここに示された図は、その基本的な概念を表している。オンデマンドによる授業や、学生のニーズに合わせた授業スケジュールの調製によって、忙しい社会人学生のニーズにきめ細かに応えることができる可能性がある。またキャンパス外での授業が普及すれば、全国いや世界の各地から学生を集めることができる。さらに時間と空間の自由度が増せば、これまで考え付かなかったような大学教育が実現するかも知れない。我々は、恐れずにその可能性を追究すべきである。但し、このことは自大学の都合だけでは運ばないであろう。必ず大学間の競争が生じる。しかも、外国の大学ともそうである。デジタル化が一層進みつつある彼らとの競争は、グローバル化の進展とともに新局面を迎えることであろう。

現下に急を要する感染対策や学生に寄り添う授業運営のすぐその先に、限りない可能性が広がっていることを再確認したいものである。

（２０２１年４月12日）

5—6　ネット（Ｚｏｏｍ）による学会大会
～私的経験と感想から

２年ぶりの大会がＺｏｏｍで開催

去る２０２１年5月30日、日本高等教育学会の年次大会（第24回）が、２年ぶりに開催された。昨年はコロナ禍の中で中止に追い込まれたので、関係者はこれを心待ちにしていたことであろう。但し、Ｚｏｏｍを使ったネット空間での開催であり、例年のような総会や懇親会はなく、したがって日程もいつもの二日間ではなく、一日で終わるようアレンジされた。Ｚｏｏｍの活用そのものは、多くの会員にとって昨年度から授業や会議という実践の場で使い慣れてきており、私の印象ではそれほど多くの困難はなかったように思う。それでも事務局では慎重に準備を行うとともに、大会での発表者や一般参加者に向けてマニュアルを用意して、部会への入室方法、発表タイムスケジュールの順守、発表者および一般参加者のマイクやカメラのＯｎ／Ｏｆｆの徹底、Ｚｏｏｍ上の名前の表記の統一（氏名、所属）、発表用資料がある場合の画面共有の仕方、質問がある場合の方法（チャットに質問がある旨書き込んで、司会者の許可を得る）、発表資料を出席者に配布する方法など、かなり丁寧な説明を行おうとしていたことが印象的であった。

今回の大会での研究発表には、**図表１**にあるように16の部会と課題研究として２つのテーマ別部会が用意された。私は午前の前半の第三部会である「大学の公共性と開放」の中で、「激動の高等教育～２０２０年代の展望」というテーマで発表を行った。私以外に二つの発表があり、一つは「大学の公共性に関する概念整理」、もう一つは「日本におけるリカレント教育の可能性」であった。なぜ私の発表がこの部会に振られたのかよく分からないが、さまざまな要素を組み込みながらの展望を行ったので、主催者が振り分けるべき部会の選択に迷ったのかも知れない。

図表１　発表部会一覧

9:00〜11:00	
	自由研究発表　Ⅰ
Ⅰ－1 部会	学長リーダーシップ
Ⅰ－2 部会	質保証・評価・学位
Ⅰ－3 部会	大学の公共性と開放
Ⅰ－4 部会	学術・研究活動とキャリア
Ⅰ－5 部会	大学の入口・出口と人材養成
11:15〜13:15	
	自由研究発表　Ⅱ
Ⅱ－1 部会	コロナ禍と学生・教育現場
Ⅱ－2 部会	大学と関係団体
Ⅱ－3 部会	法人と財務
Ⅱ－4 部会	研究者と学術知
Ⅱ－5 部会	組織編成と戦略
14:15〜16:15	
	自由研究発表　Ⅲ
Ⅲ－1 部会	大学自治と理念
Ⅲ－2 部会	コロナ禍と大学教育
Ⅲ－3 部会	卒業生と学習成果
Ⅲ－4 部会	大学生
Ⅲ－5 部会	国立大学法人の戦略
Ⅲ－6 部会	留学生とグローバル化
16:30〜18:30	
	課題研究　Ⅰ，Ⅱ
課題研究　Ⅰ	URA政策を通じてみる大学の研究活動
課題研究　Ⅱ	大学と国民国家　歴史・国際比較を通じた考察

（出典）大会プログラムより

２０２０年代の高等教育を展望

私自身の発表の意図は、発表資料に次のように書いた。

「１９９０年代初頭に始まる現在の大学改革は、平成期の最初から終わりまでの30年間にわたって持続し、大学の姿を大きく変えてきた。しかし依然、大学改革終息の目途は立たず、大学改革は、大学を良くする手段ではなくそれ自体が目的となってきているか、経済成長・イノベーションの道具としてのみ重用されているかのように見える。これまでは文科省と大学との連携で何とか進めることができた改革も、２０１２年の政権交代と期を一にして政治主導、官邸によるトップダウンが強まり、文科省・中教審の自律性にすら疑問符がつくようになった。文科省を頼らざるを得ない各大学にとっては大きな不安要素となってきている。このような変容の中であるからこそ、現状を批判的に検討し、大学の本来の在り方を論じなければ、大学や学生・教職員、ひいては高等教育政策立案・実行者の立場もますます悪くなるのではないか。本発表では、2010年代後半を中心とする状況の分析の上に、その後の変化も織り込みつつ、激動する高等教育の2020年代の展望を試みる。」

参加者の理解を得やすいよう、**図表2**のような絵を用意して発表資料に貼り付けておいた。これは私が過去に近所の風景を描いた出来合いの絵ではあるが、大学改革という坂道を上るために、我々は苦労を重ねてきたが、上り切った先に何があるのかは一向に見えないではないか、という私なりの警鐘の意味を込めてのことであった。この絵にある「止まれ」の白い文字は、むしろ坂道のてっぺんの手前に、改革ストップの意味を込めて書き入れるべきではないか、という冗談めいた意見もあったが、絵とはいえなるべくリアルな画面にしたかったので、そこは容赦願った次第である。

図表2　大学改革の坂道の先には？

（出典）山本眞一による描画

国立大学の自治はなくなった？

午前の後半と午後の部会は、発表者ではないので、私の興味関心に従いつついくつかの部会を回ってみたが、出てよかったと思ったのは「大学自治と理念」の部会である。四人の発表者の中でも、磯田文雄会員（花園大学長・元文科省高等教育局長）の「権力の集中とその空洞化が進む日本の行政機構と国立大学法人における学長のリーダーシップの強化」という長い題がついた発表には興味をそそられた。「今日の国立大学では大学の自治がなくなってしまったのか？」という副題を伴うその発表では、まずは内閣府および内閣総理大臣への権限集中が、制度の範囲を超え既成事実の積み重ねの中でますます強化されつつあることが説明された。例として、コロナ禍での総理大臣の独断による学校休業要請が、「法の逸脱」につながるものであると述べられた。ちなみに内閣法６条では、内閣総理大臣は、閣議にかけて決定した方針に基づいて、行政各部を指揮監督するとあり、閣議決定を省略して指揮監督することはできないのである。いわゆる各省大臣による分担管理原則は、今でも生きている。しかし、内閣府が各省庁の幹部職員の人事までをも掌握している現在、トップダウンの趨勢は止まらず、これは国立大学においても同じである。

学長選考を始め国立大学で起きているさまざまな混乱の原因は、「国立大学法人制度の制度設計そのものに由来する」というのが磯田氏の見解である。学校法人においては理事会が最高意思決定機関と位置付けられていて、理事長の専横には歯止めとなる制度が存在するが、国立大学法人については、「学長の権限強化を志向するあまり、学長を牽制する仕組みは不在である」と同氏は述べた。学長選考・監察会議がその任に当たるのではないかと考えられるが、その委員の任命手続きに学長が関与している以上、効果に疑問の向きもあるようである。いずれにしても、長期政権は倦みそして腐敗するのは、古今東西の歴史を見るまでもなく、どの社会にも共通の病理である。政権も大学も同じような危険性があることは間違いないことであり、国立大学トップの人事制度も、大学の自治・学問の自由の鉄則に立ち戻って、深く考え直すことが重要だと私は思った。

研究活動とＵＲＡ

夕方近くになって始まった課題研究では、「ＵＲＡ政策を通じてみる大学の研究活動」と「大学と国民国家～歴史・国際比較を通じた考察」の二つの部会が用意されたが、私は前者の方に参加した。小林信一会員（広島大学）および阿曽沼明裕会員（東京大学）の司会である。教育活動に比べてこの学会で取り上げられることの少ない研究活動について、高等教育研究の観点から考察してみたいという背景事情があり、また最近注目が集まっているＵＲＡ（ユニバーシティ・リサーチアドミニストレータ）という、研究者でも技術職員でもない「第三職」の人材の実態や問題について論じてみたいという問題意識があったからだそうである。田野俊一電気通信大学長も出席し、ＵＲＡ経験のある会員などからさまざまな問題提起があって、大学における研究活動を人的側面から見ることのできる好機会であった。

以上、私が参加した部会のみに限られるが、この学会最初のＺｏｏｍ大会の様子を書き記すものである。

（２０２１年６月28日）

5―7　オンライン大学教育の新たな可能性 ～大学基準協会調査等から

コロナ禍とオンライン

昨年（２０２０年）２月頃から深刻化したいわゆるコロナ禍は、その後感染者の増減を繰り返しながらすでに2年近くにわたり、国民生活・経済活動に大きな影響を及ぼしている。大学についても例外ではない。昨年度、とくにその前半には、多くの大学において対面授業の実施を見送り、やむを得ぬ形でオンライン授業の実施に踏み込まざるを得なかったことは記憶に新しい。今年度になってもコロナの新規感染者は波状的に増減を繰り返し、とりわけ今夏の爆発的な感染者の増加は「第5波」と呼称され、関係者は固唾をのんでその猛威を見守っていた。幸い10月以後は新規感染者数が激減し、現在（11月下旬）は小康状態である。しかし、世界には感染者数が増えている国々もあり、第６波の到来もささやかれている。大学では対面授業が復活しつつあるとはいえ、まだまだ予断を許さぬ状況である。

今回のコロナ禍以前から、メディアを使った授業は、情報環境の整備とともにゆるやかながら発展し、例えばオンライン授業の可能性についても論じられていたかと思う。制度的にも大学設置基準に手が加えられ、従来からの対面による講義、演習、実験、実習、実技による授業について、「多様なメディアを高度に利用して」教室等以外の場所で履修させることができる（大学設置基準25条）とされている。但し、卒業要件としては60単位以下という制限がある（同32条）。しかし今回、期せずして大規模に導入せざるを得なかったオンラインによる授業は、この規定によるものではなく、いわば面接授業に関わる緊急措置としてのオンライン授業という考え方のようである（２０２１年４月２日高等教育局長通知）。

このように、オンライン授業は現在のところ、講義、演習等に係る面接授業という本来あるべきとされている授業形態の緊急代替措置という位置づけに留まっており、その内容や方法について、オンライン授業独自の姿が見えていない。しかし、大学における今後の授業が、従来のような対面授業にそのまま戻れる保証はない。また、戻ることが適当だとも言えない。ポストコロナ時代のニューノーマルという用語も広まっており、面接授業の代替に留まることなく、大学における今後の教育のあり方として、オンラインに正面から切り込んでいくことが必要である。

大学基準協会による調査研究

このたび、２０２１年9月22日付で大学基準協会大学評価研究所から公表された「効果的オンライン教育のあり方と評価基準・視点に関する調査研究報告書」は、まさにあり方そのものを対象としたものである。私自身もこの調査研究に関わり、分担していくつかの部分についての分析を担当した。調査は２０２０年12月から21年２月に、全大学に対して行われたアンケート調査（回答率58・２％）、21年６月に行われたオンライン・インタビュー調査、そして海外評価機関への質問紙調査から成る。

アンケート調査では、回答者に当該大学の学士課程における教育活動の状況を全学的に把握している者を想定し、授業運営や成績評価など教育に関すること、学生同士の交流や在宅での学習環境整備のための支援など学生生活の支援に関すること、オンライン授業の実施や教員・学生からの問い合わせへの対応など、環境整備や人材・技術的支援に関することなどを尋ねている。それによると、２０２０年度春学期のオンライン授業の実施割合が「80％以上」と答えた大学は、講義で69・２％、演習で58・２％と過半数を超え、反面、実験では33・０％など低くかった。また同年秋学期になると、講義で29・０％、演習で14・８％、実験で20・６％などと激減していた。また、翌年度以降の授業の実施形態については、対面式とオンラインを組み合わせるハイブリッド方式で実施予定とする大学が74・８％であった。

さまざまな数値と自由記述の内容から、私が取りまとめて報告書に記載したのは以下の三点である。第一に、オンライン教育そのものについての否定的見解は少なく、今後の大学教育のあり方を規定する重要な要素として、これを積極的な姿勢で評価していることである。但し実技の取扱いなど一部に慎重な意見もあった。また、オンライン教育のデメリットを考えるよりも、従来からの対面授業の内容・方法や意味をより深く考えるべきとの意見は参考になる。第二に、オンライン教育の推進のためには、ハード面、ソフト面で多くの課題があり、それらの克服が必要だということがある。パソコン等の機器の整備、ネットワーク環境の整備、オンライン教育に適した授業内容・方法の開発、これらを維持するための専門人材の配置を指摘する意見が多かった。第三に、教育のデジタル化時代を見越して、これまでの授業運営とは異なるさまざまな構想と展望を持ち、準備を進めようとしていることが窺えることである。それは、留学制度の再整備、卒業後のリカレント教育などさまざまなである。

さらにインタビュー調査からは、対象となった５つの大学において、現状を前向きにとらえ、オンライン授業と対面授業の長所・短所を踏まえつつ、ハイブリッド型の授業を目指しているという強い方向性が感じ取れた。単位制度は従来からさまざまな問題が指摘されているが、学生の過大な負担を避けるために、1単位45時間という時間をオンラインではどう考えるべきか、オンデマンド型オンライン授業における「倍速視聴」は教育効果が認められるが、単位計算のルールには合わないので、今後、法制度の問題として議論が必要とする意見もあった。また、オンライン授業のコンテンツがこの一年間でかなり揃ったので、これを有効に活用すべきだとする指摘もあった。

オンラインがもたらす影響

ところで、文部科学省が２０２１年３月に調査した結果によれば、オンライン授業がほとんど又はすべてだったと回答した学生は全体の6割であったこと、オンライン授業の満足度も同じく6割近くあったことなどが読み取れる。またオンライン授業について、自分のペースで学修できた、自分の選んだ場所で授業を受けられたとする学生が多数に上るなど、意外に多くの学生がオンライン教育の良さを認めていたことが注目される。世間の大人が、対面授業に早く戻るべきだと考えていると聞く中で、このことは積極的に評価すべきである。

結局のところ、オンライン授業の前に立ちはだかる壁は、その教育効果の是非ではなく、これまでの面接授業を前提とした教員数、施設の要件、学費水準など、既存の大学システムを守ろうとするグループの存在なのではないかという気がする。Scoety5.0 時代の大学を考える際には、今少し柔軟な発想も必要であろう。これに関して、政府の教育再生実行会議と規制改革推進会議で、遠隔教育の規制緩和の議論に関わった慶應義塾大学の中室牧子教授の「遠隔授業に規制、世界で負ける」と題する興味深い記事（11月12日付け日経新聞）を見た。海外の有力大学に負けない大学づくりのためには、オンライン授業の規制は外すべきで、最終的には学費が「単位従量制」になるだろうとの見立てである。そうなると、通学制と通信制で学費に差がある現状の維持は難しくなり、将来的には学費値下げへの圧力が高まるのではないか。但し、学生に人気がある一部の大学や学部は、それにもかかわらず高い学費でも人数を確保できるであろう。それは、近年流行のジョブ型雇用に対応した職業専門教育ではなく、将来の幹部候補生（ジェネラリスト）を養成し、メンバーシップ型雇用に引き続き対応できる大学のことで、オンライン教育の発展の裏で、大学の二極化はこのような面でも進行するのである。

（２０２１年12月13日）

5―8　Ｗｅｂ会議の効用と課題～大学関係者に与える影響

一日に千里をゆく魂

皆さんは江戸時代中期、１７７６年に刊行された上田秋成執筆の怪奇小説「雨月物語」をお読みになったことがあるだろうか。江戸時代を通じて最も優れた文学作品として高い評価がなされているこの小説は、九編の短編から成り、古来多くの愛好家に読み継がれてきている。私は文学には全くの素人ではあるが、30歳頃に岩波書店の刊行する日本古典文学大系の一冊でその原文（もちろん活字）を読んだことがあり、作者の和漢両方の豊かな学識に支えられた流麗な文章に、いささか感動を覚えた記憶がある。皆さんも原文にせよ現代語訳にせよ、コロナ禍の今、まとまった時間を使ってゆっくりと読まれてみてはいかがだろうか。

さて、本稿はその雨月物語の解題を目的としたものではない。九編の小説のうちの一つである「菊花の約（きっかのちぎり）」の中に出ている不思議な空間描写を思い出したからである。この小説の主人公である丈部左門は播磨の国加古川に住む清貧な学者である。彼がたまたま旅の途中に同地で病にかかり苦しんでいた赤穴宗右衛門という出雲生まれの武士を助けたことから物語が始まる。両者は親交を深め義兄弟の約を結ぶまでに至った。その赤穴が故郷出雲の争乱が気がかりと、加古川に必ず戻ると言いその帰る日まで約束して現地に出かけたが、約束の日になっても現れない。ようやくその日、辺りが暗くなってから赤穴が現れたが、それは現地で争いによって幽閉され脱出できなかった彼が、自殺を遂げ魂となって左門の前に出て来たのであった。「人一日に千里をゆくことあたはず、魂よく一日に千里をもゆく」と赤穴は述べたとあり、左門に会うという約束をここまでしてまで果たしたのであった。

新たな対面手段の加速化

このことから来る連想をたくましくすれば、江戸時代には異なる場所の人々が同時に通信・会話するなど不可能であったのが、現代では電磁的な力を借りて、赤穴のような願いを容易に実現することができることに気が付く。自殺までして魂にならなくとも、遠隔地から人と人とがあたかも対面するがごとく、言葉を交わすことができるようになっているのである。もちろん電信・電話や、マスコミによって配信されるテレビも含めて、このような通信手段の発展は、昨日今日に始まったものではなく、１００年をゆうに超える歴史をもつものである。皆さんも交通渋滞で約束の時間に人と会えないときに、その場所に向かう途中で電話を使って断りを入れることなどよくあることであろう。しかしネットによる通信は、画面の向こうの人物と即時対面で話しをしているかのような環境を提供することによって、従来の通信手段とは異次元の勢いで発展を遂げようとしている。これが盛んになってからまだ四半世紀ほどであるが、人々が感染防止のために外出を控えるようになったコロナ禍を契機に、一段と普及し始めている。私の身の回りでも、会議といえばＺｏｏｍでと言えるほど、ＷＥＢによる開催が増えた。逆にリアルに出席して対面で行う会議は驚くほど少ない。世の中のビジネスその他社会活動のあり方そのものにも大きな変化が起きようとしている。当然、大学関係者にもその変化は及びつつある。

各種会議もＷｅｂにて

例えば。理事会や役員会、評議員会を開く際、会議の参加者がたまたま北海道に居ようと沖縄に居ようと、東京などで会議を主催する理事長は、容易に皆を一同に集めることが可能である。遠隔地からの役員に旅費を支払ってまで来てもらう必要がない。学会行事も同様である。私が関係している日本高等教育学会を始めとする学会大会も、この2年間、Ｚｏｏｍによるものに代わってしまった。しかも技術やノウハウの進歩も早く、私自身の最近の経験でも、総会から分科会へ向かうにも、実際その場に居るよりも早くかつ簡単に移動できるし、プレゼンテーションの表示や資料の配布もますます便利になっている。これまでだと、物理的な大会会場の整備に気を遣わなければならなかった大会校も、今ではネット上のさまざまなツールを駆使して、机上のパソコンからそれらの手配を容易に行えるようになっている。これによって、人の配置、必要とするスペースの確保、資料配布、予算のことなどあらゆる側面で、学会開催のあり方が変わってきている。

このことは、会議の参加者にとっても大変便利なことである。例えば広島と東京というように異なる場所で開かれる会議に、物理的な移動を伴うことなく、かつ同日の開催であっても工夫次第で参加できるのは、忙しい研究者にとって朗報である。また、研究者でなくとも各種の会議に出張を伴うことなく、瞬時に参加できることは、大学アドミニストレーターにとっても便利なことである。大学にとっても、教員個人にとっても、出張旅費を大幅に節約できることは、それだけでも大学財政の窮状を少しでも和らげる効果がある。研究者にとって、とくに文系研究者にとって悩みの種の一つが、調査や学会発表などのための旅費の捻出であったのが、それから解放されることもありがたいことであろう。また従来から旅費に困ることのなかった研究者でも、その分を他の支出に充てる、例えば図書資料や情報機器の購入に使うことができるから、大きなメリットがある。とりわけ支出額の大きい外国旅行の場合は、コロナ禍における人物交流の困難さという別の理由を差し置けば、なおさらである。先日、いつも集まっていた各国の研究者10名ほどが集まって、Ｚｏｏｍによる国際セミナーが開かれ参加したことがあるが、あたかも現地にいるかのような感覚が戻ってきて、大変興味深かった。

更なる工夫も必要

もっとも良いことばかりとも限らない。既知の間柄の人物であれば、たとえＷｅｂ上であっても日頃からのつきあいの感覚で接することができるが、初対面の人物についてはこれが難しい。機微にわたる相互理解をするためには、このような場合でも、対面に近い感覚が得られるような工夫が必要であると思う。また、例えばＺｏｏｍの画面共有でプレゼンテーションをする参加者が多く見られるが、作成されたスライドに小さな文字がいっぱい書かれていると、思いのほか読みづらい。またスライドではなく、普通の文書の場合、発表者がこれを行送り・頁送りして見せようとすると、見ている参加者が目でこれを追うのは案外難しいものである。もちろん私が知らないだけで、実際にはさまざまなツールが開発され、あるいは開発されつつあるのではないかと思うが。また、旅費が節約できることは大きなメリットではあるが、従来の物理的な出張では、目的場所での会議や対話だけではなく、レセプションなどで参加者と直に情報交換をしたり現地のさまざまな風物を見たりすることによって、より豊富な知見を得ることができていたと思うが、Ｗｅｂの会議だけではそのような機会はないであろう。残念なことである。

ただいずれにしても、コロナ禍が収まっても、一旦経験したＷｅｂ空間でのコミュニケーションのメリットを捨ててまで、従来のようなやり方に完全に戻ることはないだろう。長らく続いたＷｅｂによる授業を一刻も早く対面授業に戻すべきだという声が、年配世代の間には強いようだが、対面に戻したところ意外に学生の出席者が少なくて驚いたと語る大学教授がいたのを思い出す。学生は、彼らなりにＷｅｂによる授業のメリットを感じているのかも知れない。本稿で触れた会議やそれと一環をなす大学業務や研究活動においても同様である。我々はこの現実を率直に受け止めるとともに、新しい時代環境に適した大学運営や研究活動のあり方をさらに真剣に考えなければならないのである。

（2022年2月14日）

第6章

学問分野それぞれの事情

６―１　文系教育の課題～その在り方についての論点

議論に火をつけた大臣通知

ここ数年、大学教育とりわけ文系教育の在り方に関する議論が喧しい。２０１５年6月に「国立大学法人等の組織及び業務全般の見直しについて」と題する文部科学大臣通知が出て、その中で教員養成学部や人文社会科学系学部等の組織の見直しについて言及されたことから、議論に火がついたのである。この通知は、国立大学法人法第31条の4の規定に基づく国立大学法人等の組織及び業務全般の見直しのために発出されたもので、文科大臣は中期目標期間の終了時までに「当該国立大学法人等の業務を継続させる必要性、組織の在り方その他その組織及び業務の全般にわたる検討を行い、その結果に基づき、当該国立大学法人等に関し所要の措置を講ずるものとする」とあり、その結果や措置の内容の公表も義務付けられている。

また通知には「見直し内容を示すに当たっては、大学の自治の理念を踏まえ、個々の法人ごとの具体的な組織・業務に言及するのではなく、全ての国立大学法人を対象に、見直すべき点を全般的に示すこととする」とあり、個々の法人に対する指示などの意図はない。但し、通知中にある「組織の見直し」の中で、「特に教員養成系学部・大学院、人文社会科学系学部・大学院については、18歳人口の減少や人材需要、教育研究水準の確保、国立大学としての役割等を踏まえた組織見直し計画を策定し、組織の廃止や社会的要請の高い分野への転換に積極的に取り組むよう努めることとする」とあり、これが国立大学における文系教育のさらなる縮小につながるのではないかという疑念を各方面に与えたのである。

学術会議等からの批判

日本学術会議はこれに直ちに反応し、同年7月、文部科学省が文系学部の廃止やほかの分野への転換を求めた通知について、「大きな疑問がある」と批判する声明を出した。学術会議の声明は、(1)総合的な学術の一翼を成す人文・社会科学には、独自の役割に加えて、自然科学との連携によって我が国と世界が抱える今日的課題解決に向かうという役割が託されており、人文・社会科学のみをことさらに取り出して「組織の廃止や社会的要請の高い分野への転換」を求めることには大きな疑問がある。(2)「社会的要請」とは何であり、それにいかに応えるべきかについては、人文・社会科学と自然科学とを問わず、一義的な答えを性急に求めることは適切ではない。長期的な視野に立って知を継承し、多様性を支え、創造性の基盤を養うという役割を果たすこともまた、大学に求められている社会的要請である。(3)教育における人文・社会科学の役割は、「グローバル人材」の養成を含め、ますます大きなものとなっている。人文・社会科学の軽視は、大学教育全体を底の浅いものにしかねない。(4)人口動向は教員養成に対する社会的需要を判断する上で重要な要素のひとつではあるものの、教育の質的向上をいかに進めるかといった他の諸条件も含めた熟慮が必要である。(5)大学教員は、専門教育と教養教育の両面にわたって教育者としての役割を果たしつつ、研究者として学術の継承と発展の一翼をも担っている。教育の場において人文・社会科学が軽んじられることは、バランスのとれた学術の発展を阻害することになりかねない、と問題点を指摘し、同時に(6)人文・社会科学に従事する大学教員は、変化が著しい現代社会の中で人文・社会科学系の学部がどのような人材を養成しようとしているのか、学術全体に対して人文・社会科学分野の学問がどのような役割を果たしうるのかについて、これまで社会に対して十分に説明してこなかったという面があることも否定できない、と反省すべき点にも言及した。

９月になって、日本経済団体連合会は「国立大学改革についての考え方」と題する文書を公表し、この中で人文社会科学を含む幅広い教育の重要性を指摘し「今回の通知は即戦力を有する人材を求める産業界の意向を受けたものであるとの見方があるが、産業界の求める人材像は、その対極にある。」と述べ、人文社会科学分野の縮小は産業界の意向ではないとの見解を示すに至った。反発の大きさに文部科学省はその火消しに追われ、文系を廃止して自然科学系に転換すべきだという意味ではない、「廃止」の対象は少子化で需要が減る教員養成系で、人文社会系には改善を求めるというのが真意だ、等の説明がその後あったとのことである（２０１５年９月22日　朝日新聞）。ただ、近年は国の意向を過剰に忖度する雰囲気があって、その後も国立大学では文系分野の改組等が進んでいるようである。

この問題の奥は深い。議論が国立大学の組織改革の問題にとどまっている間は良いとして、実際には国立大学よりも人文社会系の学生比率がはるかに高い私立大学の教育に影響を与えるかも知れないからである。図表をご覧いただきたい。２０１８年現在で、国立大学の人文・社会科学分野の学部学生は、国立大学全体のわずか22・１％であるが、公立大学では41・３％、私立大学では51・８％を占めている。しかも私立大学はもともとの学生数が多いので、いわゆる文系学生は非常に多いということになる。教員養成系を含む教育学分野は、国立大学が突出して多く全体の15・４％もある。しかし、公私立大学では教員需要の多いことを反映して10年前に比べてそのパーセントが上がっている。一方、国立大学では逆に下がっている。私立大学では独自の経営判断によって拡大してきているのに、国立大学では組織改革のターゲットとなって伸び悩んでいるからではないだろうか。

さて昔の話ではあるが、私自身が専攻分野を選ぼうとしたとき、どのようなことを考えたのか、一高校生のケースではあるが、ご参考までに紹介しておきたい。私は１９６７年に東京大学教養学部文科一類を受験し入学したのであるが、当時の私に将来の明確なキャリアプランはなかった。ただ漠然と公務員とか会社員になるだろうとしか考えていなかった。医学部や工学部など将来の職業が明確な分野を受験した者も多数いたが、私はそのような生徒はエライものだったと今更のように思う。この文科一類は、ほとんどの学生が法学部に進学するコースであった。いわば潰しの効く専門分野である。

図表　設置者別人文・社会・教育分野の学生割合

		人文	社会	教育
2008	国立	7.1	15.5	15.4
	公立	17.6	28.8	1.2
	私立	17.5	40.9	4.2
2018	国立	7.1	15.0	14.0
	公立	14.2	27.1	1.9
	私立	15.5	36.3	6.2

（注）　設置者毎に全学生数に占める当該分野学生の割合（%）
（出典）学校基本調査に基づく筆者の作表

当時は文系・理系を問わず、多くの大学で五教科すべてが受験科目であり、文・理の受験事情には、競争相手の学力以外にはあまり大きな差がなかったように覚えている。したがって、文・理のどちらを選ぶかという選択肢については、大して深刻には考えなかった。但し当初、家庭の経済事情もあって、自宅から通える国立大学を考えていたのだが、その際考慮した京都大学法学部は、理科の受験科目が2科目課されていて、生物以外は得意でなかった私は受験直前になって躊躇し、親を説得して、理科が1科目だった東大に変えたのであった。紛争の影響で2年8か月を過ごした教養学部では、さまざまな教養科目が用意されていて大いに楽しむことができた。むしろ法学部に進学した後は、あまりの実務法学ぶりにいささか失望感すら覚えた。ただ私を含めて学生のかなりの部分は、法学部の教育内容よりも、司法試験や公務員試験に合格することが頭にあったので、黙々と勉強に励んでいたことを覚えている。もっとも、この時点になっても、まさか将来霞が関で働くことになろうとは、ましてその後は法学から高等教育に専門分野を移して大学教授の仕事に就こうとは、夢にも思わなかった。文系分野の教育というものは、そういう意味で不確実ながら可能性に富み、長期的には役立つもの、と言えるかも知れないのである。

（２０２０年１月27日）

6―2　学生数分布の変化をどう読むか
～続く実学志向の傾向

教育システムの健康度を測る

昨年暮れに公表された学校基本調査結果の確定値には、関係者が注目する進学率や志願者数だけではなく、多くの重要な情報が含まれている。それはいわば我が国の教育システムの人間ドックのようなもので、さまざまな数値の中からその健康度を見つけることができる。それは高等教育の分野でも例外ではない。今回の公表値は２０２０年5月現在のもので、20という一つの大きな区切りの年になる。そこでいつも以上に注意深くその数値を見てみたい。但し、一回の論稿ですべてを尽くすことは不可能なので、今回は専門分野別の在学生数の変化から、高等教育システムの変化の傾向を眺めることとする。ちょうど5年前の２０１６年、第３８２号掲載の本連載で、私は課程別・分野別・設置者別在学生数の変化を、この学校基本調査のデータを使って分析したことがあった。その時は、２００５年と２０１５年との10年間の変化を見たので、今回はさらに5年延ばして２０２０年との15年間の変化を論じることとしたい。

図表1は、千分比で表したそれぞれの該当箇所の数値で、カッコ内は２００５年、カッコ外は２０２０年のものである。それぞれの数値は、高等教育システム全体の中で千人のうちの何人がそのカテゴリーに該当するかを示している。例えば私立大学学士課程で社会科学を専攻する学生は、すべてのカテゴリーの中で最大数であり、千人中２４６人が学んでいるという計算になる。すなわち大学

に学ぶ者の４人に１人は私立の社会科学系ということになる。これに同じく私立で人文科学を学ぶ者１０６人を加えた３５２人が、いわゆる私大文系の学生であって、その数はおよそ全体の３分の１に迫る規模である。これにその他に含まれる相当数の学生を加えると、その規模はさらに大きくなる。ただ、そのシェアはこの15年間でかなりの減少を見ている。２００５年には、国公立を合わせた文系の学生は千人中４５４人であったのが、２０２０年には４０２人で１割以上の減少である。進み過ぎた大衆化や役に立たないとの批判にさらされて、学生数確保に熱心な私立大学だけではなく、大学改革を強いられ続けている国公立大学にとっても、この分野を縮小させたり他分野へ改組転換したりする動きが活発であることが窺い知れる。

大きく伸びる実学系

しかしそれ以上に注目すべきは、シェアの増

図表１　専門分野・設置者別在学者割合（千分比）の変化
（2005年（　）内および2020年）

		人文	社会	理学	工学	保健	教育	その他
学士	国公立	16（17）	34（37）	11（12）	49（53）	**29**（25）	*20*（25）	**34**（22）
	私立	106（119）	246（281）	15（17）	80（93）	**84**（39）	**43**（23）	**113**（81）
修士	国公立	*1*（2）	2（2）	4（4）	16（15）	2（2）	*2*（3）	9（6）
	私立	*2*（3）	*3*（5）	1（1）	7（7）	2（1）	1（1）	3（3）
博士	国公立	*1*（1）	*1*（1）	*1*（2）	4（4）	7（6）	**1**（0）	*2*（4）
	私立	*1*（1）	*1*（1）	*0*（0）	1（1）	3（2）	**0**（0）	**1**（1）
専門職課程	国公立	**0**（0）	1（2）		**0**（0）	**0**（0）	**1**（0）	**0**（0）
	私立	0（0）	3（3）		**0**（0）	**0**（0）	**0**（0）	**1**（0）
短大	国公立	*1*（1）	*1*（1）			*0*（1）	*0*（0）	*1*（1）
	私立	*3*（9）	*3*（8）		*1*（3）	*3*（4）	*12*（21）	*11*（21）

（出典）学校基本調査データに基づく筆者の作表
（注）　数値のうち、太字下線は15年間に20％以上学生数が実数で増加したもの。イタリックは、15年間に20％以上学生数が実数で減少したもの。

加している分野、つまり国公立の保健とその他、私立の保健、教育およびその他の分野と、シェアの減少している国公立の教育の分野である。数値が太字やイタリックになっているのは、この15年間にシェアが20％以上変動したことを示している。このうち、保健分野は薬学や看護学の分野とりわけ後者の伸びが著しい。この分野で学び免許を得て就く職業は、国家資格制度に守られ、非保持者の従事が法令で禁止されているなど、将来的に安定かつ有望な職業であると思われている。これが若い学生だけではなく、社会人にさえ人気がある原因になっている。例えば医学で大学受験が高倍率で、他の分野と違って過年度高校卒業者（浪人）の割合がずば抜けて高いのは、そのためであろう。但し医学部の定員は厳格に管理されているので、私学の保健分野のシェアが倍増していることには寄与していない。また、この分野は、学問を虚学（机上の学問）と実学（実務の学問）に分けた場合、後者の典型であり、したがってアカデミアとしての大学とその応用・実践の場としての病院や医歯薬業界との連続的な結び付きも強く、工学分野以上に産学協働の典型例でもある。文系分野の研究バックグランドしか持たぬ高等教育研究者が多い中、保健分野は高等教育研究にとって未開拓の分野である。一方教育の分野は、国公立（多くは国立）と私立で対照的な変化である。私立では教員数の需給見通しと学生の教員免許取得志向の高まりに応じて、所要の教育課程を急激に拡大しているが、国立では大学改革のターゲットとして教育学部の改組転換問題を抱えるなど、大きな違いがある。この数値にはこれが反映されているものと考えられる。

改組転換等の苦労の跡も

さて、読者の皆さんはその他の分野のシェアも伸びており、かつ千分比の数値も大きいことに気づかれているのではないか。前記第３８２号掲載記事では十分に触れることができなかったが、このその他の分野の内訳を**図表２**でご覧いただきたい。その他には、学校基本調査でいう「その他」のほか、作表スペースの都合で私がその他に入れた農学、商船、家政、芸術が含まれていることにご留意いただきたい。このうち農学については、国公立と私立の在学者数が同じに近く、しかし国公立では農業

図表２　「その他」分野の在学者数と変化

		在学者数（2020）		2020/2005比	
		国公立	私　立	国公立	私　立
農学		35,217	42,405	1.04	1.17
	農学	4,214	6,238	0.86	1.10
	農芸化学	1,944	4,090	0.97	0.77
	農業工学	701	1,888	0.91	0.73
	農業経済学	1,225	1,270	1.81	0.45
	林学	1,015	551	0.93	0.70
	獣医学畜産学	3,518	7,477	1.02	1.03
	水産学	3,237	3,626	0.94	1.16
	その他	19,363	17,265	1.09	1.97
商船		411	－	0.94	
家政		3,882	68,235	1.12	1.20
	家政学	1,001	18,189	0.47	0.86
	食物学	2,375	37,420	2.09	1.62
	被服学	－	6,205	－	0.98
	住居学	163	1,064	1.51	0.60
	児童学	－	5,135	－	1.15
	その他	343	222	－	－
芸術		9,428	65,327	1.53	0.98
	美術	2,547	11,251	1.36	1.09
	デザイン	1,765	17,193	2.03	1.07
	音楽	1,759	13,833	0.97	0.74
	その他	3,357	23,050	2.07	1.08
その他		48,980	159,890	2.20	1.95
	教養学	2,174	4,865	1.73	2.21
	総合科学	571	－	0.94	－
	教養課程（文科）	2,949	2,475	1.02	4.71
	教養課程（理科）	4,215	1,618	1.06	1.39
	教養課程（その他）	2,869	－	－	－
	人文・社会科学	1,886	31,849	1.59	2.00
	国際関係学（国際関係学部）	837	17,478	0.71	1.58
	人間関係科学	－	15,541	－	1.86
	その他	33,479	86,064	3.08	2.01

（出典）図表１に同じ。

経済学が、私立ではその他が伸びていることに注目したい。また、家政分野では、国公立、私立ともに食物学の伸びが大きい。また、家政と芸術は、私立の在学生が多いことも目立っている。その芸術については、国公立、私立とも音楽は減少、美術やデザインは伸びている。最後の「その他」であるが、教養系が多く含まれる以外には大きな特色を見出すことは、この情報だけでは困難である。しかし、「その他」の中の「その他」が在学者数も多く、かつ伸び率も高いことから、国公立も私立もともに、既存の組織の改組転換や新設時にさまざまな工夫をこらしつつ、新たな教育を行うなど大学改革の実を上げ、かつ学生確保に精力を注いでいることが、少なくとも私には感じることができる。

以上、学士課程の分野毎の特徴について、ざっと述べてみたが、最後に大学院と短期大学について見てみよう。大学院は分野、修士・博士および設置者別の違いを超えて、もともと少ないシェアをこの15年間でさらに下げている。例外は教育分野の博士とその他の博士（私立）、そして増加している専門職課程くらいである。しかもいずれも在学者数が少ないので、今後の推移を注視するしかないであろう。グローバル化にとって必要不可欠な大学院人材養成がなぜ後退しているのかについては、改めてその要因や対策について考えることとしたい。一方短期大学については、引き続きそのシェアは落ちており、２０２０年には千分比で36となって、15年前のほぼ半分のシェアである。第３８２号の記事で「短期高等教育のあり方については、いろいろ考えがあるだろうが、この（縮小しつつある）現実と大学における職業教育の問題とは、有機的につながりをつけつつ議論しなければならない」と書いたのだが、その思いは今回も変わることはない。

（２０２１年２月８日）

６―３　大学の資金分布の傾向～違いから読み取れるもの

私を含めて本誌を読む皆さんの多くは、大学という組織で働くか、あるいはこれと関わりを持つ仕事をされていることであろう。ある場合は、文学者として人文系の学部に所属し、授業を通じて学生を教育すると同時に、自身の専門分野に関するさまざまな考察を著作・論文などを通じて発表されているだろうし、また、物理や化学の研究者として、同じく学生を教育し、場合によっては大学院で技術者や研究後継者を養成し、実験室で得られた知見を取りまとめて、国際的な学会誌に投稿して業績を積まれているかも知れない。さらには、医師であり教授でもあって、医学部に所属し教育・研究・臨床の三つの場面で忙しく立ち働いておられるかも知れない。これらの教員たちに交じって大学運営に大きな役割を果たす職員もまた、働く部署によってその態様はさまざまである。このように大学はさまざまな学問分野を抱え、それに対応して多種・多様な働きをする教職員によって構成される複雑な組織である。

分野によって異なる改革論議

したがって、大学はそれらのどの部分を見るかによって、印象は大きく変わるものである。例えば近年の大学改革の進行の中で、大学や学生・教員に関わる諸問題が論じられることが多い。大学の授業は就職の役に立たないばかりか、社会・経済の発展に貢献していない、学生はアルバイトや遊びには熱心だが大学での勉強には熱心さが足りない、第一勉強時間が大学設置基準の建前と大幅にずれている、米国の大学生の勉強ぶりを見よ、教員は授業や会議のある時しか大学に出てこないで、一体どこで何をしているのか、などの批判は、概ね文系すなわち人文・社会系の分野の大学を念頭に置いた批判である。

これに対して、科学技術・イノベーションは大事なのに予算が足りない、少ない予算では研究業績を上げることが難しく、世界を舞台にした競争に取り残されてしまう、産業界と大学とはもっと連携すべきだ、など批判を込めつつも前向きな議論に傾きがちなのが、理学・工学・農学などのいわゆる理工系分野の教育・研究に対する批判である。さらに医学や薬学、看護学などの保健系に至っては、これらの分野が人々の生活や福祉の向上にいかに役立ってきているか、医師の過重な勤務は改善されなければならない、これからのイノベーションはまさにこの分野から出てくるであろう、など非常に好意的な提言が多く、大学改革が必要だという批判めいた意見は極めて少ないというのが、私個人の印象である。おそらく保健系は人の命を預かる学問で、権威がありかつ現実の問題であるので、世間一般の人々だけではなく政界や官界さらには産業界からも遠慮があるのであろう。あるいは後述のように保健系には巨額の資金が投入されているので、その「医療経済」からの恩恵を受けている関係者が多いことも理由の一つではないだろうか。

科学的文化と人文的文化

私は十数年前、「特色ある大学教育支援プログラム」（ＧＰ）の採択に係る審査にしばらく関わった経験がある。その折審査に当たったチームは、文系だけではなく、理工系や保健系などさまざまな分野の大学教員を中心に構成されていた。また審査案件も文系・理工系、保健系と多様であって、普段大学改革の論者が念頭に置きがちな文系とは全く異なる世界がそこにあることを強く実感した。そもそも今のように学問分野が分かれているのはなぜか、ということについては、昨年（２０１９年）末の本誌第４７４号掲載の連載記事（本書９―１所収）で、隠岐さやか氏の著書『文系と理系はなぜ分かれたか』（星海社）を紹介したので、繰り返しは避けるが、その中でＣ・Ｐ・スノウが１９５６年に著した「二つの文化と科学革命」という本への言及があり、隠岐氏は、スノウが「その中で『科学的文化』と『人文的文化』の隔絶を説きました」と書いている。科学史研究者にとって必読のこの本が、その後の学問間の行動様式に違いを考える際に重要な文献になっていることを今更のように思う。

科学技術研究調査を見て

さて、現実の大学に話題を戻そう。我が国の大学にどのように資源が投入されているのかについては、総務省の「科学技術研究調査」のデータを見ることによって、全体を俯瞰することができる。科学技術と名前がついてはいるが、人文・社会系を含めて大学の研究者数や使用研究費の額などが調べられているので、都合がよい。図表にまとめたのは、設置者別・学問分野別に分類された大学の支出額の経年変化とその変化率である。ここでいう支出額は、研究費のほか教育や事業費などすべてを含む額であるが、大学における活動全体を見るにはその方がよいと考え、支出額全体を見ることにした。

調査によると、２００５年（数値は前年度、以下同じ）で大学が支出した総額は7兆２５２０億円で、その内訳は国公私立大学別に図表のようになっている。図表では総額のみ金額（10億円）で表し、内訳は千分比で示すことにした。その方が金額の相対的な大きさを直感的に理解できると考えたからである。国立大学では理・工・農分野と保健分野が突出、公立大学では保健分野が大きく、私立大学では人文・社会分野と保健分野が拮抗しつつ大きな額になっている。この傾向は、続く２０１０年、２０１５年、２０１９年と続くものの、その経年変化を見ると、保健系分野の値が相対的にも絶対的にも大きく伸びていることが分かる。国立大学ではかつては理・工・農系と保健系とはほぼ同程度であったものが、２０１９年では１１２対１７９と大きく差がついている。また私立大学でも、人文・社会系と保健系とはかつてほぼ同額であったが、２０１９年では１６１対２８６と大きな差がついている。

大きな部分を占める保健分野

このことは、図表右にある対２００５年比率を見ても明らかである。この２００５年からの14年間に、保健系では5割の支出増であるのに

図表　大学の設置者別・分野別支出額の経年変化

		支出額の比率（各年毎の千分比）				対2005年比率		
		2005	2010	2015	2019	2010	2015	2019
国立	人文・社会	24	24	21	20	1.11	1.03	1.01
	理・工・農	133	142	126	112	1.22	1.15	1.05
	保健	147	166	176	179	1.29	1.44	1.51
	その他	29	29	28	26	1.16	1.20	1.14
公立	人文・社会	10	9	6	8	1.05	0.79	1.03
	理・工・農	13	10	10	12	0.87	0.93	1.14
	保健	41	38	46	49	1.06	1.36	1.48
	その他	3	4	5	4	1.25	1.60	1.41
私立	人文・社会	216	185	176	161	0.98	0.98	0.93
	理・工・農	95	82	80	76	0.99	1.03	1.00
	保健	220	242	260	286	1.26	1.43	1.62
	その他	69	69	66	67	1.16	1.16	1.22
総計金額（10億円）		7,252	8,302	8,765	9,054	1.14	1.21	1.25

（出典）総務省「科学技術研究調査」データに基づく山本眞一の作表

対し、他の分野の伸び率は概して低い。私立大学の人文・社会系ではむしろ減少が目立つし、理・工・農系についてもほとんど伸びていない。近年、科学技術に関わる論文数が諸外国に比べて伸び悩んでいる背景には、研究費を含む支出額のこのような伸び悩みも背景にあるのではないか。これに対して、保健系は、もともと大学病院の経営には多額の経費がかかるのに加え、先端的研究の重点がこの分野に集まりつつあることや、公私立大学では看護系の大学の新増設が相次いだことも要因になっているのであろう。

いずれにせよ、２００５年時点で、大学全体の４割程度を占めていた保健系分野で使われている経費は、すでに5割を超えるまでに増えている。つまり大学のこと、あるいは大学改革のことを論じるに当たって、従来のように人文・社会系を中心に議論を展開するだけでは、大学の半分も解ったことにはならないのである。保健系は、人文・社会系とは異なり、国家試験制度によって、大学での学修が資格試験合格に結びつき、また資格無くしては望む職業に就けないという世界である。当然、学生のためのカリキュラムは実践的なものになり、つまりはカリキュラムの標準化は人文・社会系に比べると遥かに進んでいる。また、教育・研究・臨床という三つの分野が互いに密接な関係を持ち合っているので、経営・管理・運営も現実に即して合理的かつ実務的に組み立てられている。例えば国立大学において、医学部出身の学長が目立つのは、必ずしも票田の大きさだけの話しではなく、組織の管理に熱心にならざるを得ないこの分野の特性も寄与しているのではないかと私は見る。この分野の解明に高等教育研究はさらに寄与すべきであるし、より多くの高等教育研究者がこの分野のことを知ることが必要だと考える次第である。

（２０２０年2月24日）

6―4　分野の専門性と就職
～学校基本調査のデータから考える

卒業後の職業を横断的に眺める

猛暑の夏もようやく盛りを過ぎ高校野球も終わる頃、いつも話題になるのは、大学進学率の最新情報と私立大学の定員充足状況である。これは、文部科学省学校基本調査と私学事業団の「私立大学・短期大学等入学志願動向」調査によって知ることができる。しかしコロナ禍のためか、本稿執筆時点ではまだ公表がなされていない。また、コロナ禍との関係で言えば、今年は順延されたオリンピックが実施された年でもあり、これにまつわるさまざまな議論や出来事があった。コロナ禍の一日も早い収束を願わずにはいられない。ただ、2020年の大学進学率等に関して私が論じた2021年1月の本誌第500号（本書1―2所収）や、学生の専門分野別分布を論じた2月の第501号（本書6―2所収）で、2020年の学校基本調査データの検討が終わるわけではない。今回は、これらを踏まえつつ、大学院を含む学生の分野別・職業別就職者の現状を見ることによって、学問分野の特性や学歴段階別の事情などについて考えてみたい。

図表1は2020年春に高校、高専、短大、大学（学部および大学院修士課程、以下同じ）を卒業して就職した者の、学校段階別・専攻分野別の分布状況を表している。全体の中での量的感覚を把握しやすいように、例によって千分比で表している。例えば工学を学部・大学院で学んだ後に専門・技術職として就職した者は、就職者全体の千分の92人という具合である。また、高校・高専・短大につ

いては大学との事情の相違や就職者数の少ないことを考慮して、すべての分野の合計数のみ示してある。さらに専門学校や大学院博士課程修了者については、この図表には含めていない。また、表側の職業分類は学校基本調査が採用している日本標準職業分類に従っている。

専門分野により違う卒業後の職業

概観してみると、一番数が多いのは、高校を卒業して「上記以外」の職に就いた１４８人であり、これには生産工程従事者や建設従事者などが含まれる。近年は、サービス業と並んで、高卒就職者にとっての典型的な職業である。次いで、大学で工学を専攻した者で専門・技術職に就いた92人、社会科学を専攻して事務職に就いた91人が多い。また、近年学生数が急増している保健分野では、就職者68人中62人が専門・技術職に就いており、医師・歯科医師だけではなく、看護師や薬剤師など国家資格に支えられた各種の医療専門職の養成、すなわちこれらの職業人養成のための高度な専門職業教育が行われていることを反映している。なお、**図表１**の千分比の欄外に、分野別の合計数を記入してみたが、一番多いのが高卒就職者の２４７人、次いで社会科学がほぼ同数の２２９人、さらにこれらの約半数が人文の96人、工学の１０９人、そのまた半数が保健、教育、その他の分野で、これとほぼ同じ水準で短大卒就職者55人がある、という現状は今の

図表１　学校段階別・分野別卒業者の就職状況（2020年、千分比）

区分	高卒	高専	短大	人文	社会	理	工	農	保健	家政	教育	芸術	その他
専門・技術	16	7	33	17	33	13	92	11	62	11	35	9	18
管理	−	0	0	1	3	0	0	0	0	0	0	0	0
事務	30	0	9	35	91	3	6	3	2	3	8	2	15
販売	21	0	6	29	75	2	6	4	2	5	7	2	13
サービス	33	0	6	10	13	0	2	1	1	1	3	1	4
上記以外	148	0	2	4	14	1	4	2	1	1	2	1	4
（合計）	247	8	55	96	229	19	109	22	68	21	56	15	54

（出典）学校基本調査に基づく筆者の編集・作表

高等教育の特性を数字で示す情報として興味深いものである。

各分野の学生のどれくらいの人数が専門・技術職に就くかは、保健分野に限らず、その分野の専門教育の実態と関連している。例えば、保健分野と同じくその比率の高い工学や教育の分野では、卒業後の職業のイメージがエンジニアや教師であるように、相当程度明確であろう。しかし、人文や社会科学において、専門・技術職に就く学生の割合は低い。もちろん事務職や販売職に専門的知識が不要というわけではない。但し、その職業に必要な専門知識は、大学のみで得られるものではなく、幅広い、あるいは奥深い教養に支えられた能力によって、仕事を通じて学び取るべき部分も大きい。その意味で大学では、将来に向けての基礎能力を養成するよう、教養教育や専門教育の内容・方法を工夫すべきではないか。

大学院比率の高い理工農分野

次に用意した図表2は、大学卒就職者の中で、大学院修士課程修了者の比率が職業・分野別にどれほどであるか、つまり大学院比率を示すものである。各分野の合計数で見て比率が高いのは、理学（36・1％）、工学（35・6％）、農学（20・9％）であり、理系分野でこの比率が高いことをよく表している。医系である保健分野の数値は8・3％とそれほど高くないことが注目される。また、職業・分野別では、理学と工学の専門・技術

図表２　大卒就職者に対する大学院修了者（修士）の職業別・分野別比率（2020年、％）

区分	計	人文	社会	理	工	農	保健	家政	教育	芸術	その他
合計	11.4	2.8	2.7	36.1	35.6	20.9	8.3	1.9	6.2	8.4	15.9
専門・技術	20.8	7.7	4.8	44.5	38.4	29.9	8	2.7	7.6	10.9	36.1
管理	20.2	2.6	17.2	52	41.2	50.4	71.4	18.2	28.6	4	29.9
事務	4.7	2.3	3.1	15.8	25.1	14.4	13.5	1.2	5.7	6.1	7.1
販売	1.7	0.9	0.8	7.8	9.9	6.5	5.2	0.8	1.6	2.2	2.3
サービス	3.3	1.1	1.2	25.8	19.4	11	5.7	1.4	3.3	4	4.9
上記以外	10.6	5.1	4.4	42.1	28.2	19.9	18.3	1.6	4.1	9.6	14.7

（出典）図表１に同じ

職への就職者で、それぞれ44・5%、38・４%と高いことが目につく。なお、管理的職業に就くものの大学院比率が高いが、そもそもこのカテゴリーに該当する人数は極めて少なく、したがって個別の事情によって左右されるところも大きいと判断し、今回は説明を省略する。

反面、大学院比率の低い分野は、人文、社会および家政であり、それぞれ一桁台の前半に留まっている。その理由についていては、これまであちこちで散々に言われていることであるので、詳述は避けることとしたいが、単純に言えば大学院で学びを深める必要がない、大学院よりも学部卒の方が就職に有利である、などと多くの関係者が信じていること、つまりは日本的雇用慣行の残滓が未だに存在しているからであろう。また、大学進学率は上昇しているかも知れないが、大学院にまで進学するなると４年在学に加えてさらに2年在学しなければならない、つまりは学費が5割増しになってますます経済的に引き合わないと考えるのが、学生やその親の気持ちではあるまいか。但し、私自身がこの連載で扱った大学院教育の効用分析（第５０７号）（本書3―3所収）にあるように、就職に成功した場合の経済的便益は大きいという結果も出ているので、必ずしも引き合わないというものでもない。しかも、グローバル化社会の進展により、世界的に見れば社会の各方面のリーダーとしては、修士・博士の学位を身に付けることは「標準」となってきており、その傾向はますます強まるものと思われる。皆さんが新卒就職時には学士であっても、その後はあらゆるリカレント教育の機会をとらえて、修士や博士の学位を取得しておくことは、将来のキャリアを考えるに際しても、選択肢を増すとともに、経済的にも有利なのではないかと考える。

近年、高校の進路指導は大学進学率の高まりの中で、進学を前提とする場面が広がってきている。かつて職業高校と呼ばれ、工業、商業、農業など職業に直結する教育を行っていた学校は、専門高校と名を変え、中等教育レベルではあるがさまざまな専門教育を施す学校に変化している。高校生の進路の多様化に応じたものだと言えるだろう。一方、大学の方はどうかと言えば、理系とくに国立大学において大学院進学者がかなりの数に及ぶとはいえ、多数の学生は４年間の学士課程教育を終えた段階で就職をする。しかし、大学院教育の拡大が期待されるグローバル化時代に備え、大学についても学生の多様化に合わせて、教養教育や専門教育、職業教育のバランスの再調整が必要になってくるものと思われる。

（２０２１年９月13日）

6―5　文系大学院教育改革の方向性
～中教審とりまとめ案を読んで

過去の経緯も振り返る

大学院改革について議論を進めてきた中央教育審議会大学分科会大学院部会では、このほど「人文科学・社会科学系における大学院教育改革の方向性」と題する中間とりまとめ案を公表した。副題にある「自主的な「問い」の尊重と教育課程として果たすべき責任の両立に向けて」は、まさに文系大学院の問題の本質を示している。このことは、大学院自体の教育研究環境の整備・充実に止まらず、現状では少ない民間企業等へのキャリアパスの開拓や、無業者を産み出しがちな大学教員等へのキャリアパスの合理的改善などを通じて、この分野の大学院が輩出する人材の姿を明らかにすることを含んでいるのである。このように言わんとすることはよく理解できるのだが、論点の多くはすでに数十年来の大学院改革論議の中で言われ続けていることでもある。むしろ問題は、なぜこの分野の大学院教育は振るわないのか、という理由を深く掘り下げて考える必要性を含んでおり、そのためには少し過去にさかのぼって考える必要があるように思う。

我が国における大学院制度は、世間の人たちが考えている以上に古い。それは明治19（1886）年に発足した帝国大学において早くも大学院なる制度が位置付けられていることからも分かる。帝国大学令第二条には「帝国大学ハ大学院及分科大学ヲ以テ構成ス」とあり、大学院は分科大学すなわち現在の学部と並ぶ組織として明確に位置づけられた。また、その役割については同じく同条において

「大学院ハ学術技芸ノ蘊奥ヲ攷究シ分科大学ハ学術技芸ノ理論及応用ヲ教授スル所トス」として、両者が研究と教育を分かち合うような形で規定されていたことも興味深い。

大学院の成長を阻むもの

但し大学院は当初の目論見通りには発展せず、天野郁夫教授の言によれば研究者予備軍の「宿り場」としての役割を果たすに過ぎなかったようである。このような旧制大学制度の下、官界、学界、そして実業界のエリートは、主として分科大学を卒業後その途に入り、留学や学位取得その他それぞれの職業に必要な装備は、その後のキャリアパスの中で身に着けるものであった。私が東大法学部の学生だった50年ほど前、法学分野のアカデミアに進む者で最優秀な学生は、法学士のまま助手として採用され、３年間の研鑽の後、わずか25歳で助教授に昇進するという独自のシステムが残っており、大学院に進む者は二番手の学生であるという噂が流布していたことを思い出す。今日のように、多くの準備を大学や大学院という限られた世界で賄おうという発想はなく、大学はいわば人材のスクリーニング（篩い分け）を行う関門としての役割を果たしていたと言えるだろう。但しこのことは文系分野についてとくに言えることであって、理工系についてはやや事情が違うことは承知している。

その伝統は戦後の新制大学にも引き継がれ、大学は学ぶところではなく入るところであるという観念が、文系分野を中心に広く流布し、社会経済の変化や18歳人口の減少による受験競争のプレッシャーが弱くなった今日でさえ、大学評論の一角を占めているほどである。大学院とりわけ博士課程の認知度は未だに十分とは言えず、アカデミアに進む者を除けば、理系では修士、文系では学士が必要な学歴の最高峰だという、グローバル化時代と逆行するローカルな認識が幅を利かせている。このことは、とくに大企業の大卒事務系従業員のいわゆる日本的雇用慣行（若年時一括定期採用）と親和性があったため、長らく我が国における文系学生の就職活動のパターンと深く関わってきた。ただ、世の中のグローバル化に伴い、我が国の指導層における学歴が諸外国に比べて低いことが問題視され、また就職もこれまでのようなメンバーシップ型ではなく、学歴によって証明される能力に基づくジョブ型雇用に移行すべきであるという強い声に押されて、我が国においても大学院教育の普及とそれを支える改革が必要であるという声が大きくなりつつある。

制度の枠組みは改善されたが

さて、私事で恐縮ながら、私が50年前の昭和47（１９７２）年に文部省に入省したとき、最初に配属されたのは大学学術局大学課の大学院係であった。その折命ぜられた仕事が大学院改革に関する事務であり、その意味で大学院問題は私のキャリアパスの最初に通ったものとして、極めて印象深い。当時の状況を振り返ると、戦後教育改革の中で新制大学が発足したのが昭和24年（一部は前年から）ではあったが、大学院については米国型の修士・博士課程からなる新たな課程制大学院に作り変えられたものの、新旧制度の切替に時間を要し、省令の規定に基づき旧制大学院が昭和36年度まで存続するなどしていたこともあり、現在のような大学院設置基準も定められておらず、大学院の設置認可は大学設置審議会が定めた要項によるなど、制度面での整備も遅れていた。しかしながら、理工系分野の拡大による修士課程の拡大が事実上進み、旧制度のような研究者養成一本槍の大学院運営は実態に合わなくなっている部分もあった。私が大学院改革に関する事務に携わった２年間、修士課程における高度専門職業人養成機能の追加や博士課程における研究指導の充実、学位取得に要する期間の大幅超過改善などさまざまな課題が議論された。その結果、とりあえずの省令化が実現し、昭和50年度から大学院設置基準が施行されたのであった。

改革は当初、修士課程を中心に進行し、夜間の課程や独立研究科・大学院の制度も整備され、現に職業を持っている者が大学で学び直しをする機会は大幅に拡大した。また、平成期に入る頃からは、科学技術や学術政策における大学院の役割が見直され始め、博士課程にも改革のメスが入り始めた。このようにして、学生の受け皿としての修士課程や博士課程は順次整備されてきて、今や多くの有職者にとって貴重な学びの機会が提供されている。私が桜美林大学で関わった大学アドミニストレーション研究科もその一つである。但し、有職者にとっては、転職を狙わぬ限り就職活動の心配はないが、学士課程から修士課程に進学する者、またその後に博士課程に進む者には、大学院修了後のキャリアパスの問題が重くのしかかるのである。これについて、学生・大学院・企業の言い分はそれぞれの立場を反映したもので、誰が問題であるということを即断することはできない。大学院レベルの人材が幅広く活躍する、という大目標を共有しつつその中で漸進的な改善・改革をそれぞれが努力するしかない。

但し留意すべき点はいくつかある。その一つは大学院とりわけ博士課程の規模の問題である。かつて博士課程は将来大学教員や研究者を目指す学生のための訓練の場であった。そのため、将来の就職見通しを大学院や担当教員の方でも相当な注意を以って考えていて、たとえ入学定員を大幅に下回ることがあっても、有望な学生のみを入学させていたように記憶している。それがいつの頃からか定員充足に重きが置かれるようになって、事態を悪化させることになったのではないか。定員は最大受入れ可能人数であって、それを埋めなければならないというのは、教育・研究の論理というよりは予算管理の論理であろう。今回の中間とりまとめにおいても、博士課程修了者のキャリアパスを拡大することは容易でないことから「大学院教育に関する各種の体質改善が進まない限り、安易に進学者を増やすことに対しては慎重になる必要」があるとしている点には、とくに留意する必要があるように思えるのである。

（２０２２年７月11日）

6―6　医学部合格者分布に見る我が国の高等教育
～その課題とは？

医学部人気の理由

近年の大学入試は、かつて団塊の世代が受験した50数年前やそのジュニア世代が受験期を迎えた30年ほど前とは激変し、高校での主要教科の習得状況や応用能力を一般入試によって競わねばならない受験生は、国公立大学と一部の難関私学を除けばその割合を減じ、代わって推薦を主軸とする新たな入学者選抜が大きく伸びている。それにはさまざまな背景があるが、最も大きなものは18歳人口の減少に起因する受験生・入学者確保の困難にある。前回（本書1―4所収）の論稿でも触れた通り、入試は全体としては大幅に易化して、受験地獄という従来の枠組みで高等教育を眺めることは、高校や大学の運営その他さまざまな経営判断を誤る要因になりかねないから、注意が必要である。

但し、医学部だけは別のようだ。近年「東大よりも医学部」という声を私自身聞く機会が多くなった。医学を通じて社会に貢献したいという真っ当な理由に並んで、医師というものの社会的地位や経済的見返りにあこがれる高校生やその保護者の何と多いことか。経済学者の橘木俊詔氏は、かつて日本の金持ちとは「開業医」と親から譲られた中小企業の「経営者」であることを喝破した（日本の金持ち研究・日本評論社）。このうち親からの継承に基づく経営者はそれこそ親次第である。他方、開業医も膨大な投資の上に成り立つことを考えるとこれまた親次第であるとも言えようが、少なくともその出発点である医師については、財力よりも知力という誰にでも能力次第で手が届きそうな錯覚を人々に与える。その第一歩としての医学部受験が熱気を帯びるのは当然であろう。

医学部と医師はさまざまな特典によってその地位を保持してきた。医師免許の無いものは医師と同じ医療行為を行うことができない。他の医療職や法曹など国家資格保持者と共通点がありそうだが、歯学・薬学・看護学などが急速に入学定員を増やし過剰感があるのに対し、医学部は近年のわずかな例外を除けば、定員およびその充足を抑制してきた。そのための不足感もあってか、ますますその職業的地位が向上するのである。ちなみに、我が国のエリート人材のプールと考えられている霞が関キャリア官僚群は、毎年数百名の新規採用者を迎えているが、そのうち社会的・経済的見返りが期待できる者は毎年百名を上回ることはないであろう。一方、医学部は毎年9千人の入学者を迎えているが、たとえ大学や大病院での栄達が望めなくても、一医師として、あるいは開業医として尊敬を集めかつ経済的成功も収めることができる。それゆえ、他の学問分野では入学志願者減によって、毎年の入学者に占める現役の割合はす

図表1　医学部合格者の高校別分布（2023年　上位272校）

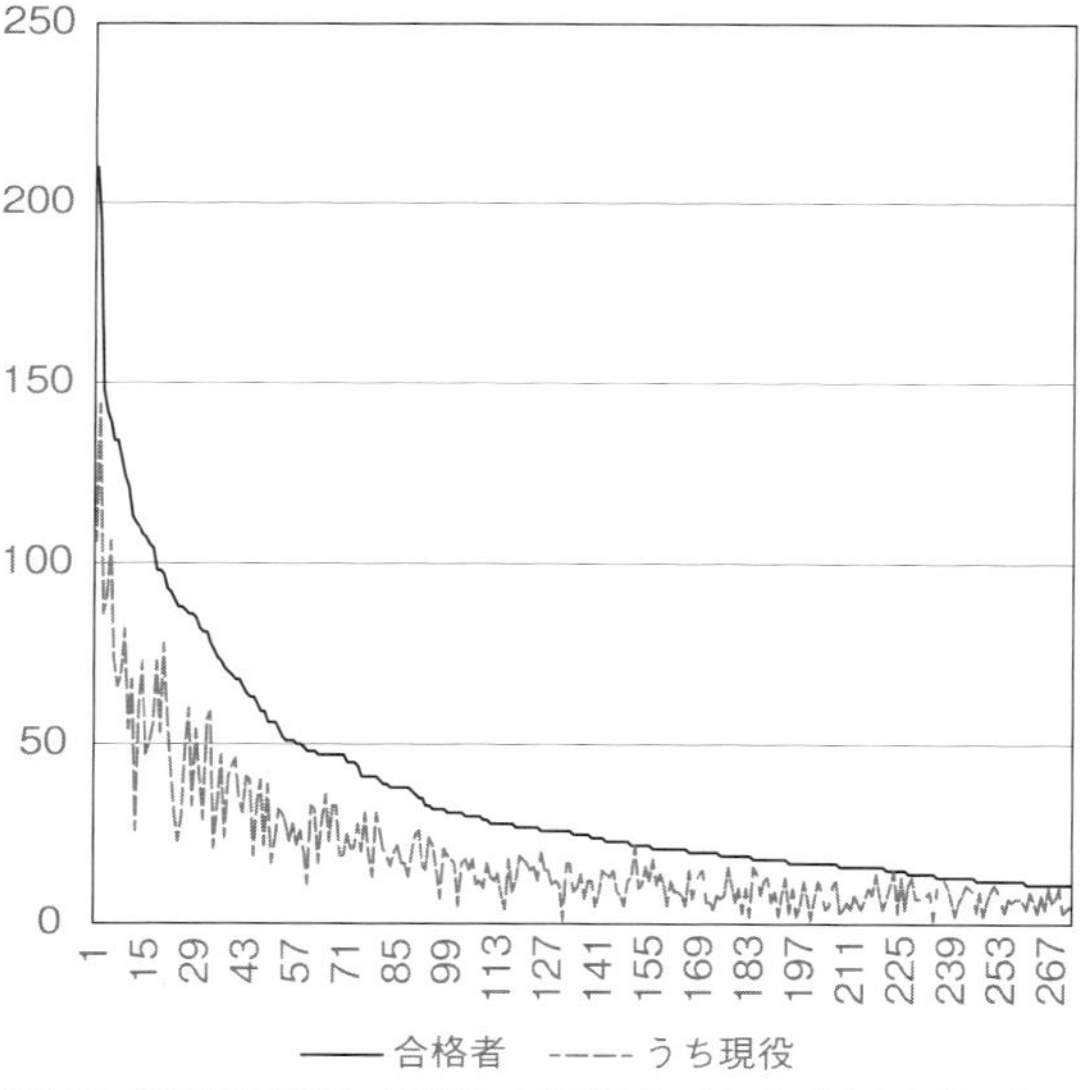

―― 合格者　---- うち現役

（出典）週刊朝日2023年6月2日号掲載データに基づく山本眞一作図
（注）　縦軸は合格者数、横軸は合格者数の順位である。

でに9割を上回るようになっているが、医学部だけは相変わらず浪人も多い。これは**図表1**を見ても明らかである。

特定の高校への合格者集中

さてずいぶん長い前置きになってしまったが、今年5月、たまたまあと2回で休刊という週刊朝日を手にとる機会があった。その中の記事「大学合格者高校ランキング　全82医学部２０２３大学入試」というものがあり、医学部人気の背景に「女子の進学熱とコロナ禍の将来不安」があると記者は書いている。私はそれもあろうが、上記に述べたようにもっと本質的な志望動機があるはずだと思う。医学部に合格者を出している高校の個別のデータが一覧できるこの情報から、我が国の高等教育の課題について何かが見えるのではないかと思い、この小稿を書くことを思い立った。週刊朝日の調査は、今年春に全国の82医学部入試に合格した現役・浪人の受験生の数を高校別にリストアップしてある。但し、合格者であって入学者ではないこと、同一高校から11名以上合格者を出した高校（２７２校）のみのリストアップであること、一部の合格者については高校側からの回答がなかったらしいこと、などの制約がある。しかしながら、**図表1**のように合格者が多い順に高校別に人数をプロットしてみると、比較的少数の高校に合格者が集中していることが分かる。具体的に述べれば、このデータで一位の愛知県内の高校から27位の東京都内にある高校まで、２７２校の1割に当たる学校が２７２校全部の合格者の3割を占めているという計算になる。なお、個別の高校名を知りたい方は、週刊朝日の元記事をご覧いただきたい。また**図表1**では合格者と並んで当該高校卒業の現役合格者数もプロットしてみたが、分布の傾向は合格者全体と同様ではあるものの、高校によって浪人生の割合がかなり異なることが分かる。

次に、11人以上の医学部合格者数を出す高校の設置者別の状況を調べると、受験市場において優位を占めるとされる国立・私立の割合は、学校数で言えば２７２校のうちの１６３校すなわち59・９％、卒業生数で言えば58・４％だが、医学部合格者数では72・５％、現役合格者数では73・９％となっている。地方においては公立高校も健闘しているようだが、有名私立高校＝医学部＝医師という強固なルートは、このようなデータからも窺えるところである。また、**図表２**は県内の全高校卒業者に占める当該２７２校の医学部合格者数割合を示している。出来合いのエクセルの作図機能を利用していて、自動塗り分けになっているので、多少見づらいところがあるのはご容赦願いたい。全高校卒業者数は、今年のデータが手元にないので昨年のデータを使っているが、傾向は変わらないであろう。数値は奈良県３・２％、東京都２・５％を筆頭に、最低の県では０・３％となり、かなりその差は大きい。全般的に都市部を含む県や西日本の県の数値が高いように読めるが、２７２校の分布が全高校の分布とは一致せず、かつ

図表２　都道府県別医学部合格者比率の分布

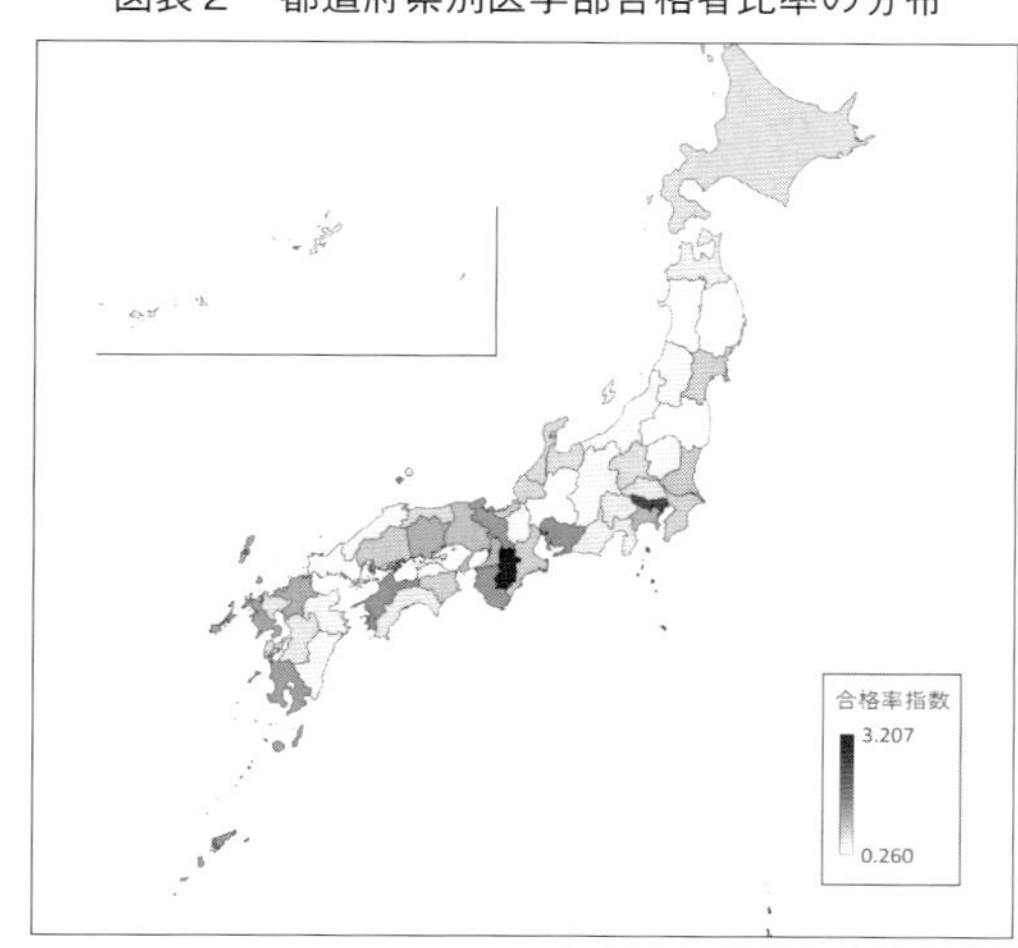

（出典）図表１と同じ
（注）　比率＝図表１の高校の医学部合格者数／同一県内の高校卒業者数。
濃淡はEXCELによって自動分類され、濃い方が高い比率を示す。

一部の有力校の存在がその数値に大きな影響を与えていることを理解しつつ眺めてもらいたい。

医学部問題にマクロの視点を

このように医学部進学の人気は根強い。高校生が自らの判断で進学先や学問分野を選ぶことは当然の権利であり、それをとやかく批判することはできない。しかし、高等教育や人材養成というマクロの観点から見れば、能力ある人材がその適性に従って教育を受け、社会のあらゆる分野で活躍するということは、非常に大事なことである。理系重視が近年の国策であるが、理学・工学に行くべき人材が、単に成績が良いからという理由だけで医学部を選択するのはいかがなものであろうか。現在、医学部進学には私立だと6年間だけでも何千万円もの学費が必要である。国公立大学は他分野と同額でいかにも安価はように見えるが、例えば公立大学に対する国からの地方交付税交付金の学生当たり年間交付単価は、令和3年度で人文科学は44万円、社会科学は21万円、理科系は１４６万円であるのに対し、医学部については３７６万円である（総務省データ）。また、私立を含めて医師一人を養成するには億単位の公費が必要であるとも言われている。公共政策の観点から改めて医学部進学の課題を考えてはいかがであろうか。

（２０２３年６月12日）

第7章

大学の研究機能

7―1　大学の研究機能～受容から発信への進化

研究とは何か

大学の機能には、教育や社会貢献と並んで研究がある。然らば、この研究というものはどのようなものかと言えば、意外にその概念は茫漠としているように思える。例えば、皆さんの大学には教員のための個室が備えられているのではと思うが、これに「研究室」という名前がついてはいないだろうか。世間の人は、これを見て、教授たちがその部屋にこもって研究活動をする場所だと思い込んでいるかも知れない。しかし私自身の経験から言えば、研究用の隔離された個室というのは虚構に近い。研究室なるものの実態は、作業部屋でありきれいな言葉で表現するならそれは「オフィス」である。そのオフィスの中では、本来の研究ではない仕事、つまりは事務仕事が数多くこなされていて、それは教員自身で処理することもあれば（文系教員に典型的）、研究費が潤沢な教員であれば、人を雇って行わせている場合もある。さらに大学によっては、研究室でゼミナールを開いたり、学生の修学指導に活用されたりしているところも多かろう。私がこれまで勤めた大学では、あるところでは「山本研究室」というプレートが掲げられていたこともあり、また別のところでは「山本教官室」というものもあった。最後に勤めた桜美林大学では「山本オフィス」と称されていた。

「研究」という単語の意味を広辞苑で調べると「よく調べ考えて真理をきわめること」とあり、用例として「古代史を『研究』する」とある。調べ考えるという行為とその成果であろう「きわめる」

ことのつながりに、いま一つ具体性がないのが残念ではあるが、大学教員の研究活動を広く言い表す日本語としては、これで良いのであろう。次に、総務省の科学技術研究調査における「研究」の定義は、「事物・機能・現象等について新しい知識を得るために、又は既存の知識の新しい活用の道を開くために行われる創造的な努力及び探求をいう」とあり、目的もなく単に書物を読んでいたり、既に発明・発見されているような知識を勉強するだけであったり、学生への講義のための準備をしたりする作業などは当たらないように読める。但し、同調査の記入上の注意を見ると、大学教員はすべて研究者であるとされ、また研究者はその活動時間を「研究以外の業務（教育活動など）と按分して記入する必要はありません」とあるから、実際問題としては、大学教員の研究時間は実態よりも過大に出ている可能性がある。このことは、私が２０００年前後にＯＥＣＤの科学技術政策の専門委員会に何度か出ていた折にも、研究者を頭数で数える日本方式と、研究以外の時間を除外して数える（つまりフルタイム換算）欧米諸国の方式との違いがあり、どのような手法をとれば適切な研究者数を表現できるかを議論した覚えがある。

文系分野の研究への批判的言説

結果としての我が国の実態は、一年半ほど前のこの連載（第４３０号、２０１８年2月26日掲載）に「リサーチ・エコノミーの実相」という標題をつけて書いたことがある。詳しくはそちらをご覧いただきたいが、バックナンバーのない方のために要約すると、２０１６年データでは、国公私立大学の全分野の研究従事者数（補助者を含む）はおよそ40万人、研究費は人件費を含めて３兆６千億円であったが、研究従事者数の３割が理工系、４割近くが医歯薬系で、研究費でいうとそれぞれの分野がほぼ3分の一ずつを占めているという事実が確認できた。但し、研究費らしい研究費すなわち申請書を出すなどして苦労して得た外部研究費の額で言えば、国立大学の理工系分野で全体の3分の1以上、同じく国立大学の医歯薬系分野で4分の1程度と、これらで全体のほぼ6割を占めている。学問分野や大学の設置形態別に見ると大きな差があることが分かる。

さて、次に研究の内容・方法のことである。前述の研究の定義は理工系や医歯薬系にはよく当てはまるが、文系には疑問があると感じておられる読者も多いことであろう。これについては、10年ほど前のこの連載で「人文科学、社会科学の研究者には、外国語文献の翻訳と紹介によって、学者としての地位を築き、維持している人が多い」と述べた黒木登志夫氏のショッキングな指摘を、私が紹介したことを覚えておられるかも知れない（第232号、2009年11月23日掲載記事）。また、同じ論稿において「明治以来の日本の学問は、西洋における学問の成果の輸入を主要な仕事としてきた。従って西欧での学問の成果を紹介することで、研究者としての業績が成り立つという面があった」とする高根正昭氏の批判にも言及した。それから少し年月も経ったので、少しは改善されて、既存の知識の受容ではない新しい知識の発信に努力している研究者も増えていることと思うが、皆さんの周りではいかがであろうか。

未知の探求へ拡大する研究

図表は、大学の教育機能と研究機能を、対象とする知識の「既知と未知」、「基礎と応用」の二つの軸で分けた姿を表している。図表左下（第三象限）の部分は既知で基礎的な知識を扱う大学の姿である。これは明治以来の我が国の大学の典型であって、欧米で研究して出された結果を我が国が受容し、それを専門教育や教養教育に分けて学生に教授するのである。また研究についても、前記の高根氏の批判のごとく、欧米事情をとりまとめるだけでも研究として通用したのである。大学院は研究者養成を主目的とする学術研究型の大学院であった。

この伝統的な大学の機能は、大学進学率の上昇による教育の大衆化、そして科学技術の進展と国際的競争の激化に伴う研究の高度化の二つの側面から、大きな改革に迫られるようになった。早くは戦前から理工系分野では研究活動の国境を越えた競争が始まり、戦後は急激な大衆化の波が大学界を覆うようになった。**図表**の右下（第四象限）に伸びた大学の研究機能は、欧米からの受容ではなく、欧米をも巻き込む競争の渦の中に置かれている現在の研究活

図表　大学の機能に関する概念図

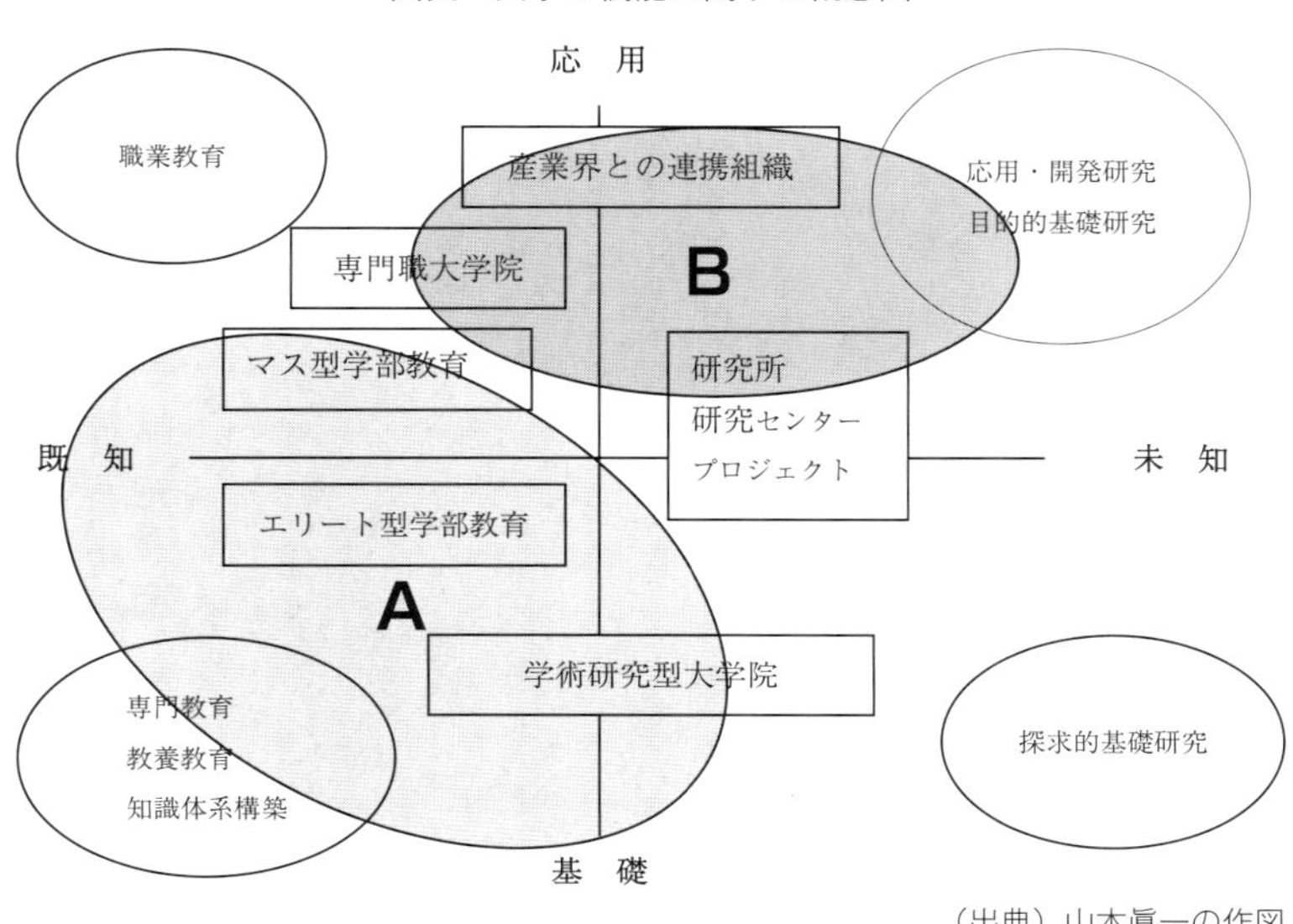

（出典）山本眞一の作図

動の姿を表している。既知の知識体系を整理するだけに止まらず、新たな知識を発見・開発する「探求的基礎研究」であるのはそのためである。図表の左上（第二象限）には大衆化に見舞われた大学の教育機能で、高等教育レベルの職業教育を含め、職業に役立つ教育がますます必要になる様を示している。２００３年に制度化された専門職大学院もここに位置づけられる。

近年の科学技術の発展は著しく、科学技術に加えてイノベーションに貢献する大学像がしばしば語られるようになってきている。科学技術基本計画などで重点領域として提示される研究は、未知の知識であるが研究成果を直ちに応用するような「目的的基礎研究」である。このため図表右上（第一象限）のような研究は、伝統的な学術研究型大学院に加えて、より柔軟な組織においても行われ、また産業界との連携も進められることになる。

このような地合いの中で、産業界や科学技術政策を推進する政府関係者の想定する大学の機能は、主として灰色の楕円Bで囲った領域にあり、多くの大学関係者が想定する楕円Aの領域とはかなりのズレがあると私には思える。もちろんAからBに擦り寄ることが大学のあり方であると言うつもりは全くない。しかし、大学と社会との関係、大学に対する政府や社会からの期待、大学への今後の資源配分などは、すでに開始から30年経っても一向に終息しない現在の大学改革の将来を考える上で、非常に重要なことであることだけは確かなことなのである。

（２０１９年８月12日）

7―2　研究活動の実態～分野による優先資源や研究費の違い

大学の研究機能については、第465号（2019年8月12日）（本書7―1所収）に「受容から発信への変化」という観点で書いた。今回はその続きである。言うまでもなく、研究は大学教員にとって最大の関心事である。私がかつて東京大学の事務局に課長として赴任したとき、最も驚いたことは、職員の学内地位の低さ（これは当時の東大文書でも、戒める意味で言及されている）と並んで、当時の「教官」が自分たちの仕事のことを「研究教育」と言い、文部省や社会一般で広く使われていた「教育研究」と語順が違うことであった。つまり意識的にせよ、無意識であったにせよ、東大教授は研究を最優先に考える習慣が身についていたものと思う。

研究による大学格差の増大

近年、少なからぬ大学では、研究は大学の学問的威信を高めるためだけにあるのではなく、大学発展に利益をもたらすものであると認識されるようになってきている。つまり、研究活動の活性度やその結果としての成果のインパクトは、当該大学の社会的なステータスになり、企業との連携もより容易にでき、かつさまざまな支援が政府からも受けられるというわけである。例えば、国立大学はミッションの違いによって三つの類型に分けられたが、そのうち「卓越した教育研究型」とされる16大学は「主として、卓越した成果を創出している海外大学と伍して、全学的に卓越した教育研究、社会実装を推進する取組を中核とする国立大学」であるとされ、この趣旨に沿った重点支援がなされることになっている。

また、平成28（２０１６）年に制度化された指定国立大学法人は、「我が国の大学における教育研究水準の著しい向上とイノベーション創出を図るため、文部科学大臣が世界最高水準の教育研究活動の展開が相当程度見込まれる国立大学法人を指定国立大学法人として指定することができることとするとともに、指定国立大学法人に関し、その研究成果を活用する事業者への出資、中期目標に関する特例について定めることとした。」（文科省）とある。これに指定された国立大学法人である七法人、すなわち東北、東京、京都、東京工業、名古屋、大阪そして一橋大学という顔ぶれを見ると、やはり旧帝大や旧官立大の伝統を引き継ぐ大学が強いという印象を持つ。

教員一般に見られる研究重視

もちろんここで強調されているのは、あくまで強い教育・研究機能であって、研究のみに特化したものではないが、その背後には優れた研究に対する期待があるのは間違いあるまい。私が文部省に入って最初に与えられた仕事は大学院改革であったが、そのとき国立大学で博士課程が許されているのは、制度によって博士課程設置が義務付けられた医学・歯学の分野を除けば、旧帝大と旧官立大学のみである、ということを知ってびっくりしたことがある。その後、工学分野を中心に他の国立大学にも小規模ながら博士課程が設置されるようになったが、私の付き合いが深い教育学では、普通の国立大学の博士課程はいまだに連合大学院制度によって運営されている。戦前の制度が改まって70年も経つのに、このような一種の序列は容易に変わるものではない。

さてしかし、大学教員という目線で見ると、研究活動に重点化した大学の教員だけではなく、すべての大学において教員は教育よりも研究活動が優先、と考えていることが広島大学グループの調査によって明らかになっている。これは米国や中南米の大学で教員の多くが研究よりも教育と答えているのに比べ好対照である。もちろん、これには大学教員として入職する際に、行う職務についての明確な契約がない日本では、教育も研究もしっかりと行わなければならないのは当然であると解釈することができよう、また教員の採用や昇進に当たっては、近年はやりの「社会人教員」あるいは「実務家教員」の場合はいざ知らず、ほぼ例外なしに、博士学位の有無や査読付き学術論文の本数などがそのベースになる。いやが上でも、研究活動に熱心にならざるを得ないのが、国公私立大学すべてを通じる教員の態度である。

しかし、これらについて、内閣府や文科省など政府側から大量に出る情報は、多くは先端的な研究・イノベーションに関するものが多く、また目立つ研究活動は、研究に重心のある有名大学の教員に関するものであること普通である。普通の大学の普通の教員がどのような研究活動を行っているかを示す情報は、意外に少ないのではあるまいか。これに関して、私が筑波大学に勤務していたとき、仲間とともに調査研究を行ったことがある。いささか古くて恐縮ではあるが、研究活動にまつわる基本は大きくは変わっていないと思うので、ここで紹介をしておきたい。

一般教員を含む実態はいかに

この調査は、平成14（2002）年に私を研究代表とする筑波大学のチームで行ったもので、全国の国公私立大学（四年制）の教授、助教授（当時）約1万5千人（回収率17％）を対象に、優先度の高い研究資源、研究費と研究成果、使用研究費の額などを詳細に調べたものである。ここに掲げた図

表はその中でごく一部のものであるが、法人化直前の時代状況を思い出しながらお考えいただければと思う。また、分野も調査結果の中から一部を抽出したことをご了承願いたい。第一に、**図表１**に示すように、主要な研究資源の中で優先度の高いものは、社会科学などの文系と、工学などの理系とではその傾向に大きな差がある。文系では研究費に比べて研究時間に重きを置くものが極めて多く、また外国旅費や図書・雑誌に対する優先度が高いのに対し、理系では、研究時間や研究費と並んで、助手、ポスドク、大学院生など支援研究者に対する需要が極めて高い。また、研究施設は設備の必要度も、当然ながら実験をベースにすることの多い理系のニーズが格段に高い。

第二に、研究費の増減が研究成果に及ぼす影響については、研究費に比例して研究成果も増すと答えた者が、分野を問わず多かったものの、研究成果は研究費の多寡とは関係ないとする者が文系を中心にかなりの数に上った。これは研究時間の確保が何よりも大切で、研究費が増えるほど研究事務負

図表１　研究資源の優先度
（全体と100とした相対スコア）

	社会科学	工　学	保　健
研究時間	39	27	17
研究費	18	18	29
国内旅費	6	5	0
外国旅費	12	3	0
研究スペース	3	5	4
研究設備	1	10	4
図書雑誌	9	1	1
支援研究者	9	24	27
その他	3	7	18
合計	100	100	100

（注）「その他」には技術スタッフが含まれる。数値は四捨五入のため、0は無という意味ではない。

図表２　年間使用研究費（単位万円）

	社会科学	工　学	保　健
上位10％	330	2,175	3,800
中央値	111	508	763
下位10％	35	133	138

出典：図表１、２とも筆者の科研費研究成果（2004）
研究費は1998～2001の年平均値

担が増えると思う文系と、研究費の増加にともない設備が充実し、また支援研究者や事務担当者を雇えると思う理系との考え方の差ではないか、と当時思った。いずれにしても、人・モノ・カネのバランスの取れた充実が、研究活動にとって必要なことであるのは間違いない。

第三に、年間使用研究費は、図表2のように分野によって大きく異なり、また同一分野であっても大きな差があることが分かった。例えば文系でも、平均（中央値）で111万円であるものが、上位10％値では330万円、下位10％値では35万円という具合である。もちろんこれらの数値には科研費や外部研究費などが含まれているので、そういう資金を得ていない者にとっては実感より多額であるとの印象もあろう。かつて文系でも一人平均50万円以上の「研究費」と称する自由裁量の資金を大学から得ていたものだが、いまやこの表で言えば下位10％値にも及ばぬ教員も増えていることであろう。ここ20年近くの間に起こった研究環境の劣化は、研究重点大学の一流研究室だけではなく、一般教員にも及んでいるのだということを今さらにように思う次第である。

（2019年11月25日）

7―3　科学技術・イノベーションと大学
～大学の役割はいかに

性格の異なる二つの学会長の経験

私は研究者という職業柄、これまでにいくつかの学会に入り、研究発表や紀要への投稿だけではなく、理事や委員として会務を処理する仕事もしてきた。その中で、二つの学会については会長も務めたので、とくに印象深いものがある。その一つは日本高等教育学会である。この学会は、「高等教育研究の推進及び研究成果の普及並びに会員相互の研究交流の促進」（会則）を目的として、１９９７年に設立され、私は発起人15名の一人に名を連ねた。会長を務めたのは、２００７年からの2年間である。もう一つは研究・技術計画学会（現、研究・イノベーション学会）である。こちらは１９８５年に設立され、現名称に変更されてからは「研究開発およびイノベーションに関する政策および経営についての学術研究および研究交流を図ること」（会則）を目的とする学会である。私がこの学会の会長を務めたのは、２０１３年からの2年間であった。

いずれも教育・研究・社会貢献を主要な機能とする大学に関わる研究を包含する学会であるが、両者の性格はずいぶん違う。前者は、大学経営やガバナンスに関する研究もあるが、大学教育の内容・方法に関し教育学的アプローチで考察する研究も多い。これに対して後者は、研究活動の内容よりはその仕掛けや政策を分析する研究が主で、会員も大学や企業の研究者・技術者だけではなく、関係府省の職員やそのＯＢも相当数含まれている。もっとも、前者には教育学関係の学会には珍しく大学事濃密である。

務職員が多く含まれているので、その意味で両者とも、現実社会への関心は一般的な学会に比べると

アカデミアからイノベーションへ

さて長々と私の学会歴を書いたのはほかでもない。実は一部の大学それも研究活動の活発な大学の軸足が、従来の純粋アカデミアの世界から研究・イノベーションの世界に移るのではないか、という兆候を最近しきりに感じるからである。このことは、大学院問題を始め中教審大学分科会における最近の審議内容が、科学技術・イノベーション基本計画の範疇に包含されていく様子が見て取れるからである。

その2021年度からの科学技術・イノベーション基本計画は、1996年策定の第1期から通算して今回で第6期目の計画である。計画の策定にあたっては、あらかじめ政府の総合科学技術・イノベーション会議の議を経なければならないとされているが、会議に諮問するのは内閣総理大臣、諮問を受けて調査審議し答申を行う同会議の議長も内閣総理大臣たる同一人物という奇妙な関係である。私なりに解釈すれば、同会議関係者が好んで使う「司令塔」という用語によく合った仕掛けである。

1995年に科学技術基本法が制定された当時、人文・社会科学（同法では人文科学と記載）のみに係るものは、同法の対象ではなかった。したがって我が国の大学とくに私学において過半を占める文系の研究にとって縁の薄いものと考えられていた。それのみならず、そもそも1956年に科学技術庁が発足した際の科学技術庁設置法には、同庁の所管する「科学技術」には、「人文科学のみに係るもの及び大学における研究に係るものを除く」と規定されており、大学における研究と科学技術行

政との切り分けには、長い歴史がある。これには、役所間の縄張りという霞が関の論理に基づく理由もあったであろうが、それとともに、科学技術がその振興という国策に沿い、かつエビデンスに基づく研究開発を基本とするのに対し、人文科学には規範の科学と呼ぶべき性格もあって、これはまた学問の自由・大学の自治という理念とも堅く結びついてきたことから、大学における研究活動に対する政府や産業界からの関与を嫌うという大学関係者の本能があったためでもあろう。そのためもあってか、科学技術基本法には「大学等における研究活動の活性化を図るよう努めるとともに、研究者等の自主性の尊重その他の大学等における研究の特性に配慮しなければならない」として、国の大学に対する配慮義務を定めている。

文系分野もイノベーションの一環に

しかし時代は移り、大学に対する政府・産業界からの期待や要求が高まり、また大学自身も研究活動その他の活動のための資源確保の必要性を意識するようになってきた。大学改革が進む中で、大学の研究体制や研究資源、研究者養成などさまざまな場面で、国の支援なしに改革を進めることが困難になりつつある。そのような折、制定から25年ぶりに科学技術基本法の本格的な改正が行われた。それは、法律の名称にイノベーションを加えることだけではなく、人文・社会科学を同法の対象である科学技術の範囲に加え、さらに「イノベーションの創出」を柱の一つに据えたことである。人文・社会科学を対象に加えた背景として、第６期の基本計画自身が「人間や社会の総合的理解と課題解決に資する「総合知」の創出・活用がますます重要になる」、「人文・社会科学の真価である価値発見的な視座を取り込むことによって、社会へのソリューションを提供するものへと進化することが必要」などと述べている。

大学の分化を促進？

この法改正は、関係者にはおおむね好意的に捉えられているようである。会員の任命問題で政府と対立している日本学術会議においてさえ、法改正についての声明の中で「学術の総合的発展及び現代社会の諸課題の総合的解決に資するものであり、日本学術会議としてもこれを歓迎したい」と述べているほどである。但し、見方を変えれば、大学における研究とくに人文・社会科学の研究活動に、政府の施策や行動の影響が強まるということでもある。近年とみに傾向を強めている選択的資源配分は、大学における研究活動のみならず大学経営そのものにも大きな影響を与えるようになった。大学の自主自律よりも資源獲得を優先すれば、大学がますます政府の影響下に取り込まれることになり、かといってこれを拒否すれば厳しい資源制約に直面する。現に今回の第6期の基本計画には、大学に係る記述が各所に見

図表　大学の役割とその分化

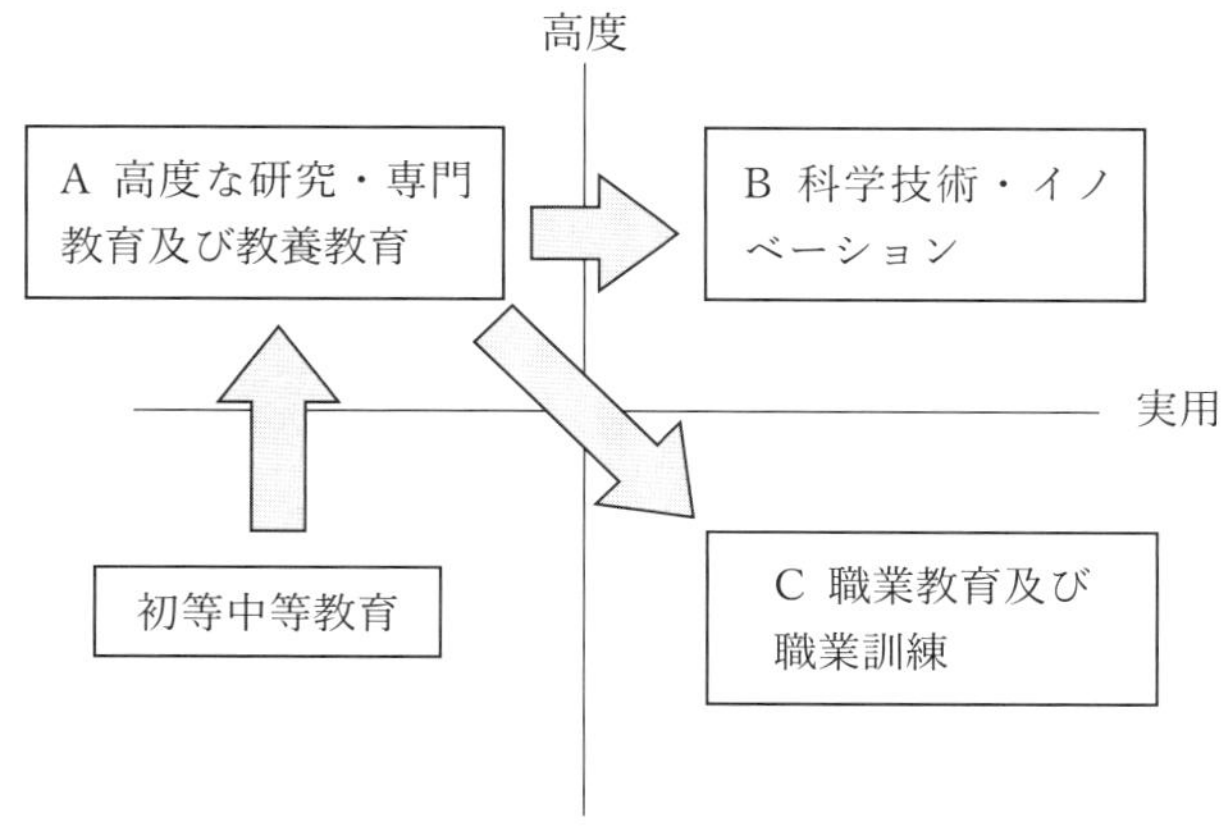

（出典）山本眞一による作図

られ、さらには「大学改革の促進と戦略的経営に向けた機能拡張」という一項を設けて、大学の多様化・個性化を謳うとともに、国立大学法人の在り方、戦略的経営を支援する規制緩和、10兆円規模の大学ファンドの創設、成果指標に基づく資源配分など、大学関係者にとって気になる施策がメニューとして挙げられている。

これらのことを勘案し、これからの大学の進むべき方向性を予測する意味で、図表を用意した。これまでの大学の理想形はＡにあるように高度な研究とそれによって支えられた専門教育と教養教育を行うことである。限られた数の恵まれた大学は、依然このＡに止まりつつ、Ｂのような方向性に適度に対応することも可能であろう。しかし資源獲得にアクティブな大学の中には、Ｂのようなシステム中に全面的に取り込まれていくものが出てくるだろう。ただ、科学技術・イノベーション政策の本質は、優れたものに資源を配分するという選択的資源配分であるので、多くの大学はこれに取り込まれる以前に、自らの経営の足元を固める必要に迫られてくる。それがＣのような状況であると、私は考えている。大学の分化とでも言うべきであろうか。今回の問題はあまりにも論点が多いので、適宜話題を分割しつつ、今後さらに述べてみたい。

（２０２１年５月24日）

7―4　研究大学について考える～科研費配分の分布から

機能バランスの多様化

大学の機能は、教育、研究、社会貢献であると昔から言われており、それに人材選抜機能が加わって、我が国の高等教育は発展を遂げてきた。それは大学改革が進んでいる今日でも基本的には変わることはない。その機能のバランスは、広島大学グループの調査その他によって、アカデミアに属する大学教員の意識としては、所属する大学の如何を問わず、研究が第一優先順位であるということが明らかになっている。しかしそれにもかかわらず、実情は大学によって異なり、今後ますますそのバランスは多様になっていくことが予想されている。

このことは、大学の多様化という現象で語られることが多い。世界の趨勢に伍して研究活動をリードし、大学の学術研究水準の維持向上に大きな役割を果たすとともに、我が国の産業競争力を高めるという、近年の国策とも言えるようなイノベーションの進展に寄与できる大学が一方にあれば、他方には18歳人口の大幅減少の中で学生数の不足に苦しみながら、受け入れた学生の学力に見合った教育内容・方法の改善を工夫するとともに、財務の悪化の中で経営の見直しを迫られている大学もあり、それらの中間には、競争激化の環境に驚きつつ、政府の政策動向を気にしながら、少しでも優位なポジションを占めようと努力をしている多くの大学が存在する。このような差異は、これまでのような大学教育の大衆化すなわち、エリート・マス・ユニバーサルの諸段階説では説明しきれない、高等教育における大きな変化を示すものである。

　最初のような立場にある大学は多くはない。しかしそのような大学は、近頃「研究大学」と呼称され、レベルの高い研究活動と大学院における研究者養成やプロフェッショナル人材の育成に重点を移しつつ、同時に学生の高い人気と厳しい入学試験という選抜機能に支えられて、学部教育の側面でも我が国の大学をリードしている。今回頓挫した大学入試改革が、すべての大学に適用可能なプランではなかったにもかかわらず、あれほどの熱を帯びて議論されたのは、研究大学に入学することの難しさや、卒業後の就職の有利さそしてその後の人生の満足度が大きいことを人々が感じているからではあるまいか。

研究活動の位置づけは

　これに対して学生数が不足するような大学では、そもそも教員の研究活動が大学において十分に認知されていないのではないか。先般ある知人に聞いたところによれば、科研費を申請しようにも、それに対応できる事務体制が整備されておらず、自らの出身大学との大きなギャップを感じたという。大学当局に言わせれば、研究に割く時間があるなら、広報活動や高校訪問、オープンキャンパスなどの活動に協力すべきだということになるだろう。よく言われる、「論文を書くか、さもなければ研究者を辞めるか（Publish or Perish）」ではなく、「研究に力を入れ過ぎれば大学が破綻する（Publish and Perish）」の発想が背後にあるものと思われる。しかしそのような大学にあっても、研究活動は大学教員の質の向上や当該大学の評価にも影響するものであり、さらには彼ら教員の地道な研究活動が、学会活動などを通じて、研究大学における高度な研究活動のすそ野を構成することにもなるので、完全に無視することは適当ではない。我が校では研究活動をあきらめてください、と発言する大学経営者がいて物議をかもした大学もあるそうだが、これはいささか極論に過ぎる考えである。

これらの中間に位置する残りの多数の大学は、それぞれの事情を抱えつつ、研究活動の充実にも努力しなければならない。それは大学の機能としての教育・研究の適切なバランスを維持するためにも必要なことであり、さらには近年の国の政策が、従来のような教育活動の充実だけではなく、研究・イノベーションの推進にも重点が置かれるようになってきているからである。大学ファンドや各種の競争的研究資金が、これらの活動の推進を意識したものであることは間違いがない。同様のことは、かつての大学院政策の推移からも窺い知ることができる。１９７０年代、80年代の国の大学院振興策は、どちらかと言えば修士課程における高度専門職業人の養成機能に重点を置いたものであった。それが90年代に入ってからは科学技術政策との結びつきを深め、博士課程におけるヒト・モノ・カネを伴う研究機能の充実に軸足が移っていったことを思い出す。

科研費配分額の分布を見る

さて現在、各大学の研究大学としての性格はどのようにして測ればよいのだろうか。さまざまな指標が思い浮かぶところではあるが、私が考えるに、もっとも適切な指標を一つ挙げるとすれば、科研費の取得状況であろう。これを大学単位で集計したデータは毎年文部科学省から公表され、日本学術振興会のホームページでも見ることができる。大学単位だと、大規模大学が有利であるとの批判はあるかも知れない。しかし、大学の規模の大小にかかわらず、取得額の多い大学ほど研究大学としての性格が強いということを、経験則として私は知っている。例外もあろうがそれはそれとして別途考察すればよい。そのような前提の下に、２０２０年の科研費配分について、金額の多い大学から順番に並べて７６１の大学に対する配分額の累積分布を表したのが、今回の図表である。

一見して分かるように、その分布は上位校に極端に偏っている。全体で２千億円近くの配分があったが、その内の半分は上位13大学（東京、京都、大阪、東北、名古屋、九州、北海道、東京工業、筑波、慶應義塾、神戸、早稲田および広島）で占められている。図表の横軸に30校ずつ、参考のために大学名を表しているが、上位30校のうち国立大学は23、公立大学が2、私立大学が5であり、国立大学の多さが目につく。かつて遠山プランというものがあり、トップ30校に対する特別な配慮が表明されたことがあった。米国の研究大学は、４千校もある大学（２年制の短期高等教育機関を含む）の中でわずかに１００校程度であると言われているから、日本の場合は多めに見てもその30校ほどが研究大学と言えるのではあるまいか。

図表　科研費の大学別配分額（継続＋新規　2020年）の累積分布

（単位　百万円）

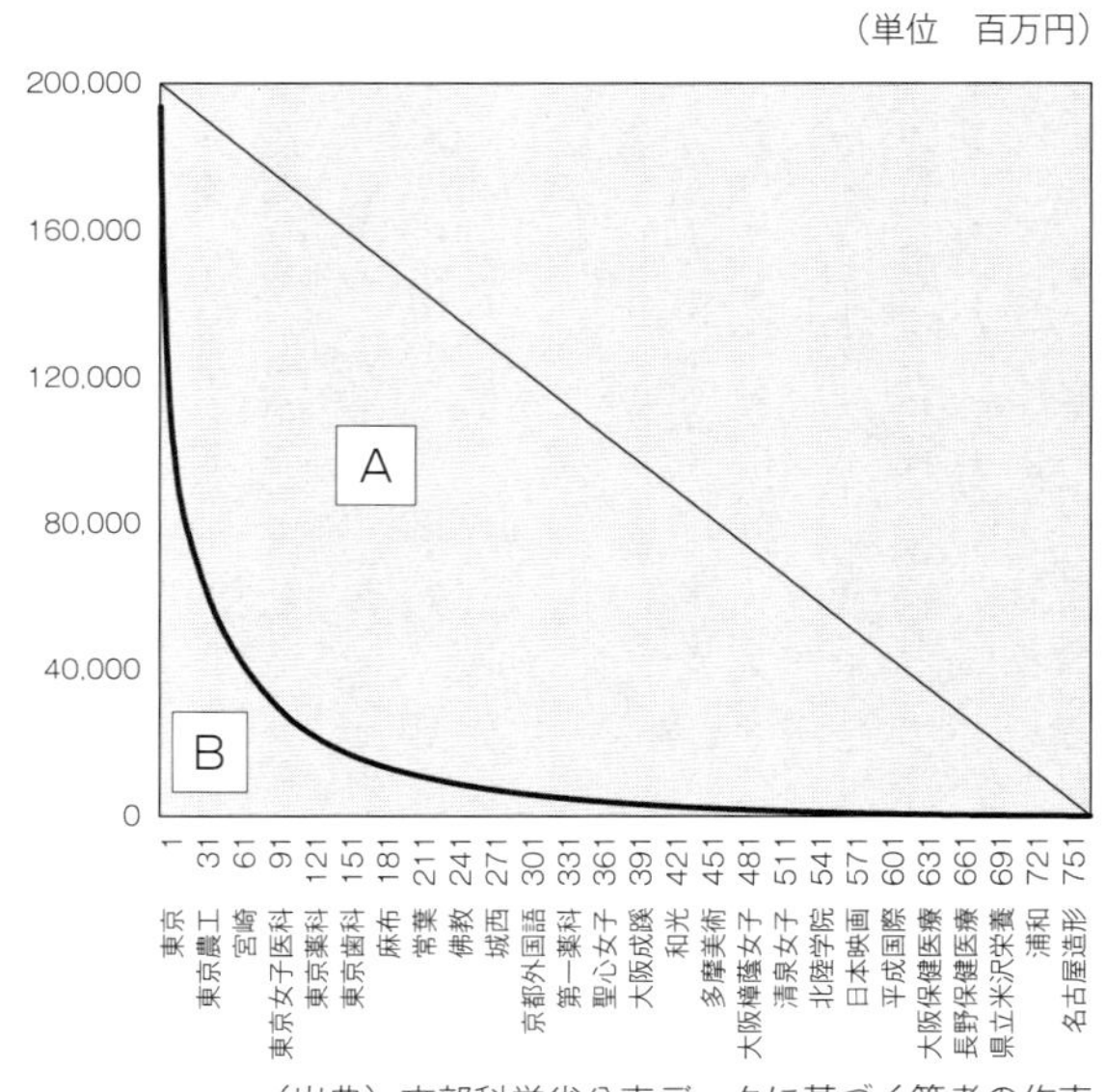

（出典）文部科学省公表データに基づく筆者の作表

実は今から6年ほど前の２０１５年10月12日号（第３７３号）の本誌連載で、私は２０１３年データを使い同じような分析をしたことがある。配分額の不平等度を測る指標としてジニ係数を計算したところ、当時のものでは０・８７１であった。今回も計算してみたが、その値は０・８７０でほぼ同じであった。配分額の不平等度は7年間でほぼ変わらずというところであるが、そもそもこのジニ係数の値は、国民の所得分布の場合に比べてはるかに大きい。ちなみにジニ係数は、図表のＡの部分の値をＡ＋Ｂの値で割ったもので、０～１の間にあり、１に近いほど不平等であるとされている。不平等の改善も議論に上ろうが、現実的には、各大学がそれぞれの置かれた立場を認識して、もっともふさわしい将来戦略を考えなければならないのである。

（2021年8月23日）

７―５　理系人材の増強～この奥深い課題をどう考えるか

成績優秀者と理系進学

またまた私事で恐縮だが、私が高校生の頃、進学者の進路選択で重要だったのは、将来の職業選択と当座の進学先大学への合格可能性であったと記憶している。将来の職業選択で言えば、多くの子どもたちが一度はあこがれたであろう職業、例えば運転手さん、看護婦（当時）さん、料理人、プロ野球選手、芸能界の人気タレントなどという素朴な段階を卒業して、例えばエンジニア、医師、公務員、芸術家などより現実性を帯びた職業とそのために進学すべき大学を探したし、合格可能性は受験雑誌や予備校が提供する入試偏差値などが重要な参考情報であった。私の印象では、概して成績優秀者は理学部、工学部、医学部など理系を志願し、そうでない者や数学の不得手な生徒は、文学部、経済学部など人文・社会系つまりは文系を目指すというパターンであった。私が在籍していた高校でも、学内模試等で得られた点数の高い生徒は大部分が理系志願であり、文系志願者のうちに入っていた私は肩身の狭い思いをしたものである。時あたかも高度経済成長の真っ只中で、大手製造業のエンジニアなどがもてはやされていた頃であった。

もっとも、当時も今も、大企業の従業員は専門分野と具体的職務が結び付いたジョブ型ではなく、企業に就職して定年まで過ごすというメンバーシップ型であったので、めでたく理系就職を果たしてもその後彼らがどうなったかは、人によってまちまちである。それは最近の同窓会で、高校同期卒業者の消息を聞くにつけ思うことである。ちなみに手元にある1975年SSM調査に基づく職業威信分析（現代社会学会議編『現代社会学』1977年・講談社）によれば、分析対象の82の職業のうち、上位10位までを占めているのは、裁判官、大会社の社長、大学教授、医師、国会議員、高級官僚、パイロット、大型船の船長、小中学校の校長、公認会計士であり、大卒者が同じように多いと思われる技術者の順位はそれよりは下位にある。当時においても必ずしも理系だけが有利であるとは言えなかったのではないか。それから半世紀も経った今では価値観も多様化しているので、そもそも文系・理系という二分法が適当だとは思えない。

文系と理系との違い

しかし、文系・理系の対比は世界的にも一時期は興味を引いたテーマであるらしく、古くはC.P.スノーが『二つの文化と科学革命』（邦訳・みすず書房）で、文化人など非科学者と物理学者など科学者とのカルチャーの違いについて語り、論争を巻き起こした。また、私の専門分野で言えば、米国の社会学者バートン・クラークの編になる日・米・英・独・仏の大学院における教育・研究の比較（邦訳『大学院教育の研究』東信堂）の中で、パトリシア・ガンポート博士（当時スタンフォード大学）は、米国の大学院について、自然科学の領域では研究は実験室中心に行われ、大学院生は指導教授とともに研究したり教授から綿密に指導監督されたりするが、人文科学の領域では、研究は図書館での文献研究が中心で、指導教授からも頻繁な指導を受けることはない、としてその対比を記述している。これは日本での場合も同様であり、大学での教育・研究活動の典型を表している。そして、世論の大勢は、実験による検証を経て体系化される知識・技術は役に立ち、文献研究からまとめられた知識は、とかく空理空論として軽視されがちと考えるのは、私のように文系に属する研究者のひがみであろうか。

さて今、再び文・理の問題がクローズアップされようとしている。２０２２年５月、内閣府に置かれた政策会議「教育未来創造会議」が、現在35％にとどまっている自然科学（理系）分野の学問を専攻する学生を５割にすることを目指すことなど、新たな提言を行ったからだ。総合科学技術・イノベーション会議と同じく、この会議も議長である岸田内閣総理大臣が、同一人物で行政権の長である岸田内閣総理大臣に提言するという奇妙な関係があって、意思決定のプロセスがどうなっているのか私には不思議に思える。ただ言わんとすることは明瞭であり、現政権が推進しようとしている「新しい資本主義」に必要な成長戦略にとって、理系人材の質量両面にわたる増強が不可欠であるということであろう。提言のタイトルに採用されている「我が国の未来をけん引する大学等と社会との在り方について」は、その意図をよく表している。

教育未来創造会議の課題認識

提言が認識している人材問題の課題とは、①少子化の進行、②デジタル人材の不足、③グリーン（脱炭素化）人材の不足、④高等学校段階の理系離れ、⑤諸外国に比べて低い理工系への入学者、⑥諸外国に比べて少ない修士・博士号の取得者、⑦世帯収入が少ないほど低い大学進学希望者、⑧諸外国に比べて低調な人材投資・自己啓発、⑨進まないリカレント教育、の９点だそうである。このうち②と③は新たに設定された課題のように見えるが、その他の項目はこれまでも散々語り続けられているものである。これからの課題として捉えるのも分かるが、とりあえずはそれらが課題であり続けてきた要因を、過去の政策の功罪を含めてレビューする必要があるのではあるまいか。

理系人材養成の現状を見るための資料として、図表を用意した。これは文科省の学校基本調査が集計している専門分野別の在学者数で、今世紀始まりの年である２００１年と20年後の２０２１年との比較である。本来なら高専、短大、大学院それに専門学校も含めて考えるべきものではあるが、とりあえずは大学(学部)段階のもので考えてみよう。それぞれの分野の20年間の増減比率は、全体としては6%の増加であるが、文系・理系の典型としてこれまで語られてきた人文、社会、理学、工学領域ではいずれも1割から2割の減少である。ただ、農学や保健とくに保健分野の増加は顕著である。

図表　分野別学部在学者数の増減

		2001年	2021年	21/01比
関係学科全体		2,487,133	2,625,688	1.06
人文科学		412,368	362,542	0.88
	うち　哲学	32,618	48,061	1.47
	うち　その他	143,574	153,031	1.07
社会科学		984,743	833,104	0.85
	うち　社会学	141,682	136,221	0.96
	うち　その他	59,718	82,744	1.39
理学		88,711	78,464	0.88
	うち　生物学	6,972	9,909	1.42
	その他	24,686	28,778	1.17
工学		463,427	381,554	0.82
	うち　応用理学	7,211	9,105	1.26
	うち　その他	60,686	110,670	1.82
農学		69,846	77,810	1.11
	うち　獣医学畜産学	10,825	11,192	1.03
	うち　その他	24,277	36,757	1.51
保健		149,851	344,348	2.30
	うち　看護学	20,384	93,377	4.58
	うち　その他	26,758	107,606	4.02
商船		850	623	0.73
家政		46,646	70,704	1.52
教育		135,488	189,046	1.40
芸術		67,245	76,835	1.14
その他		67,958	210,658	3.10
	うち　人文・社会科学	8,436	34,192	4.05
	うち　その他	22,152	120,484	5.44

（出典）学校基本調査に基づく山本眞一の作表

各分野で増加率の大きな学科を二つ選んで表示してみると、いずれにおいても「その他」、すなわち複合的あるいはどの学科分類にも入らない分野が伸びていて、また生物学、応用物理学、獣医畜産学、看護学などは社会のニーズが高い分野であり、学生も大学もこれに対し巧みに順応している状況を物語っている。さらに理学や工学などと並ぶ「その他」に属する学科の在学者数の伸びが非常に大きいのもそのことの表れであろう。

ただ、理系を選ぶ学生を５割にまで引き上げることは容易ではないと考えられる。政府は経済成長戦略の一環としてそのような政策を採用したいのであろうが、学生は将来有望と思われる就職先と職種のことを考えて進学先を決め、また大学は自らの専門分野を調整するからである。例えば同じ理系と言っても、保健分野とりわけ看護学の在学者が伸びているのはそのためであろうし、ここには詳細は示していないが教育学における教員養成も同じことである。政府によるマクロレベルの政策と学生や大学によるミクロレベルの進学行動との間の調整を取ることは、かくしてこれからも難しい課題であり続けるに違いない。

（２０２２年11月14日）

7―6　大学ファンド～その効果と影響をどう見るか

動き始めた大学ファンド

国が財投などの手段を使って創設する10兆円規模の大学ファンドが、いよいよ動き出そうとしている。文部科学省は２０２２年11月に「国際卓越研究大学の研究及び研究成果の活用のための体制の強化の推進に関する基本的な方針」を定めた。認定された大学に大学ファンドからの助成を行うことにより、当該大学における研究環境の充実、優秀な人材の獲得、知的価値創造の好循環の形成など、我が国の学術研究ネットワークの牽引と諸外国のトップレベルの研究大学に伍する研究大学の実現を図るとしている。公募は12月にも始まるそうだが、実際に大学ファンドから資金助成が行われるのは、２０２４年度になるらしい。

国際卓越研究大学の認定および体制強化計画の認可は、これまでの実績や蓄積のみで判断するのではなく、世界最高水準の研究大学の実現に向けた「変革」への意思（ビジョン）とコミットメントの提示に基づき実施するとされており、かつ認定・認可の対象大学は無制限に拡大するのではなく、ファンドの運用状況を勘案しつつ数校程度に限定するとされている。まさに選択と集中である。各種報道によれば、大学ファンドから助成金に回すお金は年間３千億円程度になるそうで、仮にこれを5校に均等配分するなら1校6百億円ということになる。実際には大学毎に金額は違うであろうが、このような金額が大きいかどうかは、受けとる大学の財政規模にもよるだろう。仮に東京大学を想定すれば同大学の財政規模は収入額で２６４０億円、私学で応募を予定しているらしい早稲田大学は同１０１０億円、最近応募を前提として統合に合意した東京医科歯科大学と東京工業大学は、２校合計で同８８０億円（いずれも各大学のＨＰより２０２１年度）であり、６００億円という助成金は東大はともかく他の大学では途方もなく大きいということになる。過去に例を見ない大型資金に関係者の目の色が変わるのも無理はない。

大学に高い要求水準

しかし魅力の陰に深刻な問題が隠れているのは、世の中の常である。この大学ファンドにはどのような問題があるのだろうか。まずは国際卓越研究大学としての要件を応募する大学が備えていることが必要である。それは、①国際的に卓越した研究成果を創出できる研究力、②実効性が高く、意欲的な事業・財務戦略、③自律と責任のあるガバナンス体制の三つにまとめられるものであるが、それぞれについて実に精緻を極める要求がある。その一々をここで論じる余裕はないが、より詳しくはこの新たな政策の根拠として制定された「国際卓越研究大学の研究及び研究成果の活用のための体制の強化に関する法律」ついて、私自身が解説を加えた第５３３号（２０２２年6月13日）の連載記事（下巻10―4所収）を参照いただき、また内閣府や文部科学省が公表している文書をお読みいただきたい。法令やそれに基づく方針を満たすために用意しなければならない具体の記述については、申請書の様式でも見なければ分からないが、法令と方針に書かれている内容から推測するだけでも、それをクリアするには相当高レベルの活動実績がなければならないことは分かる。しかもそれを判断するのは文部科学大臣であるとはいえ、総合科学技術・イノベーション会議および科学技術・学術審議会への意見聴取が義務付けられており、純粋なアカデミックな判断を大きく超えて、研究やイノベーションに関する国策に沿うかどうかの判断を含めた政治的な色合いが濃くなるのではないだろうか。結局、科学技術・イノベーションを推進することに特化した大学として、当該大学の基本骨格を形成していくことになり、当該大学の従来持っていた性格を根本から変えていくものになるのではあるまいか。少なからぬ大学が、申請に至るハードルの高さに加えて、このことにも躊躇を覚えるのではないかと思う。

階層化・序列化・集団主義

第二に我が国の大学を含む高等教育システムに与える影響である。たまたま第543号（2022年11月14日）に、大学教育学会顧問の小笠原正明北海道大学名誉教授が、インタビューに応じて「10兆円ファンドが大学教育を壊す、今こそ人への投資を」という趣旨を話しし、大学ファンド政策を厳しく批判している。同氏の見解によれば、選択と集中政策によって、ますます階層化・序列化・集団主義を強化する方向に動いていくことを危惧し、必要なのは機能性・流動性・独立性であり、研究者個人に対する集中的投資が必要だとしている。また大学ファンド政策は教育への配慮が欠けていると述べている。

私自身、同様のことを考えていたので、大いに勇気を得た。私が文部省から米国国立科学財団（NSF）に出て米国の大学政策・学術研究政策を調査していた1980年代後半、大学教員の研究活動に、NSFを含め連邦政府のさまざまな機関が大学の研究者に研究費を支給する仕掛けを知った。すなわち、日本では教員による教育も研究もその財源は大学が捻出するのが原則だが、米国では教授たちの教育活動は大学から、研究活動は外部の政府機関や企業、民間非営利団体から取得するのが原則であることを知ったのである。この研究者に支給される研究費は、研究者間の競争を促し、結果として国全体の研究力の活性化に役立つものなのであった。今回の大学ファンドは、研究者個人ではなく大学の設置者が申請することになるという。すなわちここでも個々の研究内容よりも研究やイノベーションに資する体制の優劣という、いわば大学を国策に沿わせるような設計になっているのだが、果たしてそれでよいのだろうか。

参考のために私が1年半ほど前の本誌連載のために作った図表を、若干編集した上で再掲する。伝統的に優れた大学というのは図表のAタイプの大学であろう。しかし大学自身の資金や学生数確保の要請を重視すれば、その大学は国から特定の資金を得ようとするBタイプ（今回の国際卓越研究大学も含まれる）のようなものか、あるいは学生の就職に役立つ教育と地元企業などのために役立つ研究を行うCタイプの大学とに分化して行くであろう。実際、数の上ではAタイプもBタイプも少なく、大多数の大学はCタイプかそれに近いものになっていかざるを得ないのが近未来の高等教育システムなのではないだろうか。

図表　大学の役割とその分化

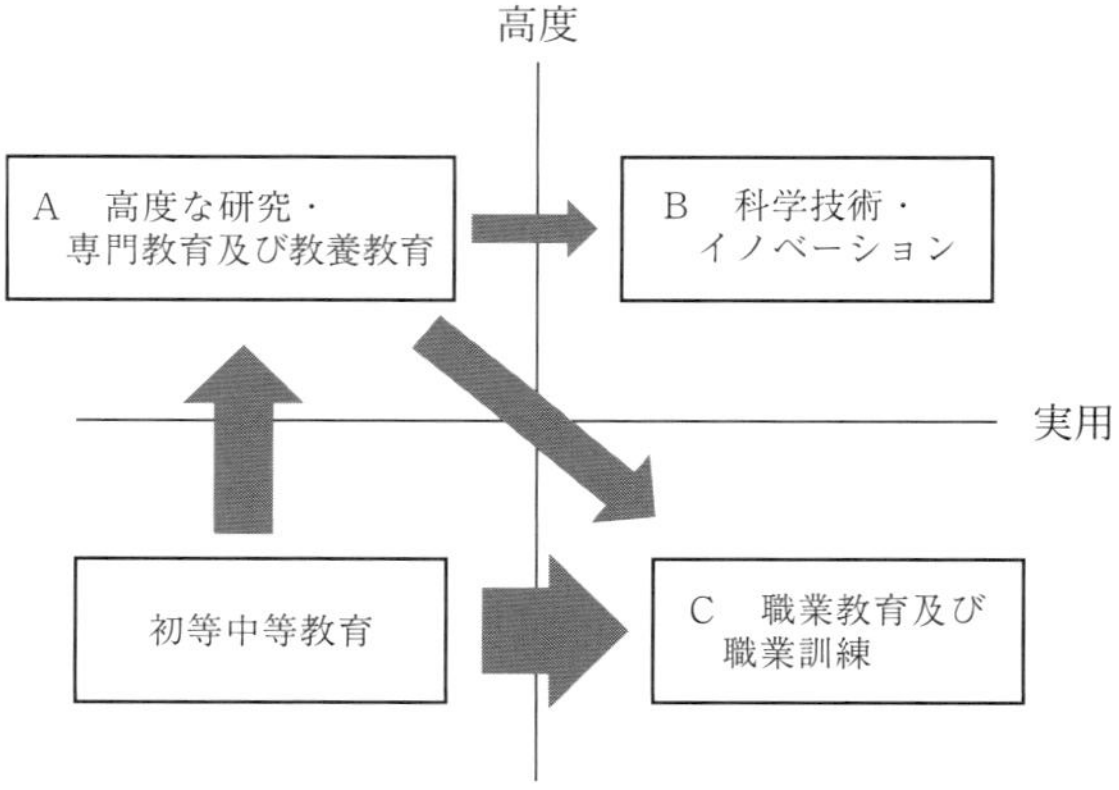

（出典）第508号（2021年５月24日）図表をもとに筆者が編集

国主導のファンド

第三に、大学ファンドそのものの設計に係る問題である。国は、米国の研究大学の多くが巨額のファンドを設立・運営していることが、今回のファンドの創設の理由に挙げているが、彼の地の大学はハーバードにせよスタンフォードにせよ大学自身がファンドを運用しているのに対し、我が国ではなぜ国が主導しなければならないのかについては明確な説明を行わない。多分、財投など国の資金を使うことによる制度的制約によるものと思われるが、何でも米国の制度をフォローしがちな我が国の政策当局にしては、不思議なことである。他に隠れた理由があるのかも知れない。またファンドは投資による収益によって年間3千億円もの補助金を捻出することになっているが、その実現可能性や実現できないことによる責任の所在についても明らかにすべきであろう。米国のように各大学の責任でファンドを運用するのとは異なる体制については、なおさまざまな疑問が残るのである。

（2022年12月12日）

第8章

大学院を考える

8—1　大学院～その役割を高めるには

極めて小さい大学院

大学院は、高等教育システムの上位段階に位置し、世界的にはその役割や効用が非常に大きいものである。とりわけアカデミアで仕事をする者にとって、博士の学位（Ph.D.）は大学教授になるために必須の資格であると、少なくとも国際的には認知されている。また、修士の学位も分野によっては非常に価値ある資格であり、これから世界を舞台にビジネスや社会的事業さらには政策形成に携わろうとする者にとって、ぜひ取得したいものなのである。但し、現実には我が国の大学院を巡る状況には厳しいものがある。

最近の大学院の規模感を理解するために、図表を二つ用意した。図表１は、分野別の学士・修士・博士課程の修了者数である。この図表で文系というのは、文科省の学校基本調査でいう人文科学と社会科学、理系は理学・工学・農学、医系は保健分野をいう。一見して、理系を除けば、修了者は圧倒的に学士課程に偏っている。大学院修了者は高等教育システムの中でほんの一部であるということを改めて実感できよう。しかし将来のことを考えると、このままでいいとは思えない。図表２は、分野別の大学院修了者の進路で、工学を中心にした理系の修士が突出して多く、文系やその他の分野がこれに続いている。しかも理系修士は大部分が就職しているが、他の分野では無業者を含む「その他」の進路の占める割合がかなり高い。これは博士課程も同様である。科学研究を支える博士は、日本だけ減る傾向にあるとの文科省（科学技術政策研究所）のレポートもあり、大学院の役割を高め、修了生に活躍の場が与えられなければならない。

大学院改革事務に関わる

私事で恐縮だが、私はこれまでの職業生活を通じて三度、大学院というものに深く関わった。一つ目は、文部省（当時）に入った１９７２（昭和47）年、配属になった大学学術局大学課という部署で、大学院改革に関する行政事務に2年間就いたことである。法学部という大学院教育とは最も縁遠い学部を卒業し、大学院の大の字も知らずに大学院改革に関わるということになって、当初は大いに戸惑った。もっとも、学士号しか持たない教授あるいは産業界などから来たばかりの者でも、大学院教授として通用するのが我が国であるから、行政官が大学院出でないからと言って、非難されるべき理由はない。ただ、行政と大学とは今以上に別々の世界であったことを、今さらのように思い出す。

図表１　学士・修士・博士課程別卒業生・修了者数（2019年）

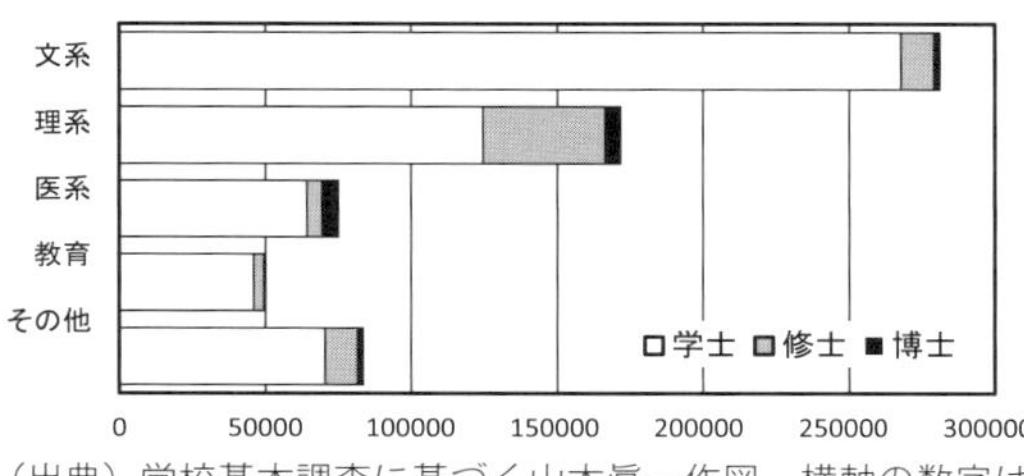

（出典）学校基本調査に基づく山本眞一作図。横軸の数字は人数である。

図表２　分野別修士・博士課程の進路別修了者数（2019年）

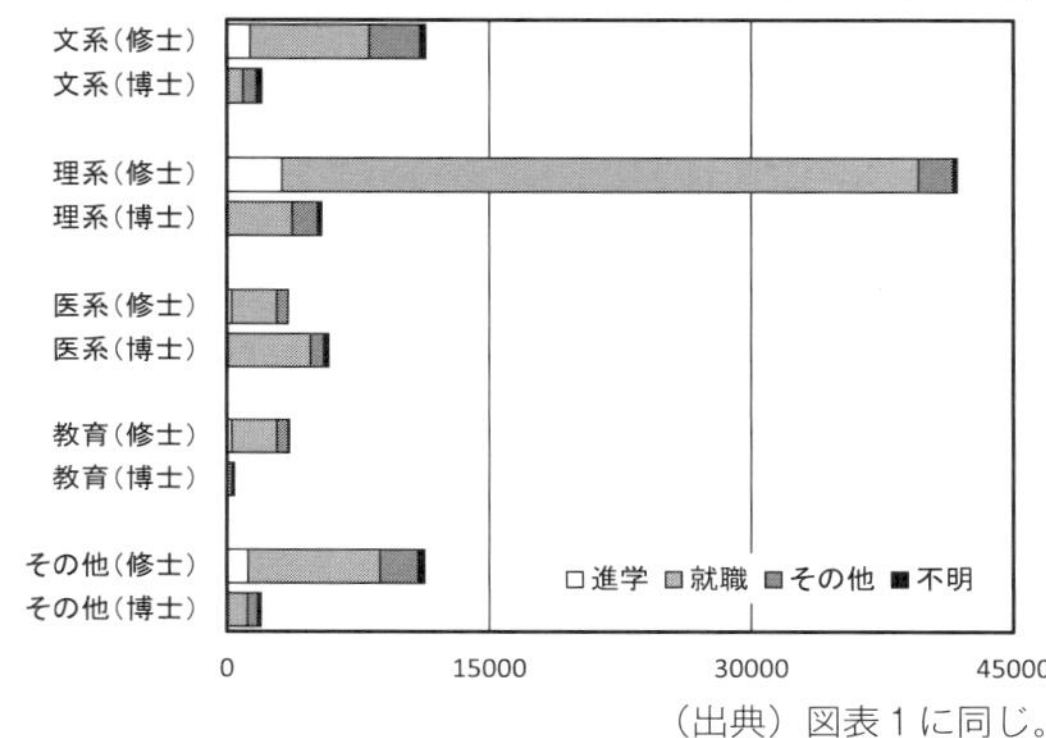

（出典）図表１に同じ。

当時すでに、大学院にはいくつかの課題があった。修士課程・博士課程の目的の見直し、大学院の組織編制、教員組織、施設・設備、学位制度など多岐にわたるが、とりわけ修士課程における高度専門職業人養成の強化、博士課程における学位授与の要件の改革（碩学泰斗に与えるのではなく研究者として自立しうる能力の認定）が大きな話題であったように覚えている。また、省令としての大学院設置基準が整備されておらず、大学基準協会の大学院基準などを参照しつつ大学設置審議会自らが決めた取扱いによって制度が運用されていた。議論の結果、１９７４（昭和49）年６月に文部省令としての大学院設置基準の制定があった。その後も大学院改革は着々と進み、社会人学生の増加策、高度専門職業人養成のあり方など、当初は修士課程の改革を中心に進められ、１９９０年代以降は、科学技術システムに組み込まれた大学院博士課程と研究者養成にも新たな改革のメスが入れられ、今日に至っているのは皆さんご存じのことと思う。

修士課程を自ら体験

二つ目は、文部省在勤中の１９７７（昭和52）年から2年間、人事院の能力開発プログラム（行政官国内研究員制度）によって、筑波大学の経営・政策科学研究科という修士課程大学院で、社会人学生として2年間の勉強をしたことである。少人数教育、必修科目の集中学修、修士論文作成に向けての個別指導、図書館やコンピュータの積極活用など、学部時代とは対照的な学生生活を送ることができ、私自身はここで始めて大学院教育というものの一端を実感することができた。またこの大学院自体が、新構想大学である筑波大学の改革の試みの一つであり、学部時代の専攻に囚われない学際的科目、官庁や企業からの派遣学生その他社会人学生の存在、政策科学という従来のアカデミズムとは一線を画する目的に従ったカリキュラムの設計など、今から思えば大変先進的な大学院研究科であったと思う。ここで私は経済学修士の学位を取得した。それは役所における処遇には大した効果はなかったようだが、研究手法の修得や物事をシステムとして考えるという態度は身についたようで、これがその後の大学教員としての仕事に大いに役立ったように思う。筑波大学在勤中に取得した博士号の苦労話は、別の機会に紹介したい。

博士の指導に携わる

三つ目は、１９９０年代半ば以降、筑波・広島・桜美林の三つの大学で、大学院担当教授として、修士や博士課程の学生の教育や研究指導に当たったたことである。このうち修士課程については、最後に勤めた桜美林大学の大学アドミニストレーション研究科における実務的人材養成の経験が一番印象深い。学生の多くは現職の大学事務職員であり、残りの多くも関連する職業をもつ社会人である。問題意識が高いだけに、授業時も活発な議論があり、また修士論文も実務に根ざした興味あるテーマが多かった。一方、三つの大学を通じて博士論文指導や学位審査に携わる機会があった。博士課程の学生は特定の研究課題のみに関心が偏り視野が狭い、という指摘がある。これは学生も研究科の教員も、学生の論文テーマに過度に影響されていることが原因と思われる。米国で博士論文執筆着手の許可は、Qualifying Examination という関門をパスしなければ与えられないことが知られており、我が国でも先年、博士論文研究基礎力審査という制度が導入されて大学院設置基準にも書かれてはいるが、実態はどうであろうか。なるべく幅広い学識を養った上で、論文作成に入ることが望まれる。私が指導した学生の個別事例の経験からも、このことは強く思う。

近年、大学院の諸改革は、中教審の大学院部会の議論に基づいて着々と進められているようである。今後大学院部会で予定されている審議事項として、「三つの方針」の策定・公表の義務化、学位論文に係る評価の基準の公表の義務化、博士後期課程のプレＦＤ実施又は情報提供の努力義務化、大学院における各課程で共通に育成すべき能力の明確化など実務的な課題が多く挙げられている。それだけ大学院の制度改革が総論から各論へと進化してきたものとは思うが、冒頭に挙げたような大学院の役割を高めるような抜本的方策についても、さらなる議論を期待したい。大学院問題は多岐にわたり、一回の論稿に纏めることは難しいので、以後、問題をいくつかに分けて論じてみたいと考えている。

（２０１９年９月23日）

8—2 大学院政策の課題〜発展・充実のために為すべきこと

大学院改革の進展

１９７２（昭和47）年、私が当時の文部省に入ったとき、最初に配属されたのは大学学術局大学課という部署であった。大学院係というところが、私にとっての初仕事の場である。当時の大学院というものは、新制大学への切替の際、学年進行の最後にこれが行われたため、旧制度による大学院研究科が経過措置によって１９６１（昭和36）年度まで存続し、このためもあってか大学院が深奥なる学問研究の府であるという考えが、まだ色濃く残っていた。また、文部省令としての大学設置基準はすでに制定済みであったが、大学院設置基準は未制定であり、設置認可に当たっては大学基準協会の大学基準や設置審の内規が使われていた。なお、今では想像できないだろうが、旧制度による博士号の授与は、大学限りではなく文部大臣の認可が必要であったため、大学の自治云々でうるさかった戦後においても、文部省の仕事は忙しかったと先輩から聞いて覚えている。

大学院改革に関しては、当時の大学設置審議会大学基準分科会に置かれた特別委員会が頻繁に会議を重ねており、大学院制度や学位制度の全般にわたる議論が続いていた。それを私なりに要約すれば、修士課程については高度専門職業人養成の機能をいかに組み込むかであり、博士課程については研究者養成の仕組みの改善をいかに図るかであった。後者については博士号の意味の見直し（碩学泰斗の証から自立した研究者へ）や学位取得年数の短縮などが含まれていた。その後、これらを含む大学設置審議会の答申は、大学院設置基準の制定を含むさまざまな改革に結びついていった。とくに１９９０年代までは修士課程における社会人学生の履修の便宜を図るための制度の弾力化が主であり、世紀が変わってからは博士課程における研究体制の改善・改革や博士課程学生の支援充実などがこれに加わっていった。

「審議の整理」の公開

さて、長々と昔話をしたのはほかでもない。大学院問題を議論してきた中教審大学分科会大学院部会が、その10期目の審議を終えるに当たり、２０２1年2月に「審議の整理」と題する文書を出して、Ｗｅｂ上で公開したからである。大学院の行政を経験し、その後三つの大学で大学院教育と博士・修士の学位授与に関わり、その間に私自身が博士号を取得した経験から、若干のコメントをしてみたい。この文書を見ると、50年前に審議されていたことの中でも、その後大きく進展したものとそうでもないものとがあり、これからの大学院政策や運営の課題が明らかになってきていることを感じるのである。

この文書は、六つの事項に分けてまとめられている。その第一は「四つの人材養成機能と三つの方針に基づく大学院教育の推進」である。大学院教育の実態と社会からのニーズの間に依然としてギャップがあることを問題にしているようである。大学院の四つの人材養成機能は、かつては研究者養成と高度専門職業人養成の二つであったが、その後２００５年の答申などを経て、研究者養成から大学教員養成が分離され、また高度専門職業人養成のほか、社会を多様に支える高度で知的な素養のある人材の養成が加わっている。このように四つに分けることは、大学院教育の意味合いをより実態に即して理解するのに役立つだろうし、今期の大学院部会の議論もそれを踏襲してきていることが分かる。

大学院の選抜性を高めよ

第二は「優秀な人材の進学の促進と修了者の進路の確保、キャリアパスの多様化」である。高度人材が社会の各層で必要なのにもかかわらず、諸外国に比べて修士・博士取得者割合が諸外国に比べて少ないことを問題としているのは正しい。但し私が思うに、重要なことが二つ抜けている。一つは次のリカレント教育に関わることなので次項で述べるが、もう一つは、大学院の選抜性を高めることではないだろうか。これまで我々が長年かけて学んできたことの一つに「選抜度の高い学校には優秀な学生が集まる」という経験則がある。それは学部レベルの入試において、とくにそうであった。大学院入試の倍率も少なくとも数倍程度は必要であって、定員に満たない志願者から優秀な人材を探すのは容易なことではない。優秀な人材が集まれば、彼らに授与する学位も高レベルが期待でき、それは時間がかかるにせよ就職先企業による好評価につながることであろう。このような良循環を作るためにも、大学院の選抜度を高める工夫をすることが大事ではないか。国や大学院では、かつての入試地獄のことや、試験による選抜と選抜された人材の優秀性への疑問もあって、この問題に踏み込むことに躊躇があるかも知れない。だからこそ、私としてはあえて提案する次第である。

第三は「大学院におけるリカレント教育の充実」である。文書では、「リカレント教育の促進により、企業内ひいては社会全体における大学院修了者の価値が評価されるようになる」ことや「一般学生への刺激やより社会課題に即した研究の推進」などのメリットが述べられている。私自身、桜美林大学大学院で、現職の大学職員等を対象に教育および研究指導を行ってきた経験から見て、これは正しい。

但し、これも大学院修了すなわち学位の価値と就職先企業での処遇の良循環が起こらなければならないので、教育政策だけではなく、産業・雇用政策としてもこのことを重視すべきではないだろうか。

第四は「人文科学系や社会科学系大学院について」である。この問題の背景には、理系とは異なる文系特有の研究のあり方や学生の経済支援、修了生の就職問題などさまざまな問題があり、その解決は容易ではないだろうが、それでもこの文書で指摘されている諸点については、関係者が十分留意すべきである。なお、文系分野の大学院とりわけ修士課程の選抜度が高まり、研究者や大学教員としてだけではなく、それ以外の職業を目指す優秀な学生が増えれば、局面は大きく転換・展開していくものと思う。

独自性を備えた政策を

第五は「大学院教育のグローバル化と魅力ある教育研究環境の整備」である。この中で、文書では「コロナ禍を契機に一気に進展したオンライン留学」という記述がある。もともとグローバル化は、双方向の競争の激化を招くであろうと、私自身も思っていたことであり、この問題は学士課程教育を含めて、デジタル化の拡大の中での、これからの高等教育システムのあり方そのものの議論につながる。デジタル化が、これまでの高等教育システムを縛ってきた時空の制約（固定キャンパス、時間割、教室授業、キャンパス内の諸施設など）から解き放たれる時、大学はこれまでとは異なる姿を見せるようになるであろう。第六の「ウィズコロナ、ポストコロナ社会に向けた教育研究の在り方」は、第五の問題とも重なるのでコメントは省略する。

終りに、大学院部会の議論がこれまで次の大学院教育振興施策要綱につながることが予定されていたところ、官邸の方に置かれた教育再生実行会議や科学技術・イノベーション会議での新たな動きに対応する必要があり、要綱を文科省で決定するのはタイミングとしてはよくない、という説明が事務当局からなされたことが、公表されている議事録から窺える。政策形成の仕組みの現状からして、やむを得ないことなのかも知れないが、科学技術・イノベーション基本法に、これまでは除かれていた人文科学の研究も含まれることとなったことも合わせて、高等教育の研究機能が科学技術・イノベーションシステムの一部となる兆候が感じ取られる。それが従来の大学の特性を壊さぬように、独自性を備えた大学院政策が進められることを祈りたい。

（2021年3月22日）

８―３　大学院への入学状況と質確保
～私学事業団調査その他の調査から

前回（下巻13―２所収）では、定員割れ私学の増加というテーマで、大学（学士課程）における入学志願動向について、私学事業団の公表資料「私立大学・短期大学等入学志願動向」を使って解説をした。このデータは毎年公表されていて、文部科学省の学校基本調査と並んで、私学の学生数の動向を把握する重要な基礎資料である。しかしその末尾に大学院の入学志願動向のデータが毎年掲載されていることに、皆さんはお気づきであろうか。おそらくご存じではあろうが、大学や短期大学における動向に比べて注目度はかなり低いのではあるまいか。その証拠に大学も短期大学も、経営判断に役立つ詳細なデータの分析が行われているのに対し、大学院についてはきわめて簡略なものに留まっているからである。

私立大学院の入学状況を見る

例えば大学や短期大学については、概況として志願者数等の増減状況のほか区分ごとの動向として、大学の規模別、地域別、学部別、学部系統別などの詳細について分析を行い、かつまた入学定員充足状況に関する長期推移まで掲載しているのに対し、大学院については志願者数等の増減状況とその内訳として専門分野に区分した情報しか公表されていない。当然、過去の動向を視覚的に表すグラフもない。私学事業団の記述は「修士課程及び博士課程、専門職学位課程の入学者数は、前年度から１０４０人増加して３万２４０５人になった」等、前年度比の数値の変化について述べるにとどまっている。それでも、限られた情報の中、私学大学院の修士課程と専門職課程の全体では定員充足率が75%程度、その中でも医系や理系は高く、文系は低い傾向にあること、博士課程については全体で50%程度の充足率、分野別の傾向は医系が比較的高く、理系や文系は低いということは読み取れる。私なりに解釈すれば、修士課程はさまざまな動機で入学する者がいる関係で、専門職大学院の定員充足状況が高く全体の充足率を上げているらしいこと、博士課程では医系を除けば研究者養成が主目的であり、また博士課程は開設されていても、実際に入学する学生がいないか極めて少ない研究科もあることから、これらが全体の充足率を下げているからであろう。

国立に比べた私立の特徴は

ただ、私学の大学院の概況を見るだけでは大学院問題の全体像は分からない。短期大学や学士課程は、それこそ大多数の学生が私立学校に通う現状から、私学の状況そのものが我が国の高等教育事情として把握できるのに対し、大学院は国立大学が学生数や科研費獲得状況で見た研究力においても優位にある現状もあり、国公立大学を含めた全体像を見なければ分からないことが多いからである。ただ、国立大学については、私学事業団の資料と同じ観点に立つ調査がないので、全体像の把握に必要なデータは学校基本調査に頼るしかない。２０２１年度の詳細データはまだ発表されていないので、前年度のデータを使って、国立大学と私立大学の比較を試みてみた。なお、今回は私立大学のことから議論に入ったので、いつもとは異なり、私立大学、国立大学の順にグラフを作成したことをご了解いただきたい。また公立大学は人数や分野の関係から今回は省略してある。

図表1は、２０２０年度の私立大学および国立大学の入学志願者数と入学者数の専門分野に分けた

帯グラフである。帯グラフの左端から人文、社会、理学、工学、農学、保健、教育、芸術、その他に分けて人数を累加してある。ちなみに最上列の私立大学修士課程の志願者数は合計で4万５０７２人、第二列目の私立大学修士課程の入学者数25・２０６人に対して、その比率は１・79である。専門分野別の状況を見ると、志願者数で多いのは社会科学と工学の分野、そして入学者数で多いのは工学で、社会科学分野は志願者数に比べると多くはない。国立大学修士課程では、これに対して志願者数、入学者数ともに工学系が突出して多い。なお、分野別の志願者数／入学者数比は、**図表２**を参照してほしい。

次に私立大学博士課程については、入学志願者数４９３５人に対して入学者数は4・００３人。志願者に対する入学者の比率は１・23である。修士課程に比べて比率が低いのは、修士課程を経て博士課程（３年課程）に入る者が多く、そのため修士課程に比べて厳しく選抜する必要がないからであろう。このことは、同じ数値が１・23の国立大学博士課程においても同様

図表１　専門分野別大学院志願者・入学者の私立・国立比較

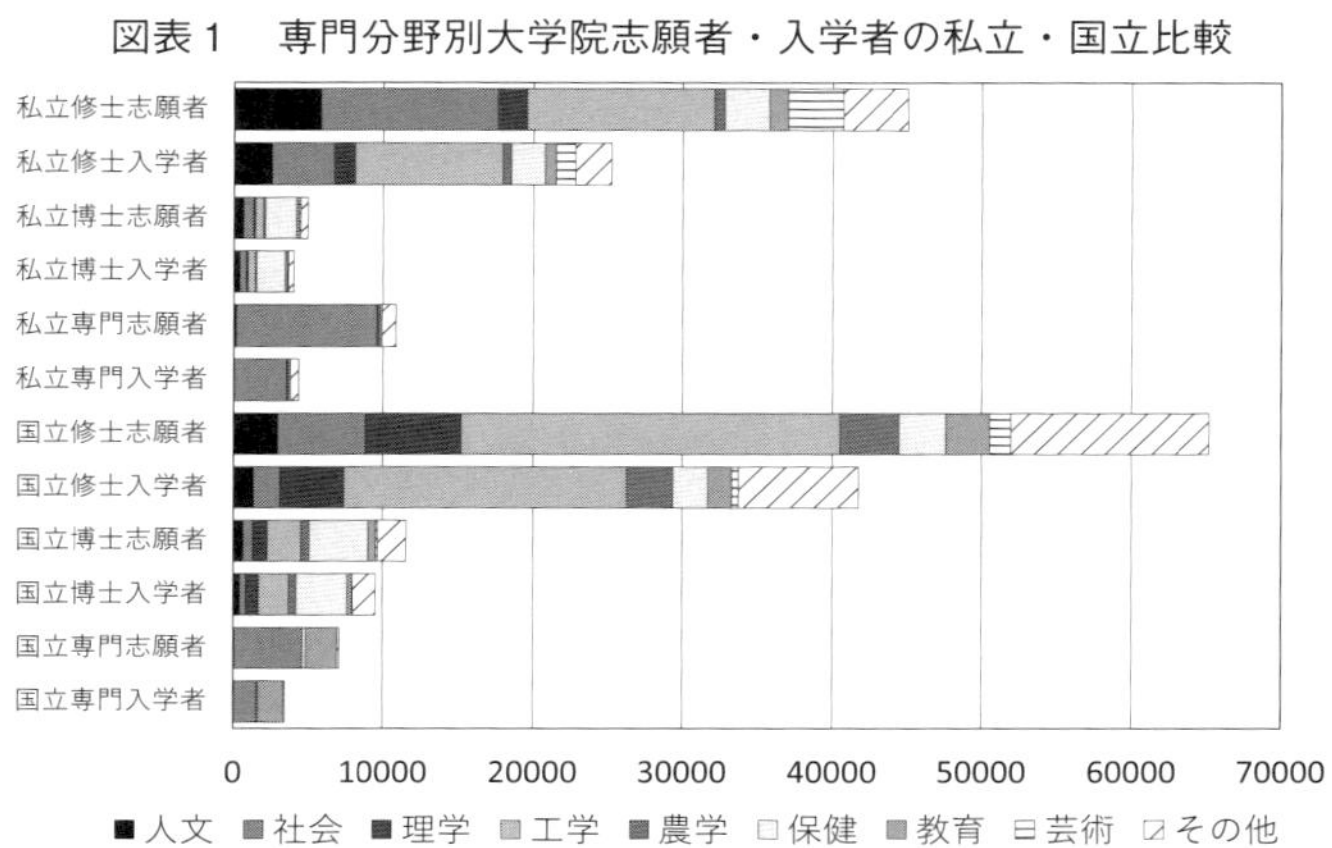

（出典）学校基本調査にもとづき山本眞一作図

である。ただ、博士課程に入る人数は私立大学の大学院に比べ国立大学が各段に多い。学士課程における私立大学の優位はここでは逆転し、博士課程は国立大学が多数である。しかし、私立大学の博士課程に入学する者も、その存在を無視できない大きさである。参考までに、私が専門にしている高等教育研究においても、その研究者の相当数は私立大学大学院で学んでおり、彼らの出身大学（学部）まで考慮すれば半数近くは私学の出身者であるというのが私なりの実感である。専門職課程については、修士・博士課程とかなり様相が異なる。第一に競争率が高い。これは職業資格取得を目指す法科大学院や、企業等における専門職養成としての会計大学院等への一定の人気に支えられているからであろう。国立大学においては、このほか教職大学院の存在も大きい。

定員充足と質確保の関係

以上のような状況を知って改めて**図表1**を眺めると、修士課程への入学者は私立大学も国立大学も極め

図表２　大学院の専攻分野別入学志願者／入学者比

	私立修士	私立博士	私立専門職	国立修士	国立博士	国立専門職
人　文	2.29	1.54	3.40	2.21	1.48	1.58
社　会	2.86	1.63	2.72	3.32	1.66	3.06
理　学	1.34	1.11		1.51	1.12	
工　学	1.28	1.12	1.11	1.34	1.12	1.13
農　学	1.22	1.12		1.26	1.12	
保　健	1.32	1.08	1.42	1.37	1.16	2.45
教　育	1.71	1.30	1.27	1.83	1.59	1.22
芸　術	2.84	2.05		3.15	2.14	
その他	1.82	1.28	1.64	1.66	1.23	1.47
合　計	1.79	1.23	2.50	1.56	1.21	2.06

（出典）図表１と同じ

て多く、そして私立大学は専門職大学院に、国立大学は博士課程大学院にその特徴があることが分かる。修士課程の人数が多いのは、１９７０年代以来の大学院改革すなわち社会の状況に合わせた高度専門職業人養成が、修士課程において一定の成果を挙げてきているからであろう。しかし文系分野では、理系や医系に比べて志願者、入学者が少なく、社会・経済のグローバル化に備えてこの分野の学生を確保し、社会に送り出すことが必要となることである。それは大学だけの努力では無理であり、政府の政策・産業界等の理解も重要である。

なお定員充足状況は私学事業団の調査からも分かる通り、学部段階に比べて低い。最近政府は、大学院の定員充足を折に触れて指導しているようであり、これは修士課程も博士課程も、設置認可申請の段階で修了生の需要見通しを説明させられている大学の立場からすれば、自らが需要ありと述べた手前、その未充足は大学の責めであると思われても仕方がないかも知れない。しかしながら、志願者数が少ない研究科では十分な選抜が行えず、強いて優秀と目される者に限って選抜すればたちまち定員未充足に陥るという問題がある。かつて私が関わったある教育学研究科では、入試倍率が3倍ほどあったように記憶している。そうであれば選抜機能も十分に働くであろうが、別の機会に関わった研究科では競争倍率が極めて低くなり、選抜は競争ではなく絶対評価に基づく適・不適の問題になってしまうことに気が付いた。認証評価においても、学生定員充足は評価の大きな観点であるが、質の確保という点から、大学院の定員充足については、慎重な判断が必要であると考える。

（２０２１年11月8日）

8―4　私の大学院経験～これからの高等教育を語るために

高等教育の論点としての大学院

高等教育に関わる論点は数多くあり、研究上も実務上も、そして政策形成に関わるものについても、これまでさまざまな議論がなされてきている。それらの中には大学における学問の本質や機能・役割に関する歴史の長い議論もあれば、企業に模した即席の大学ガバナンス論や科学技術・イノベーションに関わるホットなイシューもあり、この高等教育分野を詳しく知る者たちにとってはまさに百花繚乱であろう。ただ高等教育研究が、学際的かつ政策指向的性格を持つものである以上、議論は哲学的な論争ではなく、どうしても政策立案やその実行の助けになるものに集中しがちであるのはやむを得まい。しかし近年は世の中のあらゆる分野で進む格差増大の影響を受けてか、高等教育問題についても、大衆化と少子化の中での経営困難、学力低下など高等教育の陰の部分と、大学ファンドや国際卓越研究大学など光の部分に分かれてきて、後者を賞賛するかのような風潮が見られることに、私は何とも言えない不安を感じる。高等教育は、陰の部分であれ光の部分であれ、人格形成、人材養成、学術研究活動などによって社会に貢献すべきものであって、短期的な政治的・経済的プレゼンスの道具として使われることは決してあってはならないからである。

前置きが長くなった。このようなことを考えたのは、高等教育を確固たる社会制度として維持するには、そこで行われるべき人材養成や研究活動の在り方が問われなければならないからである。その役割を担う大学の制度や組織にはいろいろあるが、我々は「大学院」というものをもっと重要な高等教育の要素として認識し、かつこれが困難に直面していることを深刻に考えなければならないのではなかろうか。昨年、日本は先進国の中では低学歴社会であるという新聞記事（日経新聞２０２２年５月２日）があった。大学院教育が他国と比べて不振であるという。また、自宅に届けられたＩＤＥの最新号（６４８号）の特集は「人文社会系大学院修士課程の可能性」とあり、２００５年から13年にかけて６回も特集された大学院問題に、再び焦点を当てようとしている同誌編集部の意図を感じる。そこで長年大学院をさまざまな角度から見てきたと自負している私自身も、今後しばらく大学院問題を意識しての論稿も書いてみようと思う。毎回というわけにはいかないだろうが、読者の皆さんも高等教育問題の重要な柱としての大学院問題に関心を向けてもらいたい。

大学院改革政策への関わり

さて今回は、私自身の大学院問題への関わりについて述べてみよう。客観的なデータや事実の分析に基づく大学院論は次回以降の課題とすることをお許しいただきたい。私は１９７２（昭和47）年に大学を卒業し、直に当時の文部省に入った。そして最初に配属されたのが大学学術局大学課という部署であり、大学院係というセクションで仕事が始まった。仕事と言っても、当時の文部省ではマニュアルというものが一切なく、すべては先輩の仕事を見様見真似し、彼らのやり方を盗むかのような徒弟訓練を経なければ仕事が身に着かないという有様であった。それでいて、役人は新たな部署に就いて一週間もすれば電話の問い合わせにも受け答えができなければならない、と無理を言う上司もいて、法学部で実定法学の授業すなわち書かれたものを覚えることに慣れ親しんだ我が身には、まるで異境の世界に迷い込んだかのような印象を持ったものである。

私が入省した当時、大学課では大学院制度改革が大きな課題で、大学設置審議会大学基準分科会に特別委員会を設けて議論が進められていた。今の文科省を見ている皆さんには信じられないことかも知れないが、当時、大学院制度は学校教育法に概括的な規程があり、大学院が授与する学位についてのみ文部省令たる学位規則に規定されていて、大学院そのものの設置基準は大学基準協会が定めた「大学院基準」と大学設置審議会の申し合せに拠ることとなっていた。ようやく数を増した工学分野の修士課程学生のことや、理系を中心とした就職難大学院生すなわちオーバードクターの問題も深刻化の兆しがあり、早急な制度整備が急がれていた。私自身は、入省したての新人職員であり、せいぜい会議の設営や議事録の作成などいわば裏方に近い仕事しか与えられなかったが、前述のような職場環境のこともあって、大学院改革の議論は未だ記憶に鮮明である。その制度改革は、私が大学課を去り次の部署である初等中等教育局に移った直後の１９７４年、大学院設置基準という文部省令制定に結実したのである。

院生として・教員として

次に大学院に関わりを持ったのは、私が人事院の制度に則って、筑波大学大学院経営・政策科学研究科での二年間の学修を命ぜられた１９７７年のことである。国家公務員の政策形成能力の向上を目的とするこの制度は、いわば海外留学の国内版ではあったが、留学が海外体験そのものに意義があると見られていた当時、国内留学は逆に学修そのものであって、是が非でも修士号を取得して役所に戻らねばならない雰囲気であった。事実、私も修士論文を書く時間が切迫し、締切直前には三日三晩寝ずの作業をしたことを覚えている。学修内容は、法学部とは全く傾向が異なり、マクロ・ミクロの経済学や政治学、社会学などの伝統的な科目に加え、モデル分析、シミュレーション、統計分析など数量化を伴う新しい科目が多く配置され、これが私など成人学生を大いに苦しめたものだが、それでもまだ20歳台の若さであったのか、何とか乗り切り、１９７９年の修了時には経済学修士を取得した。なお、同じ筑波大学で１９９６年に博士（教育学）を授与され、その論文作成にも苦労があったが、これはいわゆる「論博」であり、大学院との関わりがないとは言えないが、今回は省略する。

三番目に関わったのは、１９８９年に文部省から埼玉大学大学院政策科学研究科に出向した時である。ここは筑波大学の経営・政策科学研究科よりさらに多くの社会人学生（多くは自治体職員とＡＳＥＡＮ諸国の政府職員）を受け入れるとともに、霞が関から私のような現職公務員を幾人か教官として受け入れていたのである。ここは吉村融研究科長の強烈なリーダーシップによって支えられており、後に東京六本木で新たな国立大学すなわち政策研究大学院大学に発展した。

四番目は１９９２年に文部省から筑波大学に教員として移籍し、大学研究センターに勤務するとともに、所属は教育学系、教育は教育学研究科で授業を担当するという筑波ならではの制度の下、教育学分野の大学院教育に携わった。同様のことは２００６年に移った広島大学でも同様で、所属する高等教育研究開発センターが大学院教育学研究科高等教育専攻を受け持っていたからである。これを五番目とすれば、最後の六番目は２０１２年に就職した桜美林大学において全国で初の大学職員の能力開発を謳う大学アドミニストレーション研究科を担当する教授となったことである。多くの現職大学職員を教えることができた。また、２０１９年春に定年退職するまでに、途中の２年間は同大学大学院部長として他研究科を含めて桜美林大学の大学院教育の責任者も務めた。

このようにして、行政官、大学院生、教員（一般教員および管理職）の三つの異なる立場で、半世紀近く大学院に関わってきたので、教育学や政策科学としての経済学の分野の大学院については、大学院というものを極めて身近に経験することができた。また高等教育研究者としてそれ以外の分野についても勘所はある程度押さえているつもりである。これらの自身の体験やそれを取り巻く研究活動によって得た大学院に関する知見を、次回以降の連載で毎回ではないかも知れないが、ある程度まとまったボリュームで論じることにしたいと思っている。

（2023年2月27日）

8―5　もう一つの入学～大学院入学者の属性から

学士課程の十分の一だが

この連載記事が皆さんのところに届く頃には、各大学では入学式を経て、春学期の授業が進んでいることであろう。春学期の始まりは、桜花と陽光のイメージとも重なって、学年の始まり、いや人生の大きな節目であると意識されることが多い。学士課程の入学者は国公私合わせると毎年60数万人を数え、その数自体が大きな社会的存在なのである。当然、マスコミもこの時期、さまざまな話題を探して大きく報じている。しかしながら、大学の入学という点では、大学院も同様であり、このことを忘れるべきではない。学士課程卒業者の中から少数の者が進学するというイメージが定着しているせいか、世間の関心を呼ぶことが少ないようだが、学士課程から直接つながる修士課程（博士前期課程を含む、以下同じ。）への入学者数は7万人を超える。学士課程の十分の一だと言えばそれまでだが、これからの時代を担う高度な能力を備えた人材育成は、高等教育システムの将来をかけた大学の重要な役割なのであるから。また、私自身つい数年前まで在職していた桜美林大学で、大学アドミニストレーションを学ぶ現職の職業人すなわち社会人院生を多数受け入れていたように、大人のための職業能力開発すなわち今風に言えばリスキリングの役割は、大学院でこその使命である。そのような意味でも、大学院修士課程への入学状況を具に眺めてみることは大事なことなのである。

このため図表を用意した。学校基本調査の最新の数値を使って、大学院修士課程への入学状況を調

図表　出身大学別大学院入学者数（修士課程・2022年）

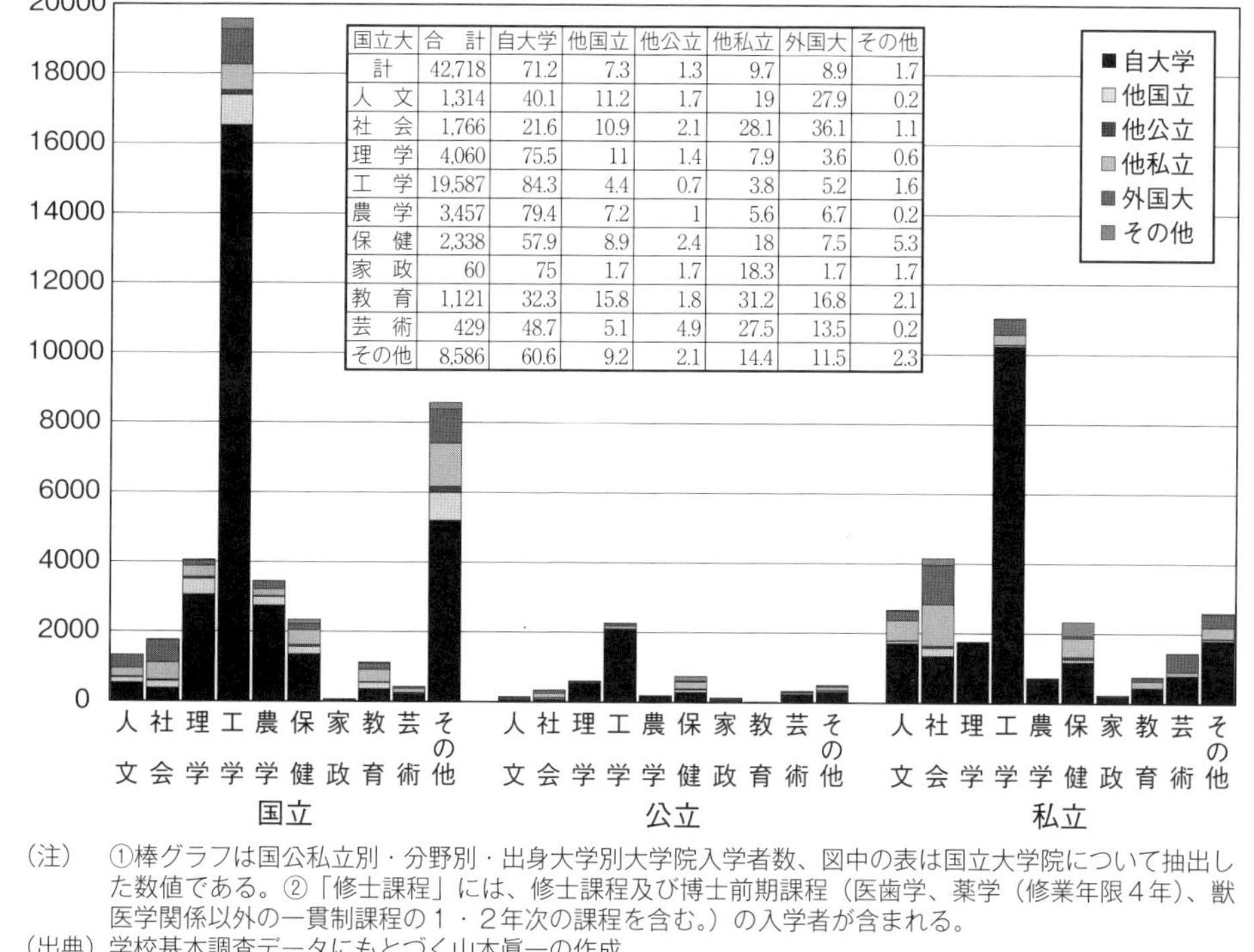

国立大	合　計	自大学	他国立	他公立	他私立	外国大	その他
計	42,718	71.2	7.3	1.3	9.7	8.9	1.7
人　文	1,314	40.1	11.2	1.7	19	27.9	0.2
社　会	1,766	21.6	10.9	2.1	28.1	36.1	1.1
理　学	4,060	75.5	11	1.4	7.9	3.6	0.6
工　学	19,587	84.3	4.4	0.7	3.8	5.2	1.6
農　学	3,457	79.4	7.2	1	5.6	6.7	0.2
保　健	2,338	57.9	8.9	2.4	18	7.5	5.3
家　政	60	75	1.7	1.7	18.3	1.7	1.7
教　育	1,121	32.3	15.8	1.8	31.2	16.8	2.1
芸　術	429	48.7	5.1	4.9	27.5	13.5	0.2
その他	8,586	60.6	9.2	2.1	14.4	11.5	2.3

（注）①棒グラフは国公私立別・分野別・出身大学別大学院入学者数、図中の表は国立大学院について抽出した数値である。②「修士課程」には、修士課程及び博士前期課程（医歯学、薬学（修業年限４年）、獣医学関係以外の一貫制課程の１・２年次の課程を含む。）の入学者が含まれる。
（出典）学校基本調査データにもとづく山本眞一の作成

べてみた。図中では、大学院修士課程への入学者数を、設置者別・分野別さらに出身大学別に分けてこれをグラフに表してある。グラフにしたのは、皆さんにそれぞれの分類による入学者数の規模感を把握してもらいたいからである。入学者数は、国立大学大学院修士課程に４万３千人、公立に５千人、私立に２万８千人の合計７万６千人である。また、グラフではこれを学校基本調査の分類に従った分野別に示してあるが、直感して分かるように全体では国立の工学分野が突出して多い。というのも国立大学の工学部を卒業した者の３分の２以上の者が大学院に進学する、つまり学士課程４年と修士課程２年の合計６年の教育というものがかなり一般化しているので、このようになるのであろう。また工学分野の入学者が多いのは、公立、私立とも同様である。

文理で異なる入学者の属性

国立と私立とで顕著に異なることの一つに、人文や社会科学すなわち文系分野の入学者数がある。グラフを見ると分かるように、割合だけではなく実数としても、入学者は私立の方が多い。大学院はどの分野でも国立優位との思い込みをされている方がいらっしゃれば、この際、認識を改める必要がありそうである。ただ、国立大学の文系が、広く他大学からも入学者を集めているのに対して、私立大学では自大学からの入学者が多いようである。このように、修士課程に入学する者の出身大学、すなわち自大学からの進学や他大学・外国大学からの入学かなどのデータが学校基本調査にあるので、図表では、さらにこれを棒グラフ内の情報として付け加えてある。

グラフによる直感的把握に加えて、具体的な数値に基づく考察の参考とするため、図表に国立大学修士課程への入学者数を整理して掲げてみた。スペースの関係で国立に限っていることをご了解いただきたい。表中の合計欄には入学者の実際の数、その内訳に当たる出身大学別の欄には、入学者全体に占める割合をパーセントで示してある。この表によると、国立大学大学院修士課程の全体では自大学出身者が7割を超えている。このことは、入学者数の多い理系の3分野すなわち理学、工学、農学で軒並み自大学出身者の割合が多いことの反映でもある。しかしながら文系すなわち人文、社会科学における自大学比率の低さはこれとは対照的である。とりわけ外国大学出身すなわち多くは留学生の比率の高い社会科学では、このことが際立っている。またグラフを見れば分かるように、私立の修士課程においても同様の傾向である。

最終学歴の書換え？

以前から、米国の研究大学大学院では、同じ大学の学士課程からの進学ではなく、より優れた大学院を探して学生が動き、また大学院でも異なる大学出身者を採るようにして、大学院の質の維持・向上と多様性を守ってきていると聞いている。リベラルアーツと高度専門教育の役割分担の結果だと言うこともできるだろう。また実際我が国でも、大学院進学時に他大学へ移ろうとする学生も少なからずいる。より有力な国立大学大学院への学生の流出が多いと、危機感を募らせる国立大学教授たちもいるようだ。しかし例えば工学分野の数字を見る限り、多くは引き続き2年間の修士課程も学士課程で学んだ大学で過ごす学生が多いことが分かる。

文系分野でこれとは対照的な状態になっていることにはいくつもの解釈が考えられる。一つには、学生数の不足すなわち大学院進学率そのものの低さである。文系分野ではこれまでいわゆる日本的雇用慣行に影響されて、ジョブ型ではなくメンバーシップ型雇用に従い、特段の専門性を身に着けぬまま企業に就職する傾向が顕著であった。その意味で、工学などとは異なり、修士課程進学そのものが学生にとってのリスクと受け止められているのではないだろうか。いきおい受験生・入学生を他大学や留学生に求めざるを得ないことになる。第二に、この表の数値には博士前期課程への入学者も含まれていることから、研究者志望の学生は、博士後期課程が備わった有力国立大学の大学院を目指すからという理由である。というのも、国の政策によって国立大学大学院の博士課程（後期）は一部の大学に限って整備されてきたからである。現に私がかつて勤めた広島大学で、担当した教育学研究科では研究者をめざしてそれこそ多様な大学から院生が集まっていたことからも、そのことの真実性が窺えるのである。第三に、文系分野に多い社会人を対象とした、あるいは社会人院生の多い大学院の事情である。これは俗説であるので、信ぴょう性にはやや疑いはあるものの、学士号を授与された大学よりもランキングの高い大学の修士号を得て、最終学歴の書き替えをしたいという学生がいるという説である。学歴ロンダリングなどとこれを揶揄する言葉もあるが、学生側の事情としては分からぬものでもない。

いずれにせよ、学士課程入学という大樹の陰に、もう一つの入学者の一群がいることを忘れないようにしたい。

（２０２３年４月24日）

8―6　大学院の成長と課題
～社会の発展に重要な人材養成として

今回は大学院問題を考えてみたい。というのも、近年の我が国政治・経済・社会のさまざまな局面で、その基盤の劣化が話題に上るようになっており、その背景には「低学歴社会」というキーワードで語られるように、大学院レベルの教育の不振があるのではないかと思うからである。加えて、中教審大学分科会では現在「人文科学・社会科学系における大学院教育の振興方策について」の審議まとめが最終段階に差し掛かっており、これが公表されれば、今後の大学院政策や各大学の大学院運営にも大きな影響を与えるだろうからである。もちろん本稿は中教審の議論を解説するためのものではなく、あくまで独自の観点から考えるべき論点を提示しようとするものであるので、そのようにご理解をいただきたい。

大学院は２０００年代半ばまで急成長

始めに**図表１**をご覧いただきたい。これは１９６０（昭和35）年から２０２３（令和５）年までの63年間にわたる学生数の推移である。短期大学が１９９０年代半ばをピークに減り続けているが、大学学部、修士課程、博士課程、専門職大学院の学生数は、概ね増加傾向である。各課程別の増減率の比較が容易に分かるように、グラフの縦軸は対数表示してある。したがってグラフの傾きは増減率の大小ということになる。一見してお分かりのように、大学改革進展の大きな節目と思われる２００５年までは、短大を除く各課程は大きく伸びたが、とりわけ大学院は修士課程、博士課程とも増加率が高かった。学部学生の巨大な集団のイメージがあって、かつ大学院学生が少ないという世の中の思い込みもあるせいか、このことにはあまり注目が集まっていない。しかし実際のところ、１９６０年から２００５年までの45年間に、学部学生数の増加が年率で３・２％であったのに対し、修士課程では６・９％、博士課程でも５・３％であったことは特記すべき事実であろう。

近年の伸び悩みとその背景

しかしながら、大学院学生の伸びは２０００年代半ばから頭打ちとなり、今や18歳人口減で苦しむ学部よりもその伸びは低くなっている。**図表１**に基づいて計算してみたところ、２００５年から２０２３年までの間、学部学生数の増加率は年率０・３％であるところ、修士課程では０・２％、博士課程では０・１％とほとんど伸びていない。しかもそのプラスの増加率に寄与しているのは、主要分野で言えば工学のみであり、他の分野、すなわち人文、社会、理学の修士・博士、そして教育学の修士では明らかに大きな減少となっている。もちろん、社会科学分野では法科大学院、教育学分野では教職大学院など専門職大学院に移行した研究科があるから、この数字がそのまま当該分野の大きな減少を意味しているわけではないが。

図表１　学生数の長期推移

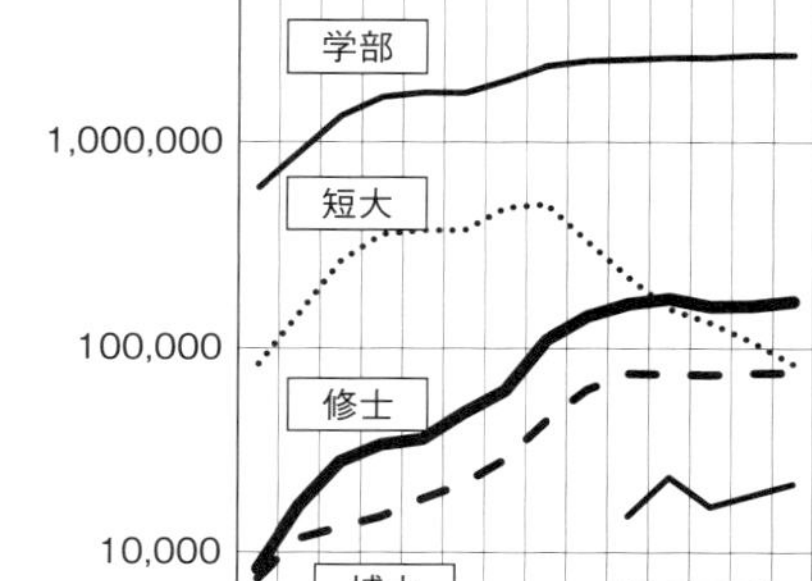

（出典）学校基本調査に基づく山本眞一の作図

大学院学生の伸び悩みは、企業等に就職する際の代表的職種である事務職の学歴別構成にも現れている。**図表3**は、かつて私が2010年まで作図し、高卒・短大卒者の相対的激減と学部卒・修士修了者の激増を表現したのであるが、その後の推移を含めて改めて作図したところ、大学院修了者の割合はまた縮小していることが分かった。もちろん高校卒・短大卒の割合も減少しており、今や格別の専門的職業知識を深く学ぶことなく事務職に就くのは大学卒業者であるという、大衆化した高等教育の縮図がますます鮮明になってきている。同時にこれは、人文・社会科学系を中心とした文系大学院教育と社会とのミスマッチを深刻に表現しているのである。

　では、なぜ大学院に行く学生数が伸び悩んでいるのか。世上よく言い続けられ、また今回の中教

図表2　主要分野別大学院学生数の推移

修士	人文	社会	理学	工学	教育
1965	3,104	3,355	2,198	5,657	461
1985	5,645	4,373	4,598	20,668	3,862
2005	13,452	20,586	14,049	65,588	11,564
2023	9,849	15,200	13,415	70,438	4,355
博士					
1965	1,281	1,086	1,245	1,282	247
1985	3,227	2,437	2,472	2,403	603
2005	7,662	7,553	6,460	13,927	1,851
2023	4,939	5,072	4,641	14,111	2,271

（出典）図表１に同じ

図表３　最終学歴別事務職就職者割合

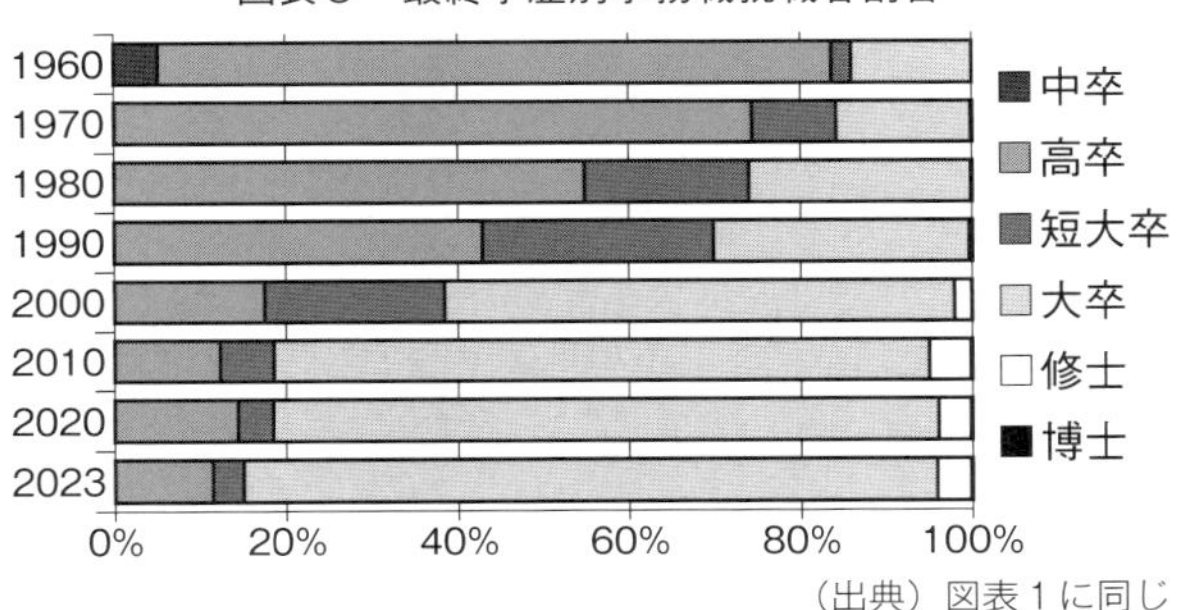

（出典）図表１に同じ

審での議論でも取り上げられているのは、就職時のミスマッチと大学院修了者のその後のキャリアパスの不確実性であろう。このことは、企業や公的研究機関における研究者・技術者として、大学教員以外にも活躍の場が広く存在する理系の大学院修了者と、大学教員以外の活躍の場が少ないとみなされている文系のそれとが異なる事情にある。企業が文系大学院修了者を然るべく処遇しない、また学生もそれを知っているのでそもそも大学院進学を考えない、という悪循環が各所で起こっている。文科省が今回の中教審の審議のために行った大規模調査（文系学生1万３１７３人、理系学生２７９２人）によれば、文系の15％、理系の59％が大学院進学を希望しているのに対し、進学しない・検討しないと回答した文系学生は68％にも及んでいる。文系では学部４年次に企業を回って就職口を探すというパターンが広く定着している。同時に、文系学生にとって大学院に進学するということは、大学教員を目指すということと大きく重なっていると考えられる。

グローバル化と学歴社会

その大学教員について言えば、近年、大学院進学・博士学位取得は、文系においても必須の部類に入りつつある。かつては大学院に行かなくても、また修士号の保持のみであっても、大学教員への道はかなり広く開かれていたようだが、近年、大学教員は自由が効いてかつ安定した職業であるとの評判が立っていることもあり、大学が教員公募をすれば多数の応募者があるのが普通である。私自身も大学勤務の折、そのような経験を何度もしてきた。その際、公募要領に博士学位保持者であることを明記することが多い。保持者と同等以上の能力という例外も書くのがまだまだ普通のようではあるが、それでも博士学位保持者が有利であることは間違いない。その意味で、大学教員の世界はまさに学歴社会なのである。但し、始めから実務家教員を採用すると方針が決まっている場合は、別であることはもちろんではあるが。このように、アカデミックな訓練の場としての大学院を見れば、学位は質保証の証明書でもあるのだ。逆に、実務的な職業訓練の場としての大学院は、理系ではいち早く社会の信頼を得るのに成功したのであるが、文系では今でもかなり疑念の目で見られている。職業能力の訓練の場としての大学院の在り方は、これからもかなり紆余曲折のある議論が進むことであろう。

しかしながら、グローバルな観点から見れば、大学院レベルの学位は当人の能力を証明する貴重な情報である。このことは、国際機関で働いたことのある人であれば骨身に染みて実感されていることであろう。プロフェッショナルとしての仕事をするには、企業や官庁からの出向でいつでも帰るところのある者は別として、博士や修士の学位は必須であると言える。逆に言えば、単なる学士であるということは、一段低い人材であると誤解されかねないのでる。日本のように同質性の高い国であれば、人物本位という言い訳も通用するであろうが、グローバルな社会では個人的事情よりも外見で物事を判断せざるを得ない局面も多々あるのである。

このような事情を考えれば、優秀な大学院修了者を多数輩出し、国内外を問わず彼らが幅広く活躍できるような社会を作ることは、これからの日本にとって大変重要なことなのである。皆さんはどのように思われるであろうか。

（２０２４年2月12日）

８―７　人社系大学院問題を考える視点
～中教審審議まとめを読んで

過去の経緯との関係

大学院問題は前々回にも取り上げたばかりであるが、この問題を審議している中教審大学分科会で、２０２３年12月22日付けで「人文科学・社会科学系における大学院教育の振興方策について」と題する審議まとめを決定し公表したので、今回はその審議まとめの内容に関して、私の見解を述べてみたいと思う。これまで大学分科会およびその下に置かれた大学院部会では、１９９０年代始めからこれまで30年間以上の長きにわたって、大学院についてさまざまな視点から審議を行い、大学分科会の審議を経て答申や審議まとめの形で、政府に大学院改革を促し、かつ大学関係者や産業界に協力を求めてきた。

すなわち２００５年には「新時代の大学院教育」を答申し、課程制大学院制度の実質化と国際的通用性、教育の質の向上を通じ、国際的に魅力ある大学院教育を構築していくことを提言し、２０１１年には「グローバル化社会の大学院教育」を答申し、学位プログラムとしての大学院教育の確立、グローバルに活躍する博士の養成に向けて、Qualifying Exam（博士論文研究基礎力審査）の導入や「リーディング大学院」の構築などを提言した。また、２０１５年には、「未来を牽引する大学院教育改革」をとりまとめ、高度な専門的知識と倫理観を基礎に置く「知のプロフェッショナル」育成のための大学院改革の推進や世界最高水準の教育力と研究力を備えた「卓越大学院」の形成などを提言している。

またこれらを基に、政府においても2006年から「大学院教育振興施策要綱」を策定し、大学院教育振興のための体系的かつ集中的な施策を展開してきた。

その後、大学院を含む高等教育政策の視野は、それまでの2020年から2040年へと先に延び、2018年の「2040年に向けた高等教育のグランドデザイン（答申）」や、さらに大学院については、科学技術・イノベーション政策とのつながりの中で、2018年の「我が国の研究力強化に向けた研究人材の育成・確保に関する論点整理」、2019年の「2040年を見据えた大学院教育のあるべき姿～社会を先導する人材の育成に向けた体質改善の方策（審議まとめ）」など、各種の文書が公開されるに至った。今回出された審議まとめは、これら諸文書の文脈に拠りつつ、人文科学・社会科学の領域に特有の課題を議論した結果であると考えられる。もちろん賢明な読者の皆さんはすでにお気づきのことと思うが、審議会答申や審議まとめなどの政策文書は、文書が出て政策が企画・実施されるというよりは、政策当局の意図が始めにあって、これを各方面の関係者に納得させるために審議会を活用するものであると理解するのが正しい。つまり因果関係は、審議会⇒政策⇒改革ではなく、政策⇒審議会⇒改革にあるのである。これは、答申ならばこれに先立ち担当大臣（ここでは文部科学大臣）の諮問があることからも明瞭である。研究者や高等教育の実務家の中には、審議会文書を論文・書物と同列に見る向きもあるが、あくまでも政策意図を述べた文書として扱うべきものなのである。

社会の立場と大学院の改革

さて今回2023年の審議まとめは、問題状況を述べた「はじめに」と今後の検討方向を概術した

「大学院教育改革に向けた今後の取組」を含め、全体で5章から構成されている。そして、その中心は「現状」、「在り方」、「具体的方策」を述べた3つの章にある。その「現状」について審議まとめでは、現に在学する院生の満足度は高いものの、人文科学・社会科学の大学院の魅力が学部生に十分に伝わっていないこと、大学院が研究者や大学教員志望者のための進路だと考えられていることや、学位取得までの期間の長いこと、修了者のキャリアパスが見えにくく、社会での多様な活躍の場と機会が可視化・定着していないなどの問題を指摘している。この分野の大学院教育がもつ問題点が集約されているが、これは私自身がかつて法学部学生として感じていたことや、勤務した文部省や大学での経験ともよく合致している。私が関係したのは、教育学に関する大学院であるが、大多数の院生は大学教員希望であり、現実にも時間はかかるものの、当初の希望通りの進路を進んでいる者が多い。但し、最後に勤めた桜美林大学の大学アドミニストレーション研究科のように、現職大学職員が院生の大部分である場合は、現職者の能力向上という機能が強く、審議まとめで挙げられた問題とはまた違った様相を呈している。

次に、審議まとめが指摘する今後の在り方については、社会の側からの適切な対応を期待することと、大学院教育が持つ課題の解決との二つの視点が書かれており、これらは互いに深く関連しつつ、いわばニワトリとタマゴの関係になっている。審議まとめでは「並行して対応を進める」とあるり、どちらが先かということを公の文書としては言いづらいのであろう。しかし、私は力関係からみて大きな方をまずは動かさないと問題解決には結びつかないと考えている。その点から言えば、人文科学・社会科学系高度人材の能力や活躍の可能性、すなわち修了者の活躍の場を確保することを第一に考えるべきである。社会からさほど期待されない人材に活躍の場を与えるべきとは何事か、とお叱りを受けるかも知れないが、一度そういうことで良い循環ができれば、これが大学院改革の弾みとなる。大学院相互が競争する中で、社会の要請に適合できない大学院は淘汰されていく、そして残った大学院は良い方向に進む、というものである。現に国家公務員試験でもすでに大学院修了者を対象とした試験区分があり、さらに大企業を中心に博士や修士の学位を重視することを宣言するなどすれば、その影響は社会の各般に及び、社会と大学院との良循環が動き始めるのではあるまいか。

改革は進まぬ原因も含めて

審議まとめでは3番目の章立てとして、改革のための具体策を挙げている。社会的評価の向上と認知の拡大に向けてが「大学が育成する人材像の明確化」を始め6項目、幅広いキャリアパスを念頭に置いた教育研究指導の強化に向けてが「教育課程・研究指導の質保証」を始め6項目、そして情報公表の促進である。一々についてコメントする余裕はないが、いずれも多くは以前から指摘されていることがらである。ということは、なぜ今に至っても問題として指摘されなければならないか、ということも考えてみなければならない。例えば社会のさまざまな分野での活躍促進という項目について、審議まとめでは「社会における高度人材の価値認知を進めていくため、社会に率先して公的機関等における活躍のロールモデルを増やしていくことが重要である」とあるが、それが現実の状況、例えば霞が関における職員の過酷な執務環境の中で、どのように実行されるべきか、また安倍政権以来の官邸主導と呼ばれる政治や行政の権限集中の中、大学院を修了した人材に、作業部隊ではなく企画提案者としてどのような活躍が期待されるのかなども、より深く検討しておかねばならないのではないか。

かつて大学院というものは、大学や教員にとって一種のステイタスであった。学部だけの大学よりも修士課程がある方が上、博士課程があればさらに上というように、大学や教員を評価するに大学院の存在は便利な指標であった。国立大学における大学院の取扱いはこれを見事に体現しており、私が半世紀前に文部省に入省した折、国立大学の教員組織のユニットが講座・修士講座・学科目に分かれ、それがまるで曼荼羅でも見るように見事に統一されているのを知って、大変驚いた記憶がある。時代は変わり、科学技術・イノベーションの波が人文科学・社会科学の分野にまで押し寄せようとする今、大学院問題はより実質を問われる段階に差し掛かりつつある。私自身もこれまで以上にこの問題を注視していきたい。

（２０２４年３月11日）

第9章

高等教育をより良く知るために

９―１　冬休みの読書～どこへ行くのか大学改革

２０１９年もまもなく終わる。今年は令和と年号が改まった最初の年であり、人々にはいろいろな期待があったことであろう。しかし資源の裏付けが不十分な中で、打ち続く大学改革とその副作用によって、一部の大学・研究者を例外とすれば、各大学の現状はいよいよ厳しさを増している。しかも今年の11月には、大学入試制度改革の目玉とされた英語の四技能に関わる新たな試験の導入が延期され、関係者には散々な年となった。また、これまでは文科省と大学との連携で何とか進めることができた大学改革も、現政権になってからはどんどん政治主導が強まり、文科省・中教審の自律性にも疑問符がつき、文科省を頼らざるを得ない各大学にとっての大きな不安要素となってきている。学生や受験生の不安・混乱についてはさらなるものがあることだろう。本来、政治というものは法令を遵守し、かつ国民の立場に立たなければならないものであるが、どういうわけか一部の有力者・グループのためとしか思えないような上から目線の政策が過ぎるように思える。政策立案・実行システムの抜本的な見直しが求められるゆえんである。

改革の迷走

このような意味で例年この時期に行っている高等教育に関わる読書案内も、２０１９年に出た本の中から選ぶとすれば、まずは必然的に辛口のものにならざるを得ない。第一に挙げるべきは佐藤郁也著『大学改革の迷走』（ちくま新書）である。この本は、２０１８年12月に出版された同じ著者の編著になる『50年目の「大学解体」20年後の大学再生~高等教育政策をめぐる知の貧困を超えて』（京都大学学術出版会）の姉妹編に当たり、著者である佐藤教授の言によれば「前著では紙幅の制約から説明しきれなかった点も含めて、改めて日本の大学改革が抱えてきた深刻な問題に関する病理診断」を行うとある。ちなみにその前著は、佐藤郁也氏のほか、苅谷剛彦、川嶋太津夫、遠藤貴宏、ロビン・クリメッキの各氏による共編著によって構成されており、我が国の大学改革の状況と問題点を述べるとともに、比較の対象として英国の事例を分析した書物であった。私としては、自身も関わったことがある「スーパーグローバル大学事業の顛末」をとくに興味深く読んだ。

さて「大学改革の迷走」の方は佐藤氏の単著である。第一章で批判する「和風シラバス」、第二章で酷評するＰＤＣＡ、第三章で挙げる「士族の商法」、第四章で警告する「改革ごっこ」の行き着く先、などその舌鋒の鋭さにはただただ驚くばかりである。しかも、これらは現実観察から発した問題提起であり、なかなかの説得力がある。本書は「大学改革が進まないのは、文科省、大学関係者だけのせいではない。大学改革を阻む真の悪者の姿に迫る」とあり、大学関係者だけではなく、政治家や官邸官僚、財界人にも読ませたいものである。

人的資本論vsシグナリング論

次に紹介したいのは、大学というものを少し深く考えたい人のための本である。今夏、米国ジョージ・メイソン大学のブライアン・カプラン教授の「教育反対の経済学」（The Case against Education）という本の翻訳（月谷真紀訳）がみすず書房から出た。原著は「なぜ教育システムは時間とお金の無駄遣いか」という意味の表題であったが、和訳では「大学なんか行っても意味はない？」という少々刺激的なタイトルになっている。但し中身は、教育経済学で従来から論争のある「人的資本論」と「シグナリング論」すなわち、大学教育の意味は、学生に何らかの能力を身に着けさせることにあるのか、それとも学生の潜在能力の表示にあるのか、ということをさまざまな観点から丁寧に論じたもので、非常に手堅い内容を持つ本である。これは従来から、教育の内容よりも入試による人材選抜に重きを置いてきた我が国の大学教育にとくに当てはまることであり、ぜひ多くの人に勉強してもらいたい内容である。

関連して、隠岐さや香著『文系と理系はなぜ分かれたか』（星海社）は、科学史家の立場から書かれた学問論として、興味深く読むことができる本である。学問の分類は、一筋縄では行かない難しさがあり、過去の経緯に遡って理解することが大切であることがよくわかる。私にとって印象的であったのは、中世以来の大学組織は、神学部、法学部、医学部という上級学部と文法や幾何学など自由学芸七科からなる下級学部に分かれていたこと、そのシステムでは理学部、工学部がなかったこと、そして現代につながる分類の枝分かれは、自然科学や工学が先で、次いで社会科学があり、人文科学という分類は一番後からやってきたという指摘であった。人文科学は古い概念というイメージで語られることが多い昨今の議論の中で、これは新鮮な指摘である。なお、筆者は理系の学問を「理工医」としてこれにＳＴＥＭという用語を充てているが、我々が普通使っているこの用語の最後のＭはMathematics（数学）であるので、それとは異なる使い方の意図が何処にあるのかには興味がある。

改革の成否はいかに？

国立大学の学長と学長経験者が書いた二冊の本も面白い。一つは五神真著『大学の未来地図～「知識集約型社会」を創る』（ちくま新書）。もう一つは豊田長康著『科学立国の危機～失速する日本の研究力』（東洋経済新報社）、である。前者は「知恵とそれを活用する人が集積する場」としての大学の未来を明るく描いている。東大総長としての余裕と自負がその背後に感じられるものである。一方後者は、元三重大学の学長で現在は鈴鹿医療科学大学の学長である著者が、長年の持論すなわち投入資源の不足によって日本の科学研究力が失速するという現実を、政府予算のGDP比、論文数、特許件数、大学研究費など公表されているデータの分析に基づき実証的に論じたものである。これを読むと、大学の研究環境には深刻な課題が山積しているようであるが、果たして五神総長の見通しと豊田学長の危惧はどのように関わりあうものであろうか。

次にジャーナリストがまとめた大学論。松本美奈編著『異見交論～崖っぷちの大学を語る』（事業構想大学院大学出版部）である。この本には、立場や意見もさまざまな49人もの有識者へインタビュー結果がまとめられている。しかし単にまとめたものにはとどまらない。そこにはジャーナリストとしての鋭い感覚に基づく章立てがある。国立大学法人化は失敗だ（第1章）、国立大学よ、時代感覚を磨け（第2章）、高大接続を問う（第3章）、大学図書館の存在意義（第4章）、過渡期の女子大学（第5章）、学生は育っていない（第6章）は、いずれも我が国の大学の現状と課題から注意深く抽出されたものであろう。第一章でいきなり連続する「国立大学法人化は失敗だ」、「法人化は必然だった」という二篇の記事は、さすが東西両京の大学、「別格官幣社」（松本氏のワーディング）の風格が感じられ、複雑な思いにかられた。

本稿も終わりに近づいた。思うのは、大学をとりまく環境の変化は、大学らしさを形成してきた「大学自治」の根幹を揺るがしているということである。本ではないが、岩波の雑誌『世界』（２０１９年５月号）は「生きている大学自治」という特集を編み、「ポスト「教授会自治」時代における大学自治」（広田照幸氏）、「大学自治をアップデートする」（寺﨑昌男・羽田貴史氏）、「私の大学自治論」（田中優子氏）ら論客が多数登場している。広田氏はその論稿の中で「すべての改革論は、これまでの状況をことさら悪く描写し、改革案によってもたらされるよい所だけを強調し、改革案が生むかも知れない問題点には目を向けない」と、大学のガバナンス改革論を批判しているが、まさにその通りである。功罪半ばするような改革案については、とくに冷静・客観的な事前評価が必要である。また無謬性神話にとらわれることなく、いつでも中止や方針変更を断行する勇気を、政策当局や大学経営陣には求めたいものである。皆さん、どうか良いお年を。

（２０１９年12月23日）

9—2　大学名の英文表記〜何を世界に伝えるか

グローバル時代の大学名称

高等教育のグローバル化は止まることを知らない。情報化・ネットワーク化が進んだ昨今、かつてのように異国事情を翻訳しつつ学んで、ついでにこれを研究業績に加えようという穏やかな時代は過ぎ去り、研究活動とりわけ科学や技術に関わる活動は、世界の大学・同僚との厳しい先陣争いの場となっている。そのためもあってか、論文を日本語ではなく、外国語とくに英語で書けということはもう耳にタコができるほど聞かされてきている。幸いなことに、ＡＩの発達による自動翻訳はかなりのレベルにまで進みつつあるようだ。但し、大学の外国語名への翻訳は、ＡＩ任せではなく、名称によって何を発信するかを含め、自らが決めなければならない。そしてその決めた外国語名とくに英文名称は、世界の人々に大学を知ってもらう非常に重要な情報となる。

もしこれが例えば中国語で表現するとなると、東京大学は「トン・チン・ター・シュエ」、筑波大学は「チュー・ポー・ター・シュエ」と言えば、それで相手は分かってくれるであろう。漢字圏の強みである。なお、中国語の標準語である普通話では、日本語のような清音・濁音・半濁音の区別はなく、その代わり無気音と有気音、そしてアクセントに当たる四声があるから、このカタカナをそのまま日本語として読んで通じるかどうかは保証の限りではない。私は大学の教養科目で中国語を第二外国語（但し必修）として履修したので、その折の苦労は今でも覚えている。

さまざまなパターンの英文表記

だが英文表記となれば、話は複雑になる。同じ日本語名でも表現はさまざまである。代表例は、地名＋University と言うか、University of ＋地名と言うかの違いである。大学の公式ホームページを見ると、東京大学は The University of Tokyo、筑波大学は University of Tsukuba である。但し国立大学はすべて同じようなパターンではなく、むしろ Kyoto University とか Kyushu University というように、こちらの方が圧倒的に多い。国立大学で前者のパターンを採っている残りの四大学は、富山、福井、山梨そして宮崎大学である。これに対して公立大学では、前のパターンは５大学（宮城、公立小松、都留文科、長野、新見公立）、後のパターンは９大学（会津、長野県立、静岡県立、福知山公立、兵庫県立、島根県立、高知県立、北九州市立、長崎県立）で、こちらの方が多い。

国立大学の場合、地名＋University の次に多いのが、地名＋専門分野を表現したものである。例えば北海道教育大学は Hokkaido University of Education、東京外国語大学は Tokyo University of Foreign Studies、滋賀医科大学は Shiga University of Medical Science の如くである。このほか、東京学芸大学は Tokyo Gakugei University と日本語名の音をとって英文名とし、お茶の水女子大学は女子を省いて Ochanomizu University とするなど、さまざまな工夫が見られるところである。また、私が多少関わりをもっていた政策研究大学院大学は、National

図表　国公立大学の英文名称～名称のパターンと該当大学数

大学名称のパターン	国立大学	公立大学
地名＋University	42	5
University of＋地名	6	9
（地名＋）公立のみを表記		32
（地名＋）専門分野のみを表記	32	26
（地名＋）公立＋専門分野を表記		16
その他	6	4
合計	86	92

（出典）山本眞一による各大学のホームページ調査

Graduate Institute for Policy Studies と国立である旨を強調するかのような表記になっているのも興味深い。一方、公立大学は青森公立大学 Aomori Public University、岩手県立大学 Iwate Prefectural University のように公立大学である旨を表記するか、岐阜薬科大学 Gifu Pharmaceutical University、和歌山県立大学 Wakayama Medical University のように扱う専門分野のみを表記するか、あるいは神戸市外国語大学 Kobe City University of Foreign Studies、香川県立保健医療大学 Kagawa Prefectural University of Health Sciences のようにその両方を入れて表記する例があり、これら三つの表記パターンが圧倒的に多い。多少ユニークなものを挙げれば、国際教養大学は Akita International University と秋田の名前を入れ、東京理科大学から公立化した長野と山口の二つの大学では、英文名から東京理科大学の名前が落ちている点なども、少し興味を覚えるケースであった。

具体の問題として

さて、このようにやや念入りに、86国立大学と92公立大学の英文表記のすべてを調べてみたのには、多少のわけがある。それは、大阪府立大学と大阪市立大学との統合により２０２２年度に発足する新大学の名称を大阪公立大学とし、その英文表記を University of Osaka とすることとしたと、6月26日に公表されたからである。この名称を選定した理由として、設置母体である「公立大学法人大阪」によれば、①これまでの歴史とブランドにふさわしい、多くの人の納得を得られること、②大阪の地名が語頭に表され、府市が設立した公立大学であることが明示されていることを挙げている。但し、英文名称には「公立」に当たる部分の表記はない。これに対して早速同日、国立大学である大阪大学は総長名でコメントを出し、大阪大学がこれまで使ってきている Osaka University と新大学の英文表記であるUniversity of Osakaとは「酷似しており、今後、受験生や本学（大阪大学）の学生・卒業生をはじめ、一般市民の皆様、特に海外の研究者、学生に大きな混乱を招く」ので配慮すべきだとした。また29日には「University of Osakaが大阪大学の英語名称として使用されている実態」があるとして、詳細な紹介をするとともに混同による問題点なども列挙し、これを同大学のホームページに上げている。

なお、報道によれば大阪府の吉村知事は「他にも国立大学と公立大学が存在するエリアがあるが、同様の英語表記で混乱は生じていない」として、変更することは考えていないと話しているという。同様の英語表記というのは、県名を冠する国立大学とその県にある公立大学の組み合わせのことで、静岡、島根、高知、長崎の事例を指すものと思われる。このほか、長野県内の二つの公立大学は、片方がNagano University、もう一方がThe University of Naganoと棲み分け、兵庫県立大学University of Hyogoは、私立の兵庫大学Hyogo Universityと区別しているように見える。これらの名称が混乱を生じさせているかどうかはさらに調査が必要であるが、世界大学ランキングのかなり上位に位置付けられている大学とそうではない大学とで主張の違いが許されるかどうかは、微妙なところであろう。なお、大阪公立大学をUniversity of Osakaとすると言いながら、その設置母体である公立大学法人大阪にUniversity Public Corporation Osakaという表記をあてているのは、不思議と言えば不思議である。

何を世界に発信するか

ちなみに新大学の名称決定に伴い、法人ではこのUniversity of Osakaを商標法に基づき商標登録する方針だと報道で知った。一方の大阪大学のOsaka Universityは、２０１２年に商標登録されていることが特許庁傘下の法人が運営するデータベースによって確認できる。ついでながら、東京大学のUniversity of Tokyoは２００５年、京都大学のKyoto Universityは２００６年に、それぞれ商標登録されている。法務部門が充実している大きな大学を中心に商標登録の動きが進行しているようだが、これを巡る動きにも目が離せなくなる。一方、２０１９年には「大学改革支援・学位授与機構」（ＮＩＡＤ－ＱＥ）が、「高等教育資格承認情報センター」を設置し、ユネスコの高等教育の資格の承認に関するアジア太平洋地域規約（通称:東京規約）に基づく、日本公式の国内情報センター（ＮＩＣ）として、高等教育資格の円滑な承認に資する教育情報の提供を始めている。英文表記された大学の情報を一元的に整理することは重要であり、順調な整備・発展を願いたい。

　最後に蛇足ながら、「University of XX」と「XX University」の表現から受ける印象の違いはどうであろうか。私が知っている米国の例では、各州にある旗艦大学と呼ばれる主要州立研究大学の多くは、「University of 州名」であることが多いようだ。また、近頃発表されたＱＳの世界大学ランキング２０２１の上位26校の中で、University ofで始める大学名は、東京大学（24位）を含めて13校、一方のXX Universityという形式の大学名は９校である。印象論に過ぎないと言われればそれまでであるが、そのようなことも含めて、英文表記によって何を世界に発信するかは、大学の経営戦略としても一層真剣に考える必要があるのではなかろうか。

（２０２０年７月27日）

〈注記〉大阪公立大学の英文表記についてはその後改められて、現在ではOsaka Metropolitan Universityとなっている。

9―3　冬休みの読書～コロナ禍にあって

コロナ禍と大学教育

まもなく年末であるが、２０２０年は春先から新型コロナウイルス感染症の広がりにより、大学は大きな影響を受けてきた。このまますんなりと冬休みというわけには行きそうもないが、それでも、読者の皆さんが多少の時間がとれるだろうと思い、今年刊行された高等教育に関連ある書物の中からいくつかを紹介したい。

まずは、コロナ問題そのものの影響である。これについては、アンケートによって全国の大学での実態を調べ分析したものがいくつかある。その中で、私立大学協会が今年7月から8月にかけて加盟校に対して行った調査結果を分析したものが、私学高等教育研究叢書『コロナ禍の私立大学』である。「私立大学の経営管理上での的確な対応方針を定め、国の有効な支援方策を養成すること」を主眼としたものと書かれてあるが、さまざまな問題の所在を明らかにするとともに、他機関のアンケート結果も紹介してあるので、大いに参考になる。また、松原聡『大学DX～高等教育デジタルトランスフォーメーションの可能性』（Kindle版）は、著者が所属する東洋大学の研究プロジェクトが今年7月に実施した全国15大学の学生に対するアンケート調査結果をもとにまとめられたもので、「遠隔授業が高等教育そのものの在り方をどう変えていくのか」という観点から論じられている。オンライン授業のメリットを過小評価する風潮の中、現実に進みつつある社会のデジタル化に積極的に向き合う姿勢が窺える。

大学は死んでいる？

さて、2010年代という十年紀の最後の年である今年、打ち続く大学改革の動きの中で、大学はどうなってきたのか、これからどうなるのか、また大学はどう対処すべきか、というこれまでもさんざん論じられ続けてきたテーマは、ますます重要になりつつある。この点で、苅谷剛彦・吉見俊哉『大学はもう死んでいる？～トップユニバーシティーからの問題提起』（集英社）は、大変ショッキングなテーマである。「？」が付いているのは、死んだと断定しているのではなく、日本の大学の現状を何とかせねばという著者たちの熱い思いがあるからであろう。オックスフォートとハーバードという世界のトップ校での経験からみた。日本のトップ校とされる大学群の問題点を深く抉っており、とくに教育と職員に問題ありとの著者たちの見立ては、以前から職員問題に関心を持ち続けてきた私にもいちいち肯けるものである。また、この本で世界的水準にあったと評価している旧制高校について、そのエリート教育の実態や教養教育のことを論じた市川昭午『エリートの育成と教養教育～旧制高校への挽歌』（東信堂）も是非読まれるべき本である。ご存じのように、市川氏はこの数十年、我が国の高等教育研究をリードし続けてきた研究者の一人であるが、戦後の制度の変わり目を実体験した著者ならではの分析から学ぶところは多い。

次に、読者の皆さんがさらに現実的な大学論・改革論を望まれるなら、石井洋二郎『危機に立つ東大～入試制度改革をめぐる葛藤と迷走』（筑摩書房）は、東大における「教育・入試制度改革の顛末と問題に至った経緯を見直し、大学のあるべき姿を提示する」とあり、内部関係者ならではの観察と、我が国の大学全体に蔓延する「諦念・忖度」の空気を感じさせる内容である。また、大槻達也・小林雅之・小松親次郎編『２０２０年以降の高等教育政策を考える』（桜美林大学出版会）は、今年2月、コロナ禍発生の直前に開催された桜美林大学シンポジウムを発展させる意図で書かれたものである。執筆者たちは、いずれも我が国の高等教育政策の形成に深く関わってきた方々である。序章で、今年10月に急逝された前桜美林学園理事長の佐藤東洋士氏が、各高等教育機関が目的に沿って質の高い教育を行うことが肝要であるとした上で、同時に大学設置基準や学位の分野表記の再検討、評価の在り方、地域整備の在り方、個々の大学の役割分担の検討などの政策的課題は、「現在生きている我が国の高等教育研究機関をもって、真摯な検討と取組がなされていくべきもの」と述べているのは、期せずして関係者への遺訓となってしまったが、この言葉を重く受け止めたい。

大学論の誤解と幻想

とはいえ、現在の大学改革の進行に疑問をもつ方々には、別の観点から大学論を深く考えるべき、との意見をお持ちの方々も多いことだろう。その意味で、岩井洋『大学論の誤解と幻想』（弘文堂）は参考になる。岩井氏の専門は宗教社会学、経営人類学だそうだが、勤務大学で5年間学長を務めた経験もあり、「実社会」に向き合ってきた方のようである。取り上げている題材は、大学論を語る前に押さえておくべき社会的背景、アクティブ・ラーニングの誤解と幻想、グローバル人材と英語幻想をはじめとして極めて多岐にわたり、しかも実践的な印象がある。岩井氏の言葉によると「本気モードの大学論」であり、多くの関係者に現状を再考させる本である。また、大学院とくに文系大学院の現状に問題を感じておられる方には、吉田文編著『文系大学院をめぐるトリレンマ～大学院・修了者・

労働市場をめぐる国際比較』（玉川大学出版部）もお勧めである。文系大学院の不振という現状は、我が国の高等教育システムの病理を代表するものであると、常々私も感じているところである。ここでいうトリレンマとは、編者の考えでは「大学院／教員」、「大学院生／修了者」、「労働市場／雇用者」の三者間の関係が弱く、関係拡大の循環が見られないことを言うらしい。グローバル化傾向と相反するこのトリレンマは、学問的には興味深く、高等教育政策としては深刻な問題である。さらに教員たちの現状の奥深くに立ち入りたい人には、例えば、斎藤恭一『大学教授が「研究だけ」していると思ったら、大間違いだ！　不人気学科教授奮闘記』（イースト・プレス）のような本も今年刊行されている。国立大学工学部教授の仕事を、著者の経験に即して具体的に述べたもので、大学教授＝研究者というイメージを崩し、教員の多様・多忙な仕事生活を窺い知るのに格好の著作である。

政策分析に新たな視点

年末近くになって、興味ある本が刊行された。中田晃『可能性としての公立大学政策〜なぜ平成期に公立大学は急増したのか』（学校経理研究会）である。この本は、長らく公立大学協会の事務局長や理事を務めている著者が、副題のような問題意識をもとに理論的かつ実証的に書いた力作である。とくに問題分析の枠組みとして「政策の窓モデル」を援用して、現実の政策が、従来考えられてきたような「問題特定」、「政策立案」、「政治決定」という政策プロセスが、時間の流れに沿って縦列しているのではなく、実際には独立・並行して流れているとして、この問題を分析していることである。政策科学を若い時分にいささか学んだ私であるが、このモデルの斬新さと有効性について大いに興味をもった次第である。

最後に私自身も、今年新たな単行本を刊行した。山本眞一『激動の高等教育（上）（下）』（ジアース教育新社）である。これは２０１５～19年にかけて『文部科学教育通信』（ジアース教育新社）に連載した95本の論稿を上下２巻・16章に再構成しまとめたものである。読者の参考にするため、解説もつけてある。私自身、これを読み返してみて、２０１０年代後半の4年間余においても多くの改革がある意図を以って実行され、かつ新たな問題を引き起こしつつあることを改めて確認した。その続きは、本誌連載を引き続きご覧いただきたい。

今年もまもなく終わる。コロナ禍であるがそれに負けないよう、どうか皆さん良いお年を。

（２０２０年12月28日）

9―4　高等教育論が「わかる」ために
～入門テキストを読んで

高等教育論の担い手の世代交代

先月、知り合いから新刊の献本を受けた。この研究者も分担執筆に加わった『よくわかる高等教育論』（ミネルヴァ書房）で、編者は橋本鉱市・阿曽沼明裕の両氏。この二人の編者を含めて29人の新進気鋭の研究者によって13章、86項目に分けて執筆されたこの本は、「大学・高等教育について知りたい、理解したい、という学部学生のみなさんや社会人の方に、入門的なテキストとして作られている（同書はじめに）と書かれており、すでに多数出ている研究書や大学問題を扱った一般書ではない。大学・高等教育についての学生の理解を助け、また授業で使用することや、実務家の参考に資することも念頭に置いているようである。

新進気鋭と書いたが、編者の橋本・阿曽沼の両氏は１９６５年生れで、今年は55歳になるはずである。東大教授で55歳と言えば、昔なら中堅を超えて長老教授に準ずるような年齢であろう。ただ、受け止める関係者も同時に年齢を重ねているので、いつまでもお互いに若いと誤認しているだけであり、その他関係している高等教育研究者も、この二十年、三十年の間にすっかり代替わりしているのである。同時に、１９７０年代に立ち上がった高等教育研究やその成果である高等教育論自体も変遷を重ね、かつその考察の対象たる現実の高等教育システムも、大学改革の嵐の中で様変わりの状況である。本書はその意味で、現時点での標準的な高等教育論とはどのようなものであるか、その担い手である研究者はどのような人々なのか、を俯瞰的に眺めることのできる好著だと思う。

本書の構成は13章からできていると述べた。そのタイトルと内容をいちいち挙げることは、紙幅の関係で避けるが、入試、カリキュラム、就職という学生と大学との関わりを述べたり、大学の構成員や研究者というような教職員のことを扱う章があるかと思えば、大学の歴史、ガバナンス、財政など大学という制度について述べたり、主要国の大学制度と現状を扱った章もあるという具合に、やや雑多な印象もあるが、見方を変えればそれだけ大学や高等教育には多様な切り口があるということでもある。また、それぞれの項目を担当する執筆者について、彼らの日頃からの研究上の興味関心が何で、それがどのように記述に反映されているかを考えながら読むことにも面白味がある。

高等教育論の学問的基礎は何か

さて、次に私なりに気づいたことを幾つか述べてみよう。第一は本書が考察の対象としている高等教育への学問的基礎の問題である。というのも、高等教育という事象を研究対象としてきた高等教育論には、さまざまな学問分野から接近が可能だからである。それぞれの学問分野で発展してきた理論や方法論が違えば、高等教育の見え方も変わってくるものだ。私自身に照らして考えると、その学問的方法論は、法学その他の社会科学をベースにした政策科学である。では、本書ではどうだろうか。私の観察に従って述べれば、教育学を専攻する研究者の数が最も多く、それに次いで教育史や比較教育の分野の研究者が多い。教育社会学者は教育の機能や役割を重視するから、大学が果たしてきた役割や機能などの分析が得意である。半面、制度・法律についての考察は、私より関心が薄いように思える。現実の高等教育行政や政策が、法律に基づいている以上、こちらの側面からの検討は本書以外の情報源も参照するとよい。また、歴史の考察や外国との比較が大事なことは論を待たないが、その場合、歴史の背景事情や国ごとの異同の理由まで深く掘り下げることが、状況理解のためには重要である。本書はおおむねこのことを満たしていると思うが、執筆字数の制約から簡潔に取り扱われている部分については、本書に紹介されている参考文献などで補うとよい。

第二に、本書の書き手の問題である。本書は、少数の実務家や実務経験者を除けば、アカデミックな訓練を受けた研究者によって執筆されている。このため、学生の学習に使うテキストとしては最適かと思われるが、実務家が参照する場合は何等かの追加情報が必要であろう。現に多くの大学教職員が、大学改革の実践に忙しく立ち働いており、彼らの知りたいことは、アカデミックな高等教育論に限らず、政策の動きや実務上の知識であったり、組織運営のノウハウであったりするからである。大学は現実社会で維持運営されている組織体であるので、内外のさまざまな現実が複雑に絡み合っている。このため読者は、本書によって基本的な知識を身に付けることと同時に、現実の大学をどう動かすかについては、実務を通じて各自の応用能力と俯瞰能力を養うことが望まれる。

大学を巡る環境変化をどうとらえるか

第三に、本書が扱う大学の専門分野の問題である。本書を一瞥する限りではあるが、考察の対象は大学の専門分野を特定しないか、あるいは暗黙裡に文系を前提としているように思える。しかし、大学は文・理・医を大分類とする数多くの専門分野の教育者・研究者からなる複雑なシステムである。とくに多くの資源が投入されている理系（理学や工学など）や医系（医学・歯学・薬学・保健学・看護学など）の大学について、さらなる考察が必要ではないか。もちろん大学病院のことや科学技術のことにも触れられていることを承知の上での指摘である。教育学だけではなく、多くの専門分野の関係者が、たとえ専任でなくても、何らかの形で高等教育論の発展に関わっていくことが望まれる。

第四に、本書が念頭におく大学のタイプである。世の中にはさまざまな大学が存在する。このことは、格差というよりも多様性ということで多くの関係者が同意するようになった。その上で、研究中心の大学か教育中心の大学か、そしてとくに後者については定員割れなど経営上の危機に見舞われていないかどうか、は多様性を前提とする上で重要な区分である。本書で取り扱われる大学は、私の独断と偏見で述べるならば、昔からあるような優秀な学生の教育と高度な研究を行う「研究大学」を考察の典型とし、その派生形として大衆化し、かつ経営上の問題に見舞われつつある多数の「その他大学」にも視野を伸ばしているかに見える。しかしその研究大学は、大学界での存在感は大きいが、数の上では少数派である。本書がその他大学という多数派を視野に入れていないとは言わないが、本書を紐解くであろう利用者の多くは後者のタイプの大学関係者であることは、これからの高等教育論を考える際にさらに配慮していくことが大切であろう。

第五に、本書が目指すべき方向性である。本書が学生向けのテキストである限り、現状を分かりやすく解説するだけでも十分かも知れない。しかし若い学生が、現実社会で活躍する数十年後の高等教育や大学は、今とはよほど違ったものになっていることは確実である。その意味で、グローバリゼーションの見通し、科学技術・イノベーションと大学、高度情報・ネットワーク社会の今後、政治システムの中の大学、２０４０年以降の高等教育システムなど、思いつくだけでも幾つもあるキーワードは、本書の今後の改訂の際にはぜひ取り入れてもらいたい項目である。

以上、いろいろ述べてみたが、一冊の中で多くのことがらを適切にまとめた本書の編者や執筆者諸氏の多大な努力に対して、心からの賛辞を送りたい気持ちに変わりはない。本書が一人でも多くの人に読まれ、学習や参照に利用されることを願うものである。

（2021年6月14日）

9―5　冬休みの読書～大学問題の捉え方

２０２１年もあとわずか、コロナ禍の収束の見通しが立たない中で、２度目の年末年始を迎えようとしている。読者の皆さんはこの冬休み期間をどのように過ごされることであろうか。現在、一時的にせよ新規感染者数の減少傾向にあるものの新たな変異株の出現もあり、今後の見通しはなかなか立たないのが実情であろう。これからの大学運営のあり方を考えるにつけ、まとまった時間を使って本を読み、大学とは何かをさらにしっかりと考えたいものである。私が今年刊行された本の中から、いくつか気が付いたものを挙げてみよう。

能力主義は正義か？

第一に大学の機能・役割に関するものである。マイケル・サンデル（鬼澤忍訳）『実力も運のうち能力主義は正義か？』（早川書房）は、大学の機能・役割とさらにそれを包みこむ能力主義というものを考えさせられる好著である。サンデル教授は「ハーバード白熱教室」などを通じて、優れた授業を探究するという面で日本でも知られた学者であるが、今回のこの本は、さらに広い視野から大学の役割や能力主義のもたらす弊害に至るまで述べている。この本には本田由紀東大教授の解説がついていて、同氏は「サンデルは、このメリトクラシー（能力主義）が、なぜ、いかにして支配的になり、それがいかなる弊害をもつに至っているかを、豊富な事例やデータを示しつつ縦横に論じている」と述べている。これを日本の教育問題に応用して捉えれば、従前からある学歴社会批判論に到達するだろう。

その意味では日本における議論の整理のためには、市川昭午『教育改革の終焉』（教育開発研究所）の第Ⅳ章「学校段階と接続～学歴社会と受験競争」が参考になる。同氏のこの本は、主として初等中等教育について述べたものだが、この章は受験を通じて高等教育の問題に踏み込んだ同氏ならではの緻密な論稿である。「過度の受験競争が競争の激しさではなく、受験層の広がりに由るもの」であるという市川氏の見方は、問題の核心を指摘しているものと思う。同時に、日本では学歴社会と実力社会が対立した概念として置かれがちであるが、米国の大学が教育の質にこだわるのは、実力を学歴によって代表させようというグローバル社会の傾向に沿っているものではあるまいか。サンデル氏の本にもあるように、能力ある者への厚遇はどの程度まで社会的に許され得るかという深刻な問題につながるような気がしてならない。この世に生を受けた人間である限り、能力の有無にかかわらず等しく尊厳ある取扱いを受けるべきだとの考え方もあるからである。

大学のガバナンスと政治化

第二に大学のガバナンスに関するものである。かつて学問の自由・大学の自治は、憲法上の要請として侵すべからざる価値をもつものである、と理解されていた。しかし、近年これに対して大学の社会的責任論が力を増してきて、国公立大学の法人化、資源の競争的配分、学長のリーダーシップなどの新しいガバナンスの態様が大学界を覆うようになった。駒込武編『「私物化」される国公立大学』（岩波書店）は、いくつかの大学における具体的な大学運営や学長選考問題を挙げつつ、大学内部に深刻な対立が存在することを明らかにしようとしている。大学の社会的責任を果たすためなのか、少数の執行部による大学運営の私物化なのか、その辺りは関係する者の立場によって大きな意見の隔たりがあるようだが、私に言わせれば、大学のこれまでの価値である学問の自由や大学の自治を破壊するかのような動きはやはり行き過ぎであると思う。

もっともそのような動きが問題視されるようになったのは、大学が経済・社会そして政治のシステムに深く組み込まれてしまったからなのではないか。山本眞一「大学と大学組織の未来～自主自律は守れるのか」『高等教育研究第24集』所収（玉川大学出版部）は、その現象を「高等教育の政治化」と名付けて、その背景や対策を論じたものである。このことについては、過去の連載でも紹介したことがあるので、これ以上論じることはしないが、ぜひお読みいただきたいものだと考えている。また、この政治化の背景には、学長と教授会、大学と政府（文科省）の関係変化だけではなく、政府部内における集権化傾向すなわち官邸権力の強大化があるのは間違いない。論じた本はいくつもあるだろうが、今年刊行された中で古賀茂明『官邸の暴走』（角川新書）を挙げておきたい。

大学を変える産業政策の波

第三に文部科学省そのものに分析のメスを入れた本が刊行された。青木栄一『文部科学省～揺らぐ日本の教育と学術』（中公新書）がそれである。この本の内容は多岐にわたり、必ずしも文科省のあり方だけを論じたものではないが、それでも第1章「組織の解剖～統合は何をもたらしたか」と第2章「職員たちの実像」は、これまであまり議論されてこなかった文科省の実情をつぶさに論じたものとして、皆さん方にも参考になるものである。また第5章「失われる大学の人材育成機能」は、現在進行中で決して止まることのない大学改革がもたらす影響について、精緻な分析が行われている。結局のところ、著者の見立ては序章にあるように「産業政策に飲み込まれる教育政策、学術政策、科学技術政策」ということで、第二で述べたように官邸権力の強大化とそのバックにある有力官庁の存在が、文科省の将来を左右するということではあるまいか。

第四に高等教育を総合的に理解するのに便利な教科書のような本が刊行されたことである。橋本鉱市・阿曽沼明裕編著『よくわかる高等教育論』（ミネルヴァ書房）がそうである。この本の概要については、本誌第５０９号（２０２１年６月14日）（本書9—4所収）で詳しく取り上げたので繰り返しは避けるが、過去数十年にわたって続けられてきた高等教育研究の成果を概説書の形で表されたものであり、とくに大学経営に当たる教職員には、高等教育に係る最小限の教養として広く読まれるべきものであろう。また私学高等教育研究所創立20周年記念『私立大学研究の到達点』（日本私立大学協会）は、これを私学に特化かつ発展させた総合的論稿集として、時間があればぜひお読みいただきたい。私自身も「高等教育システムと私学の今後〜18歳人口減少の中で」という一文を寄稿している。さらに本間政雄『大学が変わる大学を変える〜改革の主役としての大学職員』（学校経理研究会）も著者の実務経験に裏付けられた論稿として一読をお薦めしたい。

第五に高等教育研究の泰斗の一人である寺﨑昌男氏が、自らの60年にわたる研究生活を振り返って一冊の本をまとめられたことである。寺﨑昌男『大学研究の60年』（評論社）がそれである。高等教育研究は学際的な研究分野であると言われてきたが、それがいかなるものであったのか、この本を読むとよく理解できる。この分野の研究を志す若い人にも読まれるべき好著であると思う。

その他、私自身が今年読んだ本にはいろいろあるが、今春刊行された英語で書かれた本を一冊挙げておこう。これは大学院における研究指導や指導教授について、日本を含む21か国についてそれぞれの分担執筆者が書いたもので、私自身も日本について一章を担当した。Stan Taylor, Margaret Kiley, Karri A. Holley eds. *The Making of Doctoral Supervisors*（Routledge）がそれである。日本語訳はないが、興味のある方は一読願いたい。また併せて岩波書店編集部『アカデミアを離れてみたら～博士、道なき道をゆく』（岩波書店）も、大学院問題を考える際に興味をそそる本であったことを紹介しておこう。

他にもいろいろな本があるのだが、紙数が尽きたので、今回はここで止めることにしたい。皆さん、どうか良いお年を。

（２０２１年12月27日）

9―6　春休みの読書～混迷・凋落の高等教育を救うために

月日の経つのは早い。令和４（２０２２）年度もまもなく年度末である。学生にとっては長い春休みだが、新年度の開始を目前に控えて、教職員の皆さんの多くは気ぜわしい日々を送っておられることであろう。ただ、普段に比べて多少は時間が取れるのもこの時期であり、研修会に参加したり高等教育に関する本をいろいろ読んだりして新年度に備えることも必要である。この連載では、いつも「冬休みの読書」と題して年末にさまざまな新刊を紹介してきているが、昨年末は急な入院生活を送ったため、このテーマでの執筆をする機会がなかった。そこで時期は若干ずれるがこの一年ほどの間に私自身が目にしたいくつかの書物についてコメントすることにしたい。

凋落をどう立て直すか

まず考えるべきは、我が国の大学界全体を覆う停滞と危機である。それにはさまざまな要因があるが、これを「学問生産性」という観点からとらえた大著が刊行された。有本章『学問生産性の本質～日米比較』（東信堂）である。著者は長らく広島大学高等教育研究開発センター長を務め、その後くらしき作陽大学長など要職を経て、今日まで我が国の高等教育研究をリードしてきた研究者の一人である。氏はバブル崩壊後の我が国経済の凋落の中、学問の中心地からの後退を続ける大学の現状を憂い、その要因を探るとともに、大学の真の意味での「学問志向大学」への転換が追求されなければならないと訴えている。本書は七百ページを超える大著であるが、我が国の大学の窮地を救わんとする読者の方には是非読むべき本であると考える。

その窮地がどのような問題として表出しているかを分かりやすく論じた本が、共同通信社取材班『日本の知、どこへ』（日本評論社）である。「どうすれば大学と科学研究の凋落を止められるか？」という副題のついたこの本は、第一章の大学改革から始まり、入試、政治、大学院生、資金調達などさまざまな表題を有する18の章に分けて、現状を平易に論じている点、高く評価できる。「国の懐具合と思い付きに振り回された20余年」という記述は、問題の本質をよく表すものである。大学の凋落状況は各所に現れているが、とりわけ国立大学については、その役割の大きさからして事態は深刻であろう。島一則『国立大学システム～機能と財政』（東信堂）は、筆者の日頃からの精緻な分析態度によって、国立大学に関わる諸問題を浮き彫りにしている。青色表紙に「近視眼的な「成果」の強要は、国立大学の財政を困窮させ、「学問の自由」を脅かす！」と印刷された文章は、本書の趣旨を絶妙なニュアンスで伝えている。

学問の自由は守られるか

学問の自由は古くて新しいテーマである。昨年から今年にかけて、私もさまざまな書物に触れる機会があった。このテーマに関連するガバナンス論まで視野に入れると、例えば石原俊・隠岐さや香ほか「大学は誰のものか～国際卓越研究大学・教職員労働問題・就活のリアル」（現代思想Ｖｏｌ．50―12　青土社）や芦名定道・小沢隆一・宇野重規・加藤陽子・岡田正則・松宮孝明『学問と政治～学術会議任命拒否問題とは何か』（岩波新書）、西井泰彦編著『ガバナンス改革の行方』（私学高等教育研究所）などが目についた。また、田中圭太郎『ルポ大学崩壊』（ちくま新書）は、全国各地で頻発する人事紛争や問題状況が臨場感を以って描かれている。「大学は誰のものか」、「大学の私物化」など生々しい用語は、大学自治が憲法で保障された学問の自由の延長線上に位置づけられていた時代には、決して考えることがなかったものであると理解するが、大学を企業のガバナンスに模して理事長・学長をトップとする事業体と捉える風潮の中で、憂慮すべき傾向として警戒の目を向けなければならない。

学問の自由に関しては、もう少し本格的な研究書も読む必要がある。羽田貴史・松田浩・宮田由紀夫ほか編『学問の自由の国際比較〜歴史・制度・課題』（岩波書店）は、そのような書物の一つである。ここでは七人の研究者が、近年の学問の自由侵害事象や大学改革に発する問題を分析するとともに、日本・ドイツ・フランス・米国など各国における歴史や現状にまで視野を広げて論じている。「問題群を網羅する基本文献」とこの本では言っているが、学問の自由や大学の自治に関しては、高等教育論の範囲を超えて、法学や政治学など隣接分野でこれまで活発に議論され良書も多数存在するので、読者の皆さんも本棚から憲法学や政治学なども含めて、歴史の評価に耐えた書物も取り出しながら、縦横に参照しつつ学んでみることが重要ではないだろうか。それにしても、この種の問題には政治というものの存在を無視することはできない。その意味で別分野のテーマではあるが、馬場錬成『沖縄返還と密使・密約外交』（日本評論社）は、お薦めの一冊である。国家権力を背景とするさまざまなアクターの行動分析は私が昔学んだ政策科学の重要な要素であるが、ここで示された深刻な事実は、大学にまつわる高等教育や科学技術政策の場合にも当てはまるのではないかと思うので、ぜひご参照いただければと思う。

社会・経済変化の中で

さて、大学に諸問題を引き起こす要因は、大衆化やグローバル化、財政やガバナンスの問題に限らない。その背後にあるより大きな社会・経済の変化にも着目する必要がある。その中の一つが、野口悠紀雄「リモート経済の衝撃～日本経済再建のラストチャンス」（ビジネス社）に書かれた変化ではないだろうか。コロナ禍で半強制的に進められたデジタル化、リモートワークではあるが、これを一時的なものでやがて元に戻ると考えてはならないことがよく理解できる。当然、大学というシステムにもこれが大きく影響してくるであろう。在宅勤務、オンライン教育などはこの種の議論にとって基本的な用語であるが、大学でのリカレント教育や近頃流行の「リスキリング」においても、大学での学修を夜間・週末の空き時間に行うなどという消極的なものとして捉えるのではなく、学修時間の合間に仕事を行うという主客逆転の生涯学習もやがては可能になるのではないだろうか。但し、これは本書に書かれていることではなく、私自身の感想である。社会変化の中で、人材養成面から対応をとらえたものとして、黒川清『考えよ、問いかけよ「出る杭人材」が日本を変える』（毎日新聞出版）がある。日本学術会議会長や東電事故調査委員会委員長を務めた日本の学術・科学技術の重鎮が発する言葉の意味は重い。

その他、崎山直樹・二宮祐・渡邊浩一編『現場の大学論～大学改革を超えて未来を拓くために』（ナカニシヤ出版）は、昨年本誌の別稿（№５３８）で取り上げたので、リストアップだけに留めておく。また、清水栄子・中井俊樹編『大学の学習支援Q＆A高等教育シリーズ１８３』（玉川大学出版部）は、筆者らの長年の教育研究・実践のテーマだけあって、しっかりとした経験の上に立つ議論として説得力を持っている。さらに松塚ゆかり『概説教育経済学』（日本評論社）は、先行する類書も多い中、新たに出版された良書である。人的資本論など基礎的理論の検討を行うとともに、民営化、学び直し、国際化などいくつかの課題を経済学の視点から分析している。最後に、私が関わった本を一冊。Vijay Kumar ほか編 *Doctoral Examination*（Routledge）は、複数の分担執筆者によって博士課程における学位審査に関わる各国の状況を記述したもので、私自身は Japan の章を担当した。コロナ禍で海外出張もままならない中、久しぶりに国際的な環境に身を置く雰囲気を味わうことができた。

（2023年3月27日）

9―7　冬休みの読書～大学のこれからを深く考えるために

２０２３年の暮が間近に迫った。時の流れは速いものだといつも思う。だからこそ、年末年始の少しまとまった時間に、大学や高等教育に関する本をゆっくりと読みたいものである。出版不況が叫ばれる割には高等教育分野の本は毎年多数出版されている。硬い本は売れないが役立つものは売れるというのが本当なら、大学にまつわる本はその売れる本の中に入るのかも知れない。但し、売れる本は物事の本質よりも皮相の部分を抉り出して一部の読者の興味を引こうとの意図があり、真に質の高いものになっているかどうかは別問題である。その意味で、どの本を選ぶかは読者の皆さん自身が考えるのが本当であろうが、例年この時期に私自身が手に取ってみた本、あるいは寄贈を受けた書物があるので、その中から今年刊行の本で印象に残るものをいくつか取り上げてみたい。

大学の在り方を考える

まずは大学そのものについてである。我々は、戦後教育改革の中で成長してきた現在の大学システムが、アメリカから大きく影響を受けていることを知っている。しかし、日米それぞれ異なる社会・経済環境の中で、アメリカ型の大学教育が我々にどのように影響を及ぼしているのか、そしてそもそもアメリカの大学とはどのようなものなのか、について確かな知識があるかと問われれば、はたと疑問に思うことも少なくない。リベラルアーツや大学院が我が国に十分に定着しない理由、入試改革や大学教育の質保証が本来の意味合いとは異なる局面で広がりつつあるのはなぜか、大学のガバナンス改革がなぜ政府主導で行われなければならないのか、などを考えるだけでも、アメリカ起源のシステムが日本型に変容して受け入れられている現実が明らかになる。

したがって、アメリカの大学そのものについてより深く考察することは、日本における大学改革のありようを考えるためにも重要である。その意味で、宮田由紀夫「アメリカにおける資本主義と大学」（関西学院大学出版会）は、資本主義をベースに成り立つアメリカの大学についてよくまとめられた好著である。「実学」「イノベーション」「特許とバイオテクノロジー」「経済学」などのキーワードに従って章立てされており、それらが大学制度との関係で持つ意味合いについて、筆者の言葉を借りれば「制度を皮相的に一部分だけ切り取りして我が国に導入してもうまくいかない」のは当然かつ極めて示唆的なのである。ジョン・O・ダグラス（荒井克弘・田中義郎監訳）『カリフォルニア州高等教育マスタープラン』（玉川大学出版部）は、同州の三層構造からなる高等教育システムの成り立ちと現状について詳述している。オリジナルの出版年は2000年とやや古いが、20世紀を代表する大学モデルの一つとして、高等教育の種別化論議にも、そして「計画の政治過程や技術過程」（訳者）を知るにも出版の意義がある、という関係者の強い熱意に支えられて翻訳出版に至ったものである。500頁に迫る大著であるが、アメリカ型高等教育の理解増進のためには必読の書ではないかと思う。

さて大学における教育・研究の内容を考えると、いつの時代でもいわゆる文系分野の在り方は、素人にも専門家にも興味を引くテーマであり続けている。その中で、加藤泰史・松塚ゆかり編『人文学・社会科学の社会的インパクト』（法政大学出版局）は、編者らが関わる科研費その他の研究チームによる研究成果に基づき編まれたもので、文系分野の研究活動や研究者の現状と課題が、国内ばかりではなく海外の状況も含めて取り扱われている。あとがきで編者の松塚氏が書いているように、文系を含めて学問の「有用性」が立場・場所・時代によって変わるとすれば、我々はどのように対処すればよいのだろうか？　同氏が言うように「大学は、特定して要求される課題を普遍的に考察する自律的思考の場であってほしい」と私自身も思うが、政策動向に過剰反応する各大学の執行部の様子を見るにつけ、悲観的な思いを強くせざるを得ない。矢野眞和『今に生きる学生時代の学びとは』（玉川大学出版部）は、著者が特命教授を務める東京薬科大学における卒業生調査を基に、著者の「学び習慣仮説」を展開するユニークな書であるが、その手法や理論は他の大学でも活用可能である。また本書の後半は「社会工学からみた教育経済学」と題して、著者自身の研究活動の経緯を述べており、高等教育研究を志す者には大変参考になるものである。

経済・社会の変化を認識する

次に紹介したいのは、昨今の日本社会の特質を述べた本で、高等教育問題を理解するための基礎をつくるものである。日本経済新聞社編『低学歴国ニッポン』（日本経済新聞出版）は、先進各国に比べて大学院修了者が少ない日本の教育システムおよび卒業生を受け入れる社会に対する警告である。今まで日本は教育大国だとうぬぼれていた人々には、今こそ反省が必要である。野口悠紀雄『プア・ジャパン〜気がつけば「貧困大国」』（朝日新書）は、かつて経済力で世界のトップを争っていた我が国が、いつの間にか先進国で最低レベルに陥っているとして、憂慮を示すとともに、「補助金や円安ではなく、人材育成を」しなければならないと警告している。大学関係者としても心すべき事態である。ＮＨＫスペシャル取材班『中流危機』（講談社現代新書）は、貧困化の中で、かつての中流意識が変わるとともに、教育さえ受ければ誰でも中流になれるという望みは「幻想」と化しているとする。他方で「デジタルイノベーション」「リスキリング」などの処方箋を提示しており、これらは大学教育の在り方とも関わるので、ぜひ読まれるとよい。一方、経済問題だけではなく、政治環境の変化もあってか世相が戦前回帰しつつあることに警鐘を鳴らす本もある。内田樹・白井聡『新しい戦前～この国の〝いま〟を読み解く』（朝日新聞出版）である。読者の皆さんはそれぞれ意見もあるだろうが、昨今の大学ガバナンスの変容と合わせて考えてみてはいかがであろうか？　また、これと対照させつつ、兼原信克・佐々木豊成・曽我　豪・高見澤将林『官邸官僚が本音で語る権力の使い方』（新潮新書）も読んでみると面白い。官邸官僚の在り方について、当事者として率直に述べている点は評価したいが、末尾にある日本学術会議問題に関する彼らの見解には同意できない。

大学職員の在り方を考える

最後に、大学職員の在り方に関係した本を三冊紹介しよう。村上義紀『大学と職員とは何か～桜の木は知っている』（学校経理研究会）は、筆者が若い頃から関わってきた大学職員論についての総まとめを行うとともに、職員が学ぶべきものの一つとしての大学の歴史について、国内・海外を含めてかなり詳細な記述と参考文献の紹介がある。村上氏に続いて大学職員論のプロを志すものは、筆者の勉強歴に敬意を表するとともに、その態度に学ぶべきであろう。同じく、大工原孝『プロフェッショナル職員への道しるべ』（飛翔舎）も筆者の豊富な実務経験に基づいて書かれた好著である。そういえば、村上氏も大工原氏も大学行政管理学会の会長職を務めたことのある大ベテランである。さすがというべきであろう。倉部史記・若林杏樹『大学職員のリアル～18歳人口減で「人気職」はどうなる？』

（中公新書ラクレ）は、一時期「大学職員は年収一千万以上で仕事も楽勝」と噂された大学職員という仕事の現実を、元職員の経験も踏まえつつ分かりやすく述べている。元大学職員で漫画家の若林杏樹氏のイラストも今風でよく工夫されている。実務面の解説も丁寧に行われているので、今の若手職員には大いに参考になるに違いない。皆さん独自の選書と読書によって良いお年を迎えられんことを。

（２０２３年12月25日）

著者略歴

山本眞一

1949年生まれ。博士(教育学)。筑波大学・広島大学・桜美林大学名誉教授。専門は高等教育システム論。1972年東京大学法学部卒業、文部省(当時)勤務を経て、1992年筑波大学助教授、1996年同教授。2006年広島大学教授、2007年同高等教育研究開発センター長、2012年桜美林大学大学院教授、2019年同定年退職。著書に、『激動の高等教育』(上・下)(ジアース教育新社)、『大学事務職員のための高等教育システム論』(東信堂)などがある。

令和時代の高等教育(上)
～変化する高等教育システム

令和7年1月8日　第1版第1刷発行

著　者　山本　眞一
発行人　加藤　勝博
発行所　株式会社ジアース教育新社
〒101-0054
東京都千代田区神田錦町1-23
宗保第2ビル5階
TEL 03-5282-7183　FAX 03-5282-7892

ISBN978-4-86371-708-4
○定価はカバーに表示してあります。
Printed in Japan